应计制政府会计改革研究丛书

李建发 / 主编

权责发生制政府会计改革问题研究

——基于政府绩效治理的视角

姚宝燕 / 著

厦门大学出版社
XIAMEN UNIVERSITY PRESS
国家一级出版社
全国百佳图书出版单位

总序

20世纪70年代末以来，西方发达市场经济国家掀起了一场以新公共管理为标志的政府改革运动，并迅速席卷全球。新公共管理运动以绩效为导向，以提高公共管理效率和公共资源使用效益为核心，以采用商业管理理论、技术和方法为标志，将市场竞争机制引入公共管理领域，对公共部门进行全方位的变革和再造。政府会计作为一个人造信息系统，始终处在新公共管理运动与改革的最前沿，它对于提升政府公共财务管理绩效、促进财政透明度、保障公共资源提供者和公共服务对象利益及知情权都具有不可替代的作用。其中，在政府会计中引入应计制是改革中的最大亮点。

近年来，在国际新公共管理运动的示范下，我国的公共财政和公共管理体制改革也在不断向前推进，社会公众、学术界以及政策制定部门对"改革现行预算会计，建立现代意义的政府会计"的呼声也日益高涨。理论源于实践，又指导实践，如何根据新公共管理运动的核心理念与精髓，立足中国实际，建立具有中国特色的政府会计体系，便成为摆在我国会计学术界面前的一项艰巨任务和重大课题。基于此，“应计制政府会计改革研究”丛书的出版将具有以下重要意义。

第一，进一步丰富我国政府会计理论研究。严格来说，我国政府会计理论研究始于20世纪90年代中后期，十多年来，有关政府会计研究的理论成果颇丰。但相对于企业会计理论的研究，专门从事政府会计研究的人数还比较少，许多学者只是“临时性”加入政府会计研究的队伍，研究的视野还不够宽，更多的是套用和延续企业会计研究的思路与模式。鉴于此，政府会计研究的理论广度和深度都有待进一步加强。“应计制政府会计改革研究”丛书的作者们都是长期专门从事政府会计理论研究的教授、专家或博士，他们的研究思路和视野既不再局限于传统的企业会计研究模式，也不仅仅局限在政府会计的热点问题——应计制基础改革，而是涉及公共部门财务管理、政府会计模式构建与选择、政府绩效评价体系构建、政府成本会计，甚至政府管理会计等；同时，也不再局限于对国外政府会计改革实践和理论的介绍和借鉴，而是从公共受托责任、新公共管理、绩效治理、委托代理、公共选择、新制度经济学等更宽的理论视角进行深入研究，具有一定的理论深度和广度。可以说，丛书的出版将进一步丰富我国政府会计的理论体系。

第二，更好地指导我国政府会计改革实践。自2000年以来我国启动了新一轮的政府会计改革，其标志是2000年国家财政部启动了中国政府预算会计制度改革研究——从收付实现制到权责发生制；2006年，政府会计改革被正式列入中国国民经济与社会发展第十一个五年规划纲要，近来又得到国家高层领导人的关注和重视。可以说，我国的政府会计改革如“在弦之箭”。然而，时至今日，我国除2009年发布《高等学校会计制度》和《医院会计制度》这两份征求意见稿外，并没有更多的实质性举措，这轮改革显得异常缓慢，严重滞后于公共财政与公共管理体制的各项改革。在我们看来，理论研究的不充分和理论体系的不完整是改革实践滞后的重要原因之一。由于政府在经济学上的意义不同于企业，因此政府会计不同于企业会计，现有企业会计理论不能直接“拿来”用于指导政府会计的改革；而由于政治经济体制的不同，国外的政府不同于我国的政府，因此，他国政府会计的改革实践经验，我们只能借鉴，而不能照搬，必须立足国情，探索建立一套能够指导改革实践的有中国特色的政府会计理论体系。

本丛书以教育部人文社会科学重点研究基地重大课题“基于绩效管理的应计制政府会计改革问题研究”为基础，由我担任总主编，作者主要是我指导的博士生们，他们围绕应计制政府会计改革，在各自博士论文的基础上，按照“丛书”主题的要求，进行修改、补充和完善。他们长期以来一直密切关注我国政府会计改革中的热点和难点问题，全程参与我国政府会计改革的研讨和咨询活动，这使得丛书内容不仅具有理论性，而且也具有现实性和针对性；丛书的作者都是我国目前政府会计研究的骨干成员，长期的团队合作使得专著之间的理论衔接更加顺畅，具有延续性，理论结构和体系具有完整性。该丛书所构建的理论体系，将能够更好地服务于我国政府会计的改革实践。

当然，作为理论性著作，丛书中的某些观点和理论必定还有不够成熟和不尽完善的地方，希望广大读者及会计学术界的广大同仁能够不吝赐教，多提宝贵意见！

李建发

2010年9月8日

摘　要

20 世纪 80 年代末以来，权责发生制政府会计改革在全球范围内兴起。然而，面对公共管理实践中这一全球蔓延的趋势，国际学术界对权责发生制政府会计改革的意义以及成效提出质疑。基于这一背景，本书的研究主要致力于探讨三个层次的问题。第一层：要不要权责发生制政府会计改革？第二层：如何进行权责发生制政府会计改革？第三层：基于中国当前的政治、经济与社会环境，如何看待中国的政府会计改革？本书的主要内容概括如下。

现代政府的合法性在于社会契约。社会契约的意义在于通过建立政府实现全社会的合作，最终目的是保障公众福利。政府的存在是保障公众福利的关键，然而政府往往又会陷入绩效困境，成为损害公众福利的根源。根据对社会契约运行机制的分析，本书认为，政府绩效困境的根本原因在于监督的信息成本过高所导致的监督机制失效。所以，降低监督的信息成本，是解决政府绩效问题的关键。

社会对政府绩效的要求会相应产生社会对政府透明度的要求。在漫长的历史演进中，正是这些要求所形成的力量促进了政府绩效治理机制的形成、发展和不断完善。政府会计作为政府绩效治理机制的重要构件，是保障其有效运行的基本信息基础。社会对政府绩效治理机制效能的要求推动着政府绩效治理的范式发生着变迁。从官僚制到新公共管理，从新公共管理到公共治理，政府绩效治理的范式变迁要求政府会计从内部控制导向目标模式向公共治理导向目标模式发展，这为权责发生制政府会计改革提供了逻辑依据。权责发生制政府会计改革的关键是通过在政府会计中引入权责发生制会计基础而建立权责发生制政府会计系统。

从系统结构分析的角度总结当前世界各国推行权责发生制政府会计改革的经验，本书认为，考虑到政府绩效治理多方面的信息需求，权责发生制政府会计系统应是依托现代数据库技术，以资源会计子系统、预算会计子系统、基金会计子系统和成本会计子系统等为主要结构内容并确保子系统之间功能协同的复合型政府会计系统。展望政府会计信息披露的未来，权责发生制政府会计改革的一个重要成果体现应是政府会计报告模式从财务报告向责任报告体系的发展。为了全面报告政府受托责任的履行，政府责任报告应是由反映资源责任的资源会计报告、反映预算责任的预算报告，以及反映项目/活动责任的服务绩效报告等内容所构成的一个报告体系。

考虑到权责发生制政府会计改革的制度实施层面，本书主要对权责发生制政府会计改革的制度供给，以及权责发生制政府会计改革的制度成效等问题进行了分析。根据对社会契约运行机制的分析，本书认为，权责发生制政府会计改革的制度供给主体是政府，而公众会对权责发生制政府会计改革的制度供给产生重要影响。政府会计改革权变模型为研究特定制度环境下政府会计改革的制度供给问题提供了重要的分析框架。借鉴政府会计改革权变模型的分析框架来探寻中国权责发生制政府会计改革制度供给方面的现实问题，本书提出以下观点：①权责发生制政府会计改革对于中国的政府绩效治理具有重大意义；②随着中国社会主义市场经济体制改革的不断深入，中国政府会计的制度环境中出现了一系列政府会计改革的驱动因素，反映出社会对更高质量政府会计信息的迫切需求；③中国当前正处在建设社会主义市场经济的进程中，社会与政治行政系统的诸多方面都在发生着变革，变革中的社会与政治行政系统所表现出来的一些动态结构特征，可能对中国政府会计改革进程发挥有利影响；④当前可能阻碍中国政府会计改革进程的因素首先是思想认识上的障碍，其次才是组织结构特点、人员胜任能力等具体实施层面的影响因素。

关于权责发生制政府会计改革的制度成效问题，本书认为，权责发生制政府会计改革的制度成效会受到社会契约运行的整个制度体系的影响。这一制度体系既包括正式制度也包括非正式制度，既包括与政府会计改革制度具有平行互补关系的正式制度，也包括对政府会计改革制度具有规定性的上层正式制度。要想保障或提升政府会计改革制度的成效，需注意实现三个方面的目标：政府会计改革制度对上层正式制度的遵循性、非正式制度对政府会计改革制度的支撑性、政府会计改革制度与其他正式制度的协调性或互补性。

关键词：权责发生制政府会计改革；政府绩效治理

目　录

总序 …………………………………………………………………………（1）
摘要 …………………………………………………………………………（1）

第 1 章　导论 ………………………………………………………………（1）
1.1 问题的提出 ……………………………………………………………（1）
1.1.1 引言 …………………………………………………………………（1）
1.1.2 世界各国权责发生制政府会计改革的努力 …………………………（3）
1.1.3 国际组织和一体化组织对权责发生制政府会计改革的推动 …………………………………………………………………………（9）
1.1.4 权责发生制政府会计改革的背景与改革者对改革的成效预期 ………………………………………………………………………（13）
1.1.5 国际学术界对权责发生制政府会计改革提出的质疑 ………（18）
1.1.6 权责发生制政府会计改革探讨在中国 ……………………………（26）
1.1.7 权责发生制政府会计改革是天使还是魔鬼？ ……………………（28）
1.2 本书分析政府会计改革的基本立场和主要研究方法 ……………（31）
1.2.1 本书分析政府会计改革的基本立场 ………………………………（31）
1.2.2 本书的主要研究方法 ………………………………………………（33）
1.3 本书的逻辑体系与内容安排 …………………………………………（35）
1.4 本书的创新与不足 ……………………………………………………（37）
1.4.1 本书的创新 …………………………………………………………（37）
1.4.2 本书的不足 …………………………………………………………（39）
第 2 章　权责发生制政府会计改革分析的逻辑起点：现代政府的社会契约性质与绩效困境 ………………………………（41）

2.1 契约的概念与内涵 …… (41)
2.1.1 作为法律术语的契约 …… (41)
2.1.2 作为政治哲学术语的契约 …… (43)
2.1.3 作为新制度经济学分析工具的契约 …… (45)
2.1.4 小结 …… (48)
2.2 现代政府的社会契约性质 …… (48)
2.2.1 霍布斯的社会契约思想 …… (48)
2.2.2 洛克的社会契约思想 …… (50)
2.2.3 卢梭的社会契约思想 …… (52)
2.2.4 现代政府对社会契约思想的实践 …… (53)
2.2.5 社会契约论与当今制度分析理论具有理论前提与假设的契合 …… (53)
2.3 契约政府的概念与内涵 …… (55)
2.4 契约政府的功能分析 …… (57)
2.4.1 契约政府的功能 1:提供制度 …… (57)
2.4.2 契约政府的功能 2:提供公共物品 …… (61)
2.4.3 契约政府的功能 3:提供社会资源的有效管理 …… (64)
2.5 契约政府的绩效困境及其分析 …… (69)
2.5.1 "国家悖论"与新古典政府模型 …… (69)
2.5.2 政府失灵与公共选择理论 …… (72)
2.5.3 以社会契约机制作为分析对象探源政府绩效困境 …… (73)
2.5.4 本书基于社会契约机制分析政府绩效困境的基本假设 …… (75)
2.5.5 基于社会契约机制对政府绩效困境的分析 1:社会契约关系分析 …… (83)
2.5.6 基于社会契约机制对政府绩效困境的分析 2:社会契约的目的及实现标准分析 …… (86)
2.5.7 基于社会契约机制对政府绩效困境的分析 3:政府官僚机构与政府官员的行为分析 …… (87)
2.5.8 基于社会契约机制对政府绩效困境的分析 4:政治委托人的监督行为分析 …… (92)
2.5.9 基于社会契约机制对政府绩效困境的分析 5:公民的政治参

与行为分析 …………………………………………………………… (94)
2.5.10 综合解读…………………………………………………………… (95)
第3章　权责发生制政府会计改革分析的逻辑基础：透明度、绩效治理与政府会计…………………………………………… (99)
3.1 社会契约机制对政府运行的透明度的要求 …………………………… (99)
3.1.1 制度透明度、会计透明度、指标与预测透明度…………………… (100)
3.1.2 对外透明度、内部透明度 ……………………………………… (104)
3.2 政府绩效治理机制及其历史演进………………………………………… (105)
3.2.1 政府绩效治理机制的萌芽……………………………………… (105)
3.2.2 政府绩效治理机制的形成与发展：近代欧美宪政运动和政府效率运动………………………………………………………… (108)
3.2.3 政府绩效治理机制的强化：二十世纪六七十年代以来世界各国的公共管理改革……………………………………………… (119)
3.2.4 小结………………………………………………………………… (124)
3.3 政府绩效治理机制提高透明度改善政府绩效的运行机理与政府会计………………………………………………………………………… (126)
3.3.1 政府活动与政府会计信息系统………………………………… (126)
3.3.2 以政府会计为信息基础的政府绩效治理框架………………… (129)
3.3.3 政府绩效评价对政府会计信息的应用………………………… (133)
第4章　权责发生制政府会计改革的技术原则分析：从改革立足点到系统结构和报告模式………………………………………… (136)
4.1 政府会计改革立足点分析——政府绩效治理的范式变迁……… (136)
4.1.1 工具理性与古典官僚制………………………………………… (137)
4.1.2 企业家精神与新公共管理……………………………………… (140)
4.1.3 社会契约理念与公共治理……………………………………… (146)
4.1.4 小结………………………………………………………………… (149)
4.2 权责发生制政府会计改革必要性分析1：绩效治理范式变迁对政府会计目标模式的变革要求…………………………………………… (149)
4.2.1 会计目标的重要性……………………………………………… (149)
4.2.2 会计目标之使用者观及其拓展性……………………………… (151)
4.2.3 会计目标之使用者观到政府会计目标之绩效治理观……… (152)

4.2.4 政府会计目标模式的变迁:政府内部控制导向模式到公共治理导向模式…………(155)
4.3 权责发生制政府会计改革必要性分析2:政府会计目标模式变迁对政府会计基础的改革要求…………(160)
4.3.1 收付实现制会计与传统绩效治理机制中的透明度障碍……(160)
4.3.2 公共治理导向会计目标模式下引入权责发生制会计基础的必要性…………(168)
4.3.3 公共治理导向政府会计目标模式下引入权责发生制会计基础表现出的优越性…………(169)
4.4 权责发生制政府会计的系统结构分析:基于绩效治理的权责发生制会计系统设置与会计基础的选择…………(170)
4.4.1 权责发生制政府会计系统结构建设的国际经验…………(170)
4.4.2 对权责发生制政府会计系统结构的思考…………(173)
4.4.3 基于绩效治理的权责发生制会计系统设置与会计基础的选择…………(174)
4.5 权责发生制政府会计的概念框架问题分析…………(183)
4.5.1 政府会计概念框架的研究现状与当前研究中所面临的争议…………(183)
4.5.2 关于企业财务会计概念框架对政府会计适用性的讨论……(185)
4.6 权责发生制政府会计信息披露的未来——政府责任报告………(192)
4.6.1 资源责任与资源会计报告的发展…………(193)
4.6.2 预算责任与预算报告的发展…………(195)
4.6.3 更全面的项目/活动责任与服务绩效报告的发展 …………(197)
第5章 权责发生制政府会计改革的制度实施分析:制度供给与制度成效…………(200)
5.1 社会契约各方在权责发生制政府会计改革制度供给中的角色分析…………(201)
5.2 权责发生制政府会计改革制度供给分析…………(203)
5.2.1 政府会计改革权变模型的构建基础…………(205)
5.2.2 第一代政府会计改革权变模型…………(206)
5.2.3 第二代政府会计改革权变模型…………(210)

5.2.4 第三代政府会计改革权变模型…………………………………………（213）
5.2.5 政府会计改革权变模型与权责发生制政府会计改革制度供给研究………………………………………………………………………（214）
5.2.6 政府会计改革权变模型的分析框架在中国政府会计系统环境的应用………………………………………………………………………（215）
5.3 权责发生制政府会计改革的制度成效分析…………………………………（229）
5.3.1 上层正式制度与政府会计改革制度成效……………………………（229）
5.3.2 非正式制度与政府会计改革制度成效………………………………（229）
5.3.3 其他正式制度与政府会计改革制度成效……………………………（232）
5.4 收付实现制向权责发生制过渡的实施框架分析……………………………（240）
5.4.1 收付实现制向权责发生制过渡的一个基本原则……………………（240）
5.4.2 收付实现制向权责发生制过渡的两个重要基础……………………（241）
5.4.3 收付实现制向权责发生制过渡的三方面制度配套…………………（242）
5.4.4 收付实现制向权责发生制过渡的多步骤实施战略…………………（244）

参考文献……………………………………………………………………………（246）
后记…………………………………………………………………………………（261）

第一章 导论

1.1 问题的提出

1.1.1 引言

著名会计学家 Eldon S. Hendrikson 在其 1965 年的著作《会计理论》中指出，会计是反映性的。所谓反映性，是指会计能够按照一定原则或标准的要求，通过一定的程序和方法，对会计主体的会计事项进行描述，从而揭示经济事项本质。20 世纪 80 年代以来权责发生制会计在公共部门的兴起，正是由于权责发生制会计在反映政府绩效方面的优势引起了政府改革者的关注。

至 2002 年，已经有一半以上的 OECD 成员国实施了权责发生制政府会计改革，包括新西兰、澳大利亚、英国、加拿大、美国、法国等。国际货币基金组织等国际组织和一体化组织也相继通过制定权责发生制的技术标准或者通过要求成员国政府遵守以权责发生制为核算基础的规定，对世界各国权责发生制政府会计改革发挥推动作用。

另一方面，在学术界关于权责发生制政府会计改革的讨论中，却是各种争议声音不断。Hines 在 1988 年的论文中指出，会计是一个沟通方式，它既可以反映现实，也可以通过表达与创造一种图景而构建现实。[①] Broadbent 与

① Hines, R., 1988. Financial Accounting: In Communicating Reality We Construct Reality[J]. *Accounting Organizations and Society*, 13(5): 251～261.

Guthrie继而在1992年的论文中指出，会计师通过对核算什么、何时核算、如何核算等问题做出选择，塑造了作为背景因素的图景，而这相应地又会对被选择的核算方式产生影响。虽然会计不能主导这些反映性的过程，但是，会计的确会对它们产生影响。所以，政府会计在社会方面、政治方面或者经济方面不是价值中性的。① Guthrie在1998年撰写论文进一步强调，权责发生制政府会计改革也不是一个无关乎利益的价值中性的技术变革活动。②

或许正是出于这些方面的考虑，权责发生制会计改革，作为公共管理领域中最具有发展前途与全球蔓延趋势的现象之一，同时也是公共管理界与学术界最具争议的讨论热点之一。那么如何认识这一问题呢？

权责发生制，又称为应计制，在会计与管理领域并不是一个陌生的词汇。国际公共部门会计准则委员会（IPSASB）将权责发生制定义为："在交易和其他事项发生时予以确认的会计基础，而不仅仅是在收到或付出现金及其等价物时予以确认。"与权责发生制直接对应的概念是收付实现制。收付实现制，又称为现金制，是指以收入和费用是否已经实际收付为标准按照收付期来确定本期收入和支出的方法。可见，权责发生制与收付实现制之间的区别，首先是核算政策选择上的不同，即同一项活动或交易（尤其对于跨期的活动与交易）纳入核算的时间上的不同。

在早期的商业领域，尚未出现大规模商业信用以及长期资产的投资，收付实现制是中西方复式簿记的基础。那时的商业企业计算货币的流入与流出之差作为确定经营成果与收益分配的依据。随着工业革命的发展，商业企业对机器设备等长期资产的投资出现大规模增加，并由此引起前期投资阶段大额现金的流出。这种情况下，收付实现制作为计算经营成果与收益分配依据的核算基础，会造成对经济事实的歪曲，从而打击投资者的投资信心。从而，权责发生制作为一种更为客观地反映商业企业经营绩效的核算基础，逐渐替代了收付实现制，成为商业领域会计核算中占主导地位的基础。商业领域会计基础变迁的这一历程，反映了权责发生制与收付实现制的第二个区别，一种更

---

① Broadbent, J. and Guthrie J., 1992. Changes in the Public Sector: A Review of Recent Alternative Accounting Research[J]. *Accounting Auditing & Accountability Journal*, 5(2).

② James Guthrie, 1998, Application of Accrual Accounting in The Australian Public Sector—Rhetoric or Reality? [J]. *Financial Accounting & Management*, 14(1): 1～19.

深层的区别，即由于核算政策选择的不同所造成的利益分配上的差异。

权责发生制会计在公共管理领域也并不是一个全新的现象。20 世纪初有些美国地方政府就采用权责发生制作为会计基础。澳大利亚邮政总署 1913 年就开始以权责发生制作为会计基础，并且一直沿用至今。不过，从当前国际范围来看，虽然权责发生制会计已经在商业领域得到广泛的应用，而在政府会计实践中，收付实现制会计仍然一直占主导地位。

1.1.2 世界各国权责发生制政府会计改革的努力

公共管理领域中收付实现制核算基础向权责发生制变迁的改革浪潮始于 20 世纪 80 年代。[①] 实行权责发生制政府会计改革的国家中，最早的典范是新西兰和澳大利亚，随后蔓延到经济合作与发展组织(OECD)成员国乃至全球范围。至 2002 年，已经有一半以上的 OECD 成员国实施了权责发生制政府会计改革，包括新西兰、澳大利亚、英国、加拿大、美国、法国等。从改革的深度来看，新西兰、澳大利亚和英国已在权责发生制政府会计的基础上，建立了权责发生制预算。世界各国政府权责发生制会计改革的主要努力概括如下：

1.1.2.1 新西兰

新西兰是第一个对政府会计与财务报告进行全面权责发生制改革的国家。它早在 1983 年就提出改革政府会计基础的主张。1986 年，通过《国有企业法》(State Owned Enterprises Act)，在国有企业中引入权责发生制的概念。尔后，新西兰将注意力转向核心中央政府部门。1988 年的《国有部门法案》(State Sector Act)和 1989 年的《公共财政法案》(Public Finance Act)，形成了中央政府部门改革的基础。1988 年《国有部门法案》给予了部门执行长官足够的权力，包括人事权、现金及资本资源运用权，同时要求其承担更大的资源管理与运营责任，从而用法案的形式明确了部门产出责任。1989 年《公共财政法案》开始了新西兰中央政府财务管理的新时代。该法案提出对公共部门

① 这里所讲的核算基础包括会计核算基础与经济核算基础。前者主要应用于政府微观经济领域，后者主要应用于政府的宏观经济领域。二者相互之间又具有密切的联系。根据 OECD、IMF 的建议，为了保障数据的质量，权责发生制政府宏观经济核算的最佳做法应是以权责发生制政府会计提供的数据为基础。

的会计系统进行权责发生制改革以衡量公共部门的绩效。法案的主要内容是:①要求各部门向议会提供经审计过的财务报表,包括财务状况表、现金流量表、财务绩效表、承诺及或有负债表。②中央政府应按照一般公认会计原则以权责发生制为基础编制年报及半年报,中央政府的财务报表应包含所有的公共部门。③公共部门的财务系统由原来的重视投入转为重视产出。至1991年,所有政府部门的拨款、会计与预算都以权责发生制为基础。1992年,新西兰成为当今时代第一个在完全权责发生制基础上编制中央政府年度财务报告的国家。1993年9月,通过《财务报告法案》(Financial Reporting Act),重点强化公共部门对一般公认会计原则(GAAP)的应用,其中主要是权责发生制的应用。1994年,通过《财政责任法案》(Fiscal Responsibility Act),编制了第一份以权责发生制为基础的整体政府预算。该法案的目的在于建立准确、有效的财政管理系统,并要求政府定期公布短期及长期的财政目标,提供全面整体的财务信息,以求稳定政府支出及逐渐减少政府债务。[①]

1.1.2.2 澳大利亚

在澳大利亚,20世纪80年代初期以来,权责发生制技术就开始得到选择性的使用。此前有三个文件促进了澳大利亚政府对权责发生制技术的使用。这三个文件是:澳大利亚公共会计和审计联合委员会(Joint Committee of Public Accounts,JCPA)在1982年所提出的一项报告,澳大利亚政府行政皇家专门调查委员会(Royal Commission into Australian Government Administration,RCAGA)在1976年所探讨的公共部门改革总框架,以及1977、1978年对南威尔士州政府行政调查所形成的一项报告。[②]

1988年新南威尔士州保守党参与政府选举。新首相Nick Greiner在上台之前,就表示,如果当选,他计划把包括权责发生制会计在内的商业实践与

---

① 楼继伟.政府预算与会计的未来——权责发生制改革纵览与探索[C].北京:中国财政经济出版社,2002.209~216.

② Funnell,W. and Cooper,K.,1998. *Public Sector Accounting and Accountability in Australia*[M]. Sydney :UNSW Press.

技术引入政府。① Greiner 上台后，立即成立了一个审计委员会，该委员会建议南威尔士州继续在机构层面与政府合并层面采用权责发生制基础的会计与报告。这一建议在当时具有创新性。② 此后，澳大利亚权责发生制政府会计改革进入了快速实施阶段。

1990—1991 年新南威尔士的预算文告中宣称，政府将在三年内在全州公共部门范围内采用权责发生制会计与报告。③ 这一目标在预定的时间框架内完成，并早于澳大利亚其他州权责发生制会计改革的实施。1992 年 11 月，联邦政府宣告将实施这一改革。④ 为推动权责发生制政府会计改革，1992 年 5 月成立了研究政府部门编制权责发生制财务报告的联合工作小组。从 1994—1995 财政年度起，澳大利亚联邦政府会计引入了权责发生制，并要求政府部门编制经审计过的权责发生制财务报表。1997 年颁布的《财务管理和会计报告法案》，明确要求政府会计、财务报告和政府预算均应采用权责发生制基础，并要求财政部编制权责发生制基础的政府整体财务报告。1999 年，澳大利亚政府采取了两项重要措施：一是会计基础由现金制改为权责发生制；二是在成果和产出绩效条件下编制权责发生制政府财务报告。从 1999—2000 财政年度起，澳大利亚政府年度预算也正式引入权责发生制。⑤

1.1.2.3 加拿大

加拿大也是一个采纳了权责发生制会计的联邦制国家。对权责发生制政府会计产生兴趣的时间，可追溯至 1962 年。当时，加拿大皇家政府组织委员

---

① Christensen, M., 2002. Public Sector Accrual Accounting: An Early Adopter's History[R]. Proceedings of the 9th World Congress of Accounting Historians, Melbourne, July.

② Groom, E., 1990. the Curran Report and the Role of the State[J]. *Australian Journal of Public Administration*, 49(2): 144～154.

③ Nicholls, D., 1991. Managing State Finance—The New South Wales Experience[R]. NSW Treasury, Sydney.

④ Christensen, M., 2002. Public Sector Accrual Accounting: An Early Adopter's History[R]. Proceedings of the 9th World Congress of Accounting Historians, Melbourne, July.

⑤ 楼继伟，政府预算与会计的未来——权责发生制改革纵览与探索[C]，北京：中国财政经济出版社，2002. 217～225.

会(the Royal Commission on Government Organization, the Glassco Commission)指出,公共部门组织应采用一种能够追踪物品与服务生产完全成本的核算系统,以便于决策制定。[①] 1979 年,莱姆伯特委员会(the Lambert Commission)在一份关于财务受托责任与管理问题的调查报告中,得出类似的结论,指出应采用权责发生制或修正权责发生制的会计系统,以更好地控制政府成本。[②]

与新西兰和澳大利亚的改革在 20 世纪 80 年代短期内所表现出来的爆发力不同,加拿大的权责发生制会计改革体现出循序渐进的特点。1987 年,加拿大审计总署(the Office of the Auditor General of Canada)发布一篇名为"财务管理与控制研究"的公文,再一次重复了莱姆伯特委员会报告中的观点,并指出,当时加拿大的政府会计与报告系统不足以满足改善公共部门财务管理的需要。[③] 1989 年,加拿大财政部(Treasury Board of Canada)宣布推行"财务信息战略"(Financial Information Strategy, FIS)。财务信息战略的目标是,为预算提供更完整的成本信息,强化政府决策的受托责任。财务信息战略的最终目的是提高政府绩效。为实现这些目标,加拿大计划将大部分财务报告的责任下放到各部门,采用权责发生制会计及新的报告结构,以便向部门管理人员提供更好的财务管理工具。1995 年,财政部长宣布,政府决定采用完全的权责发生制会计。1996 年,政府开始实施改革,改善政府财务报告。这方面的改革计划包括,要求各部门按完全的权责发生制编制计划的部门财务报表(预算)与实际的部门财务报表,同时要编制年度绩效报告。1997 年,政府公布了《审计现代化法案》。审计现代化是财务信息战略的补充,比财务信息战略更进一步强化了政府部门的受托责任,要求加强管理人员培训与风险管理,目标是通过将人力资源信息、风险管理信息及绩效报告和成果结合起来,实现资源与结果的配比。这些措施很大程度上依赖于权责发生制会计提供的信息。1998 年,议会下院的公共账户常设委员会提议,为了确保财务信

---

① Glassco, 1962. Report of Royal Commission on Government Organizations (Canada)[R]. 5 Volumes, Government Printer, Ottowa.

② Lambert, 1979. Report of Royal Commission on Financial Accountability and Management (Canada) [R]. Government Printer, Ottowa.

③ Canada, Office of the Auditor General (CanAG), 1987. Financial Management and Control Study[R]. Government Printer, Ottowa.

息战略法案的顺利实施，政府和议会可按照完全的权责发生制拨付基金。2001—2002财政年度的加拿大政府整体财务报表改用完全的权责发生制。在预算编制方面也对雇员未来养老金成本等项目采用了权责发生制。[①]

1.1.2.4 英国

1992年，英国建立国民健康服务基金（NHS Trusts）时，就第一次尝试了在公共部门会计中采用权责发生制技术。[②] 2000年国会通过了《政府资源和会计法案（2000）》，法案要求在政府部门层面实施资源会计与预算制度（RAB）。资源会计是指借鉴私有部门的会计准则，改变以往政府公共部门以现金为基础的收付实现制会计，实行以资源为基础的权责发生制会计，按公共支出与部门目标的关系反映政府的公共支出。资源预算是以资源会计为基础的公共支出的规划与控制。

英国政府部门实施资源会计与预算的改革时间表是：1997—1998财政年度，中央政府中大多数部门试行资源账户；在1998—1999、1999—2000、2000—2001三个财政年度内，实行“双轨制”，同时编制资源账户和现金基础的拨款账户；1998—1999财政年度，在中央政府中所有部门试行资源账户；1999—2000财政年度，首次公布资源账户，并将其报送议会；在2000年制定出第一份关于2001—2002财政年度的资源预算；2001—2002财政年度，资源账户正式取代收付实现制基础的拨款账户。

在中央政府账户层面的改革时间表是：2001—2002及2002—2003财政年度，编制试行的中央政府账户（Central Government Accounts，CGA）；2003—2004财政年度，公布基于公认会计原则（GAAP）的中央政府账户（CGA）。

在政府整体层面，1998年7月，财政部发布了一份名为《政府整体会计报表》（Whole of Government Accounts，WGA）的公告，宣告财政部将于2005—2006年度发布经审计的政府整体会计报告。《政府资源和会计法案（2000）》

---

① 楼继伟. 政府预算与会计的未来——权责发生制改革纵览与探索[C]. 北京：中国财政经济出版社，2002. 226～231.

② Broadbent, J., 1992. Change in Organizations: A Case Study of the Use of Accounting Information in the NHS[J]. *British Accounting Review*, 24(4): 343～367.

中也包括有关政府整体会计报告的立法工作，要求财政部在编制政府整体会计报表时要遵循一般公认会计原则，真实公允地提供信息。①

1.1.2.5 美国

政府会计准则委员会(GASB)，负责州和地方政府会计准则的制定。它一直致力于将政府会计的收付实现制基础逐步向修正的权责发生制、权责发生制转变。1990 年，GASB 颁布第 11 号公告《计量侧重点与会计基础——政府基金运营活动表》，旨在建立按完全权责发生制基础确认和经济资源流动计量的政府会计与财务报告模式。尽管这一公告自发布后其生效日期就被无限期推延下去，但此后 GASB 花费了长达 10 年的时间进行研究和准备，最终于 1999 年发布了 GASB 第 34 号公告《州和地方政府基本财务报表和管理讨论与分析》，要求政府编制按权责发生制基础确认和经济资源流动计量的政府层面财务报告。GASB 第 34、35 号公告涵盖了美国州和地方政府的所有相关财务报告主体，并于 2001 年起陆续生效施行。

美国联邦会计准则咨询委员会(FASAB)自 1991 年成立后，在联邦政府权责发生制会计改革方面做了许多努力，发布了一系列完全权责发生制的会计准则，将权责发生制会计应用于整个联邦政府财务报告模型。同时，为配合权责发生制政府会计有效地追踪产出成本，FASAB 还于 1998 年发布第 4 号准则公告《成本会计概念和准则》，旨在为联邦项目活动与产出成本提供及时可靠的财务信息，为国会及联邦行政管理部门做出配置联邦资源、授权及修正项目内容、评估项目绩效等决策提供相关的成本信息，为项目主管人提供管理决策的相关信息以提高运营效率和效益，从而满足国会、联邦政府各部门内部管理的需要。

1.1.2.6 法国

法国中央政府会计从 1999 年起逐步引入权责发生制原则，比如开始在年末计提应计应付利息，对以前不核算的固定资产实施盘点后进行会计记录并计提折旧，提取坏账准备，加强附注披露等。这些做法没有改变会计系统的整

---

① 楼继伟.政府预算与会计的未来——权责发生制改革纵览与探索[C].北京：中国财政经济出版社，2002 年：232～245.

体核算基础，但在一定程度上弥补了收付实现制会计的不足。2001 年 8 月 1 日，法国公布了一项《财政法》。该法重新确定了编制、审议和执行年度财政法或中央政府预算的方式，并从 2006 年年初开始实施。该法旨在实现两大目标：一是引入新的预算方法，以项目和目标为基础，更好地管理公共支出；二是充分实施权责发生制会计，不仅是在中央政府整体层面上，而且在各部委和各司局都要全面实施权责发生制。根据该法案，法国中央政府将建立起三套会计系统：①预算会计系统，继续以收付实现制为核算基础对预算活动的现金收支流动情况进行核算；②财务会计系统，采用完全的权责发生制会计基础，对除中央政府特有的业务活动外的其他活动进行核算；③成本会计系统，对每个项目进行成本核算和分析，以加强成本控制和绩效评价。[①]

1.1.2.7 其他国家和地区

除了上述国家以外，在公共部门推行完全的权责发生制财务报告的国家还有荷兰、芬兰、日本、瑞典与瑞士。冰岛采用修正的权责发生制系统，与完全的权责发生制系统不同的是，没有把长期资产资本化。其他还有一些国家和地区虽然没有深入地实行权责发生制的政府会计改革，但也会在采用收付实现制或修正的收付实现制会计的同时，适当地补充相关的权责发生制政府会计信息。

1.1.3 国际组织和一体化组织对权责发生制政府会计改革的推动

国际组织和一体化组织主要通过制定权责发生制的技术标准或者要求成员国政府遵守以权责发生制为核算基础的规定，对世界各国权责发生制政府会计改革发挥推动作用。

1.1.3.1 国际会计师联合会及其国际公共部门会计准则

国际公共部门会计准则委员会(IPSASB)，前身是国际会计师联合会公共

① 楼继伟. 政府预算与会计的未来——权责发生制改革纵览与探索[C]. 北京：中国财政经济出版社，2002. 253～267. 财政部会计司. 欧洲政府会计与预算改革[C]. 大连：东北财经大学出版社，2005. 116～214. 财政部会计司. 政府会计研究报告[C]. 大连：东北财经大学出版社，2005. 211～223. OECD，2002. Models of Public Budgeting and Accounting Reform[J]. *OECD Journal on Budgeting*，Volume 2/Supplement 1：285～304.

部门委员会。国际会计师联合会(IFAC)是会计职业界的世界性组织。它成立于1977年,宗旨是以协调的准则发展和提高会计职业界,使之能够本着公众利益提供始终如一的高质量服务。公共部门委员会(PSC)是国际会计师联合会1986年设立的常设委员会,旨在全世界协调一致的基础上解决公共部门财务报告、会计、审计所涉及的需求,被授权以国际会计师联合会理事会的名义,发布有关公共部门财务报告、会计和审计的准则、指南、研究报告和应时报告书。

公共部门委员会强调和鼓励所有政府和公共部门实体运用权责发生制会计基础编制其一般目的财务报表。在国际会计师联合会(IFAC)、世界银行(World Bank)、亚洲开发银行(ADB)、联合国发展计划署(UNDP)和国际货币基金组织(IMF)等国际性组织的资金支持下,公共部门委员会全面启动了国际公共部门会计准则(IPSAS)的制定工作,旨在改善政府和其他公共部门主体的财务报告。截止到2010年1月,委员会制定和发布了31个以权责发生制为基础的国际公共部门会计准则,发布了1个以收付实现制为基础的国际公共部门会计准则——《收付实现制会计基础下的财务报告》。公共部门委员会还在其研究报告(研究报告5、6、8、9、10、11和14)以及临时报告(报告1和3)中广泛评论了政府和单个公共部门实体采用权责发生制会计的好处,比如,第11号专题研究报告《政府财务报告:会计问题与实务》、第14号专题研究报告《从收付实现制到权责发生制的过渡指南》。第12号专题研究报告《政府成本会计的前景》则从成本会计的角度探讨了对权责发生制基础的政府会计系统的发展。

国际公共部门会计准则代表公共部门主体财务报告领域的国际最佳实务。对许多国家来说,应用国际公共部门会计准则的规定将有助于改进政府受托责任,提高财务报告透明度。几大国际组织,如欧盟(European Union)、经济合作与发展组织(OECD)、北大西洋公约组织(NATO)以及南非等,已明确宣布采用国际公共部门会计准则。

1.1.3.2 最高审计机关国际组织及其《会计准则框架》

最高审计机关国际组织(The International Organization of Supreme Audit Institutions,INTOSAI)是旨在为世界各国政府审计提供职业标准的国际组织。该组织于1995年发布《会计准则框架》(Accounting Standards Framework)，在第 36 段第 4 条指出，绩效报告与部门报告应当建立在完全的权责发生制基础之上。在该框架中，最高审计委员会国际组织把政府财务报告系统按核算基础不同区分为完全的收付实现制会计、修正的收付实现制会计、修正的权责发生制会计、完全的权责发生制会计等四类，并指出，政府财务报告的总目标应当根据各国政府的具体情况建立在完全的权责发生制或修正的权责发生制基础之上。INTOSAI 的会计准则与 IPSASs 大部分是具有可比性的，二者都建立在国际会计准则的基础上。

1.1.3.3 国际货币基金组织及其《财政透明度良好做法守则——原则宣言》、《财政透明度手册》

1998 年国际货币基金组织理事会先后通过了《财政透明度良好做法守则——原则宣言》和《财政透明度手册》，并在 2001 年对这两个文件进行了修订。国际货币基金组织《财政透明度手册》的核心要求是政府应当定期向公众提供全面并且真实的预算、资产、负债和其他财政信息，并且对公开财政信息的内容、程序以及如何确保这些信息的质量进行了具体规范。《财政透明度手册》指出，建立完整统一的会计系统是财政透明度的一项基本要求，最佳的做法是会计系统能够在权责发生制基础上进行核算和报告，并有能力编制现金报告。手册还指出，虽然目前政府会计及财务报告尚无国际公认标准，但国际会计师联合会公共部门委员会在制定国际公共部门会计准则上已经取得了很大的进展。国际货币基金组织认为，提高"财政透明度"所要求的很多做法都必须通过采用权责发生制会计来解决，比如，财政风险的评估和披露，预算项目的投入产出分析，政府财政状况指标（如政府总体差额）的计量等，而收付实现制会计无法满足这些要求。国际货币基金组织指出，只有采用权责发生制会计才能全面反映政府的资产和负债，涵盖政府的所有公共交易。比如，对于政府对供应商、雇员和养老金领取人的拖欠款，采用收付实现制就会低估政府的实际赤字，另一方面，政府应收未收的税款拖欠量也很大，也需要予以反映。

1.1.3.4 联合国及其国民账户系统、欧盟及其欧洲账户系统、国际货币基金组织及其政府财政统计

除了政府财务报告之外，国际上绝大多数政府还要根据联合国的国民账

户系统(SNA)、欧盟的欧洲账户系统(ESA)、国际货币基金组织的政府财政统计(GFS)等核算框架编制财务信息。

国民账户系统(SNA)是国民经济核算的国际标准,它编纂整个经济的总量统计,尤其注重国民收入和净值的计量,旨在帮助国家监控其财务状况、追踪全国发展的趋势和比较一国与他国的发展情况。1993年,欧盟委员会、国际货币基金组织、经济合作与发展组织,联合国、世界银行决定将国民账户系统改革为权责发生制基础,明确指出,国民经济核算的总原则是,"机构单位之间的交易必须是在债权和债务发生、转换或者取消时记录,即遵循权责发生制"。这主要基于两点理由:第一,权责发生制核算原则的记录时间与国民账户系统界定的经济活动和其他流量的方式完全一致;第二,权责发生制可应用于非货币流量的核算。

欧洲账户系统(ESA)是欧盟内部发展起来的核算框架,旨在为成员国提供协调的可靠的统计信息。欧洲账户系统要服务于众多目标,包括监控和追踪成员国对《欧洲联盟条约》、《经济货币联盟》的遵循情况等。1995年,新修订的欧洲国民账户系统规定以权责发生制作为核算基础。欧洲国民账户系统ESA-95规定,记录税收的基础是权责发生制,但是允许一些弹性:"从收付实现制基础到权责发生制基础的改革,有时很难完全精确地实施。在这些情况下,可能需要使用一些近似。"ESA 95手册关于政府赤字与债务的条款中规定,确认时间是产生税金义务的活动发生时,或者在有些所得税的情况下,确认时间是政府可以有把握地确定税收金额的时间。

政府财政统计(GFS)体系是政府部门以系统方式组织运营数据的一套经济和统计概念、会计规则和分类指南。它是由国际货币基金组织设计的,旨在满足分析与评价财政政策的信息需要。为了同国民账户系统的新标准保持一致,国际货币基金组织在1986版财政统计核算体系的基础上,征求了各国的意见后,正式发行了2001版的《政府财政统计手册》(简称GFS)。2001年《政府财务统计手册》(GFS Manual)在税收收入的范围、时间与计量方面采纳了与SNA1993、ESA95相同的概念与原则。在修改后的《政府财政统计手册》中,记录交易和其他经济流量的时间由权责发生制原则确定。而在1986年版的《政府财政统计手册》中,交易在收到和支出现金时记录。国际货币基金组织认为,权责发生制确认经济活动和事项的时间与资源实际流动的时间相符,提供了内部交易、实物交易和其他经济流动等全部资源流动信息,也包括了所有债务拖欠的信息。同时，在权责发生制下，还单独记录了所获得的非金融资产，使得购置非金融资产的支出与使用的时期相匹配。这样，权责发生制最好地估计了政府财政政策的宏观影响。

国民账户系统与政府财政统计都是统计核算框架，它们不是为政府财务报告设计的，但是它们与政府财务报告之间存在着很大程度的信息重合。[①]所以，很多国家都试图探索一种理想状况，即政府报告主体能够建立起一个统一的财务信息系统，可以编辑三套财务信息，分别满足政府财务报告、国民经济核算、政府财政统计等三套核算框架的需要，并使信息复制和数据调整时间最小化。各国政府会计与财务报告所使用的会计基础是否是权责发生制，决定了这三套核算框架的协同程度，从而直接影响到政府建立统一财务信息系统的可能。可见，国民账户系统与政府财政统计体系的改革对世界各国的政府会计权责发生制改革也产生了有力的推动。

1.1.4 权责发生制政府会计改革的背景与改革者对改革的成效预期

从以上各国政府在权责发生制会计改革方面的努力与国际组织推动权责发生制核算改革的热情可见，虽然各国实施权责发生制政府会计改革的具体经历存在着差异，但是权责发生制政府会计改革，已经成为一个全球性的政府会计改革趋势。

权责发生制政府会计改革的全球趋势不是一个偶然现象。它的兴起是基于一些特定的政治、经济、社会背景和改革者对改革成效的预期。

1.1.4.1 各国权责发生制政府会计改革的主要背景

综观各国权责发生制政府会计改革的实践，可以看到这些国家推行权责发生制政府会计改革往往是基于一些相似的背景。

第一，政府面临财政压力。20 世纪 90 年代，在许多西方国家，社会福利制度成本日益上升，公共服务的范围与规模不断扩张，这导致政府财政支出压力加大；而另一方面，受制于国家整体经济水平，税收的增长受到限制。这两方面的作用导致这些国家财政收支矛盾日益尖锐，赤字和公债规模日益扩张，

---

① 荷兰政府在权责发生制会计改革中尝试将 ESA 标准引入政府预算与财务报告，则是欧洲账户系统对权责发生制政府会计改革的一个直接影响。

通货膨胀率提高，投资和就业受到不良影响，经济和社会的稳定和发展遭遇威胁。在新西兰，1984 年政府财政赤字占 GDP 的 9%，1989 年底，政府的净债务达到了 GDP 的 50%左右。在澳大利亚，1980 年末各州政府都面临着严重的财政问题，同时两个主要的州立银行宣布倒闭。在加拿大，20 世纪 80 年代至 90 年代期间，国家经历了两次严重的经济衰退。第一次衰退发生在 1981—1982 财政年度，失业率从 1981 年少于 8%的水平猛增到 1983 年的 12%。第二次衰退发生在 1991 年，失业率从 1990 年的 8%左右上升到 1991 年的 10%以上，并一直持续到 1995 年。在英国，二战使国家的基础设施和国民经济遭受严重损失。战后人民迫切要求公共部门改善公共服务，提供更好的医疗卫生服务与各种社会保障。同一时期，英国经济出现滑坡，税负沉重，要求降低直接税收的政治压力越来越大，导致公共部门所面临的资金需求压力越来越大。在美国，从 20 世纪 70 年代起，联邦政府赤字不断增加，在 1992 财政年度几乎达到了 3 000 亿美元，人们对联邦政府的财政控制能力提出了质疑。在德国，由于 20 世纪七八十年代持续显著的预算赤字以及德国东西部的统一，在 90 年代中期公共债务和利息支出达到了一个危险的水平，债务占 GDP 的 60%，当年新增负债达到 GDP 的 3%，这达到了《马斯特里赫特条约》(Maastricht Treaty)给欧洲经济货币联盟(Economic and Monetary Union，EMU)成员国规定的上限。在法国，公共支出的持续增长，导致 20 世纪 90 年代初，法国的公共支出几乎达到了 GDP 的 50%。①

第二，公民要求政府改善绩效的呼声强烈。20 世纪 80 年代以来，公民要求政府改善绩效的呼声具有深刻的政治、经济、社会政策背景。在政治方面，二战后西方民主政治出现一些畸形变化，国家权力日益向行政部门集中，同时，一些大利益集团的政治影响力日益增加，普通民众的知情权、参政权受到侵害；在经济方面，凯恩斯主义力图通过国家干预刺激有效需求来缓解经济危机的努力遇到严重挫折，70 年代后西方国家先后出现了经济滞胀；在社会政策方面，财政危机使西欧各福利国家推行的社会福利政策难以为继，并导致国家陷入危机。在这种形势下，公民对政府的效能产生了质疑，强烈要求政府改善绩效。

① 统计数字来源于楼继伟．政府预算与会计的未来——权责发生制改革纵览与探索[C]．北京：中国财政经济出版社，2002．

第三，商业主义改革的兴起。面临经济、社会与政治压力以及政府公信力所受到的威胁，各国政府纷纷掀起了旨在改善政府绩效的商业主义改革。这些商业主义改革往往被赋予"新公共管理"的称谓，其普遍做法是把商业运作模式引入到公共部门，具体来讲一般包括以下要点：①将政策制定与服务提供相分离；②从重视投入转向重视产出与服务顾客；③注重业绩计量与指标的开发；④将公共服务提供者与生产者的工作职能相分开，以促进不同生产组织之间的竞争；⑤将非核心业务或并非必须由公共部门提供的业务转到私人部门进行；⑥强调"耗费价值"(value for money)的审计工作，并引进必要的监督和规范管理措施。

第四，职业组织、资本市场以及信用评级机构等对政府尤其是地方政府权责发生制会计改革的推动。在美国、加拿大等国家，职业组织通常会关注公共部门会计的发展，并将公共部门作为具有商业潜力的重要发展对象。有学者称，职业组织对商业会计模式的偏好，可能会对政府会计采用权责发生制的改革具有推动作用。此外，对于一些面临财务压力的地方政府来说，"收税权"越来越不能毫无限制地提供支撑，只能到资本市场寻求融资。而资本市场的投资人与信用评级机构通常要求他们提供经审计的 GAAP 基础的财务报告，而这可能又会进一步提高会计职业组织的偏好对政府会计的影响。

第五，一体化组织与国际组织在金融安全与预算稳定等方面的要求。欧盟成立后，通过 1993 年生效的《马斯特里赫特条约》和 1997 年生效的《稳定与增长公约》，规定了欧盟财政政策的基本框架。《马斯特里赫特条约》对成员国财政政策做出了原则性规定，即从 1994 年起，欧盟各成员国的财政赤字占 GDP 的比重(即赤字率)不能超过 3%，政府债务占 GDP 的比重(即债务率)不能超过 60%。《稳定与增长公约》在进一步明确《马斯特里赫特条约》规定的财政政策原则基础上，确定了欧盟财政政策协调的规则、过度财政赤字的惩罚程序，以及建立预警机制监督各国财政运行状况，保证各成员国在中期内(从 1997—2004 年)实现财政基本平衡或者略有盈余。[①] 这些政策对欧共体成员国以及未来可能加入欧共体的国家的财务管理水平提出了要求，也对其政府会计系统提出了要求。各国的财政可持续性是按照欧洲货币联盟的预算要求来衡量的，而《稳定与增长公约》所使用的是以权责发生制为确认基础的欧洲

① 王保安. 欧盟财政政策与启示[J]. 财政研究，2004(4)。

账户系统(ESA95),这就对这些国家政府会计系统提供权责发生制信息的能力提出了要求。

1.1.4.2 各国改革者对权责发生制政府会计改革的成效预期

各国改革者普遍拥有这样一些观点:相比于收付实现制会计,政府会计采用权责发生制作为会计基础的优越性在于,可以强化政府对公民的受托责任,有助于政府行政人员改善公共财务管理,以及提高不同地区之间管理绩效的可比性。具体来讲,权责发生制政府会计通过提供更全面的成本、资产、负债信息,提高透明度,为绩效预算、绩效评价等结果导向的管理工具提供信息支持,从而实现其会计系统的优势。在这一方面,1993 年,澳大利亚联邦审计总长(Commonwealth Audit-General)Pat Barrett 的观点较具有代表性。他指出:在澳大利亚公共部门采用权责发生制会计的意义包含七个层次。第一层是,权责发生制会计有助于对政府项目的成本进行更为全面的识别;这进而产生了第二层意义,权责发生制会计有助于政府把更多的重点放在成本控制与效率评估上;第三层意义是,权责发生制会计有助于为确定收费使用项目的定价政策提供信息支持;第四层意义是,在前面三层所讨论的成本自觉性增强的基础上,在存在工作场所协商制度(workplace bargaining negotiation)的情况下,需要表明提高的生产率,而权责发生制会计有助于实现这一点;第五层意义是,权责发生制会计有助于强化公共部门资源投资与运用的受托责任;第六层意义是,权责发生制会计可以更清楚地衡量公共部门在代际公平方面的受托责任;最后,权责发生制会计有助于衡量政府政策的财务影响,并有助于和事前计划进行对比,从而在一些地区已经成为一项赢得广泛支持的重要动议,旨在追求"预算诚实"和对政府负债实行宪法约束。①

1.1.4.3 经济合作与发展组织等国际组织对权责发生制政府会计改革的成效预期

经济合作与发展组织(OECD)等国际组织对各国权责发生制会计改革的成效预期主要基于这样一个认识:权责发生制会计有助于实现良好的公共治

① Guthrie James, 1998. Application of Accrual Accounting in the Australian Public Sector—Rhetoric or Reality? [J]. *Financial Accountability & Management*, 14(1): 1～19.

理。

OECD认为，良好的公共治理对于经济稳定与社会凝聚力是至关重要的。OECD预算管理及公共服务管理部专家Alex Matheson指出，"治理意味着公共机构被赋予权力与运用权力的方式，还包括使政策具有合理性的各种安排。治理概念包括决策如何制定、权力与制度的平衡、政治家与管理者承担受托责任的方式。它并不是指单个的公共政策，而是指公共政策制定和执行所依赖的环境。"①

有效的治理能够提供：①一个人民被公平和平等对待的环境；②一个限制独裁行为和鼓励效率与革新的透明度氛围；③社会投资的稳定性与可预测性；④多种政策目标包括短期利益与长期利益的协调；⑤防止个人与团体滥用权力的责任分工。②

所以，OECD认为，良好的公共治理应具有以下几个属性：①透明度——过程公开，系统报告目标的实现情况；②公共受托责任——公开活动、决策与决策制定过程，接受公共机构、国会与市民社会的监督；③回应力——对变化的国内国际环境做出回应的能力和灵活性；④未来导向——有能力预期未来，能够根据未来成本与预期变化制定政策；⑤法律规制与正直性——公平地推行透明的法律、法规与制度，使其成为公共部门支持道德行为、严惩腐败的文化内容。③

OECD促进良好治理的方案包括：健全而透明的预算与会计体制；财政透明度；给予财政机构更大的独立性；预算资源的重新配置；为未来而预算；权责

---

① Matheson Alex,2002. Better Public Sector Governance: The Rationale For Budgeting and Accounting Reform in Western Nation[J]. OECD, Models of Public Budgeting and Accounting Reform. *OECD Journal on Budgeting*, Volume 2/Supplement 1:37.

② Matheson Alex ,2002. Better Public Sector Governance: The Rationale For Budgeting and Accounting Reform in Western Nation[J]. OECD, Models of Public Budgeting and Accounting Reform. *OECD Journal on Budgeting*, Volume 2/Supplement 1:38.

③ Matheson Alex,2002. Better Public Sector Governance: The Rationale For Budgeting and Accounting Reform in Western Nation[J]. OECD, Models of Public Budgeting and Accounting Reform. *OECD Journal on Budgeting*, Volume 2/Supplement 1:38～39.

发生制会计;绩效预算。① 在这些方案中,权责发生制会计作为信息支持系统,具有基础和不可或缺的地位。第一,OECD对未来与代际公平的重视,要求确认显性负债、隐性负债以及或有负债等各项债务,如政府债券、养老金方案、法定社会福利方案和公共保障方案等,并据此分析政府债务负担对财政可持续性与代际公平所带来的影响,而这些信息只有按照权责发生制的确认标准才会纳入政府会计系统从而纳入政府财务信息系统。第二,OECD成员国管理改革的一个重要课题是将政府管理重点从资源投入转向产出与成果,因此很多国家采用了绩效预算。这种预算模式以结果(产出)为导向,设置一套可量化的绩效衡量和评价指标体系,将绩效与预算(投入)紧密联系起来,通过投入产出、成本效益等分析,衡量公共活动或项目绩效的高低,进而提出资源配置方案和优先顺序安排。这就要求会计系统具有追踪政府产品与服务成本以及合理分摊成本的能力。而只有权责发生制政府会计系统才符合这一要求。

1.1.5 国际学术界对权责发生制政府会计改革提出的质疑

与权责发生制政府会计改革在全球蔓延的趋势相对照,国际学术界发出的声音却显得很不协调,很多学者对权责发生制政府会计改革的意义及其成效提出质疑。

1.1.5.1 对权责发生制政府会计改革全面有效性的质疑

对于权责发生制政府会计改革在某些国家所具有的成效,一些学者持认可态度,但是他们对权责发生制政府会计改革的全面有效性,尤其对这一改革在发展中国家以及计划经济向市场经济转轨国家的适用性提出质疑。他们的质疑基于两个认识:一是权责发生制政府会计改革是新公共管理改革的一部分;二是收付实现制政府会计系统在这些国家仍然适用。

Ellwood (2002)对英国的权责发生制政府会计改革进行了考察,认为20世纪90年代英国公共部门的会计变革在很大程度上是源于新公共管理。他

---

① Matheson Alex,2002. Better Public Sector Governance:The Rationale For Budgeting and Accounting Reform in Western Nation[J]. OECD,Models of Public Budgeting and Accounting Reform. *OECD Journal on Budgeting*,Volume 2/Supplement 1:39～46.

指出,“新公共管理提供了在卫生部门、地方政府和中央政府实施更为商业化的会计的原动力。在很大程度上特别关注获得改进的资源损耗信息,因而公共部门服务提供者与私人部门服务提供者之间能够可比。权责发生制会计更为可靠,可以获得‘完全’成本,私人部门风格的会计适应保守政府的商业化思潮。”①

Pallot(1997)对新西兰权责发生制政府会计改革进行了考察,认为改革的主要目标在于,更好地管理公共资源,提高公共受托责任的标准。②

Guthrie(1998)对澳大利亚权责发生制政府会计改革进行了考察,也指出政府会计改革起源于一系列管理改革,这些改革被冠之以改进“效率(efficiency)”、“效果(effectiveness)”、“责任(responsiveness)”、“受托责任(accountability)”等名义。③

基于以上这些学者的观点,Ellwood与Wynne(2005)指出,人们不应该孤立地考虑权责发生制会计,而是应该将其看作是新公共管理一揽子改革的一部分,所以政府会计改革在某个国家的有效性直接取决于这个国家新公共管理中其他改革的状况。发端于英国“撒切尔时代”的新公共管理,强调引入私人部门的管理技术和应用(或模拟)竞争性的市场行为,概括来讲具有如下特征:①强化私人部门提供公共服务的导向,并将其作为管理这些公共服务的模式;②责任分权化,更多地强调管理主义,赋予管理者更大范围的决策权;③通过外包、契约和公私合营等形式,国家从服务提供者转变为从私人部门或志愿者组织购买服务。④

据此,Ellwood与Wynne进一步指出,对于那些以控制现金为当前要务的发展中国家而言,运用权责发生制会计“并不是优先应做的事情”。SIGMA

---

① Ellwood,S. M.,2002. The Financial Reporting Revolution in the UK Public Sector[J]. *Journal of Public Budgeting,Accounting and Financial Management*,14(4):584.

② Pallot,J.,1997. Infrastructure Accounting for Local Authorities: Technical Management and Political Context[J]. *Financial Accountability and Management*,13(3).

③ Guthrie,J.,1998. Accrual Accounting in the Australian Public Sector[J]. *Financial Accountability and Management*,14(1):1～19.

④ Ellwood,S. and Wynne,A.. An Accrual World? Questioning the Universal Validity of Accrual Accounting[A]. Anatoli Bourmistrov and Frode Mellemvik (eds),International Trends and Experiences in Government Accounting[C]. Cappelen Akademisk Forlag,2005. 158～172.

(Support for Improvement of Government and Management)①也指出,“在已经实施新公共管理改革的国家中改革的有效性和改革对转轨国家的适用性在学术界和实务工作者中仍然存在争议”。②

许多学者对照新公共管理的标准,指出发展中国家与转轨国家在实施权责发生制政府会计改革的制度基础方面的不足,同时强调收付实现制在这些国家的适用性,其中尤为强调的是收付实现制会计在立法部门实施现金控制方面的优势。Guthrie(1998)指出,收付实现制会计“反映了基本的原则:所有公共资财应该按照年度议会授权法案具体规定的方式和数额支出。收付实现制会计在现金交易时记录现金收入、支出和余额,因此收付实现制基础的财务报表传统上反映现金收入的来源、现金支出的去向,并提供实际支出与预算支出的比较。”③

1.1.5.2 对权责发生制政府会计改革符合成本效益原则的质疑

Montesinos 与 Bargues(1996)指出,权责发生制政府会计改革不仅涉及权责发生制政府会计系统的建设,还需要保证使用者能够理解权责发生制政府会计信息,这些都需要耗费大量的人力、物力与财务资源。实施一套新的系统需要对员工进行培训,有时甚至需要招聘新的员工,此外,还需要购置新的计算机硬件,开发新的应用软件,同时还需要改进内部控制程序。这些人力、物力资源都需要耗费大量的财务资源。然而,这些还不是政府会计改革所面临的最大成本障碍。Montesinos 与 Bargues(1996)指出,最大的障碍来自于那些不愿意改变旧习惯的人们对新的政府会计系统的抵制。④

英国财政部也指出,实施权责发生制政府会计改革需要耗费巨额的资源,包括人力资源、物力资源、财务资源以及时间耗费所产生的机会成本。英国没

---

① 一个帮助中东欧国家准备加入欧盟的组织。

② OECD/SIGMA,2001. Managing Public Expenditure—a Reference Book for Transition Countries[C]. Edited by Richard Allen and Daniel Tommasi OECD/SIGMA.

③ Guthrie,J. ,1998. Accrual Accounting in the Australian Public Sector[J]. *Financial Accountability and Management*,14(1):1～19.

④ Vicente Montesinos & José M. Vela Bargues. Bases of Accounting and Reporting Foci in Spanish Governmental Accounting[C]. IFAC(PSC),Occasional Paper 3:Perspectives on Accrual Accounting,1996. 17～24.

有专门记录用于资源会计和预算改革的费用，而是将其作为整个国家政策改革成本的一部分来记录。1996 年粗略估算为 2 000～2 500 万英镑，政策改革的花费大概是 1 亿英镑。①

相比于权责发生制政府会计改革的高额成本，关于权责发生制政府会计改革的效益，一直都没有得到显著的经验数据支持。Carlin(2002)指出，导致这种现象的原因，一部分是由于环境比较复杂，所以很难获得某一项改革与相关绩效变化之间存在联系的"硬"证据，另一个原因可能是由于一组新公共管理技术往往同时实施，所以二者之间的联系显得更加隐晦而难以确认。② Pallot 则指出，财务管理与报告结构的变革，往往伴随着行政结构实体的重组，所以要想开发一组指标，以提供有意义的趋势性数据，或跨部门之间进行有效对比，几乎是不可能的。③

可见，改革的效益仍然是一个期待明确与全面回答的问题。对于这一问题，英国国家审计署在一份报告的附注中提到，权责发生制会计的转换，"在多数情况下，依据有助于改善公共服务(如提高效率)来确认从改善资源管理中获得任何可辨认的益处，目前还为时过早"。④ 正如 Likierman(2000)所说，"新制度运转许多年后，才有可能对其进行全面分析"。⑤

有些学者则对政府会计改革的成本效益持悲观的观点。Jones and Puglisi(1997)指出，实施权责发生制政府会计与报告的成本可能超过其利益。⑥ Diamond(2002)也指出，"新兴经济体过于急切地接受新的改革，忽略了

---

① 楼继伟. 政府预算与会计的未来——权责发生制改革纵览与探索[M]. 北京：中国财政经济出版社，2002. 245.

② Carlin，T. ，2002. Linkage and Legitimization—A Decade of Public Sector Financial Management Reforms in Australia[R]. Proceedings of 7th Annual Asia Pacific Decision Sciences Institute Conference，Bangkok，July.

③ Pallot，J. 2001. A Decade in Review：New Zealand's Experience With Resource Accounting and Budgeting[J]. *Financial Accountability & Management*，17(4)：383～400.

④ National Audit Office，2003. Managing Resources to Deliver Better Public Services，December.

⑤ Likierman，A. ，2000. Changes to Managerial Decision—Taking in U. K. Central Government[J]. *Management Accounting Research*，11(2)：253～261.

⑥ Stewart Johns and Nina Puglisi，1997. The Relevance of AAS 29 to the Australian Public Sector：A Cause for Doubt? [J]. Abacus，33(1).

许多重要问题”，人们“很容易低估引入和维持权责发生制会计的巨额成本，从而出现夸大权责发生制会计的情况”。[①]

1.1.5.3 对会计信息使用者需要权责发生制政府会计改革的质疑

英国学者 George Jones(1996)在考察英国的资源会计与预算后指出，资源会计与预算是基于对政治家行为和兴趣认识上的一个错觉，“资源预算与会计技术性太强太复杂，以至于它只能吸引极少数狂热爱好者的兴趣。绝大多数政治家不会对它感兴趣，也不会把它放在政治日程表中的优先位置。”[②]

George Jones 的这一观点是基于对政治家、官员、选民等政府会计信息使用者的行为分析提出的。他指出，政治家的目标是赢得下一次选举，政治家的时间概念受制于此，他们的视野往往具有短期性，并具有规避风险的倾向。资源会计与预算则是基于一种长期的绩效观。承担着政府受托责任的政府部门首脑们，主要关注的问题不是实现一个确定的目标，而是避免错误。他们不是具有风险偏好的企业家，因为一旦发生错误，便可能意味着政治上的失败和政治生涯的终结。政治家这种厌恶风险的文化还会逐渐渗透影响到他们的官员。民意代表们必须对选民的要求做出回应，而这些要求往往不是关乎政策目标，而是某项政策实施对他们个人、家庭以及利益群体所产生的影响。这样，公众意见就出现了分歧。除了那些在改善服务和降低税收方面明显合理的组合，他们通常很难达成共识。所以，选民往往会支持不同的事业，而对每一项事业的支持度又都变化不定。但是 George Jones 并没有就其行为分析给出经验数据验证。

1.1.5.4 对权责发生制会计在政府部门适用性的质疑

一些学者对权责发生制会计在政府部门的适用性提出质疑。他们的质疑主要是基于以下几个方面的观点：[③]

---

① Diamond, J., 2002, Performance Budgeting—Is Accrual Accounting Required? [R]. Working Paper (WP/02/240) December, IMF.

② George Jones. Resource Accounting and Budgeting: Another False Trail? [A]. IFAC(PSC), Occasional Paper 3: Perspectives on Accrual Accounting, 1996. 33～37.

③ George Jones. Resource Accounting and Budgeting: Another False Trail? [A]. IFAC(PSC), Occasional Paper 3: Perspectives on Accrual Accounting, 1996. 33～37.

第一，政府部门与商业组织在文化上的不同。Ranson & Stewart(1994)指出，资源会计与预算建立在这样一个前提假设上，即私人部门的方法更为优越，所以公共部门应该学习私人部门的模式，而不是基于对公共部门特征的分析来设计公共部门适用的制度安排。公共部门最主要的一个特征在于，公共部门以实现政治目标为使命，公共部门管理方法应当为政治家服务，而不是为技术专家(会计师或管理者)服务。政府部门与商业组织的文化不同。政府采用资源会计与预算，即意味着要在政治与管理文化上进行变革，这违背了政府的政治性质。①

第二，政府部门与商业组织在目标明确性上的不同。George Jones(1996)指出，资源会计与预算是以错误的治理概念为基础。它假设治理需要制定一套清晰而明确的目标，并假设政府由许多独立的项目构成，每一套活动都与特定的项目相联系，由特定目标所驱动。然而，政府的任务往往不在于实现既定目标，而在于处理模糊、冲突与不稳定。政府需要对相互冲突的压力进行平衡，使人们能够更可能达成共识。政府的运营受到多种目标的主导，政府有时会故意使其目标显得模糊，甚至常常是相互矛盾，因为，这样往往可以获得最大的支持。将这些目标陈述清楚会使政府陷入不利局面，因为，那些对目标持不同意见的人会拒绝继续给予支持，并且如果目标没有实现，会给政府增加将来的麻烦。

第三，政府部门与商业组织在管理性质和绩效观念上的不同。George Jones(1996)指出，资源会计不足以成为公共部门管理的基础。它假设管理者应当具有明确的目标和事前关于绩效的明确说明。但是，如果只设置宽泛的目标，并且在实现目标的途径方面允许适当的自由裁量权，管理者往往可以实现更高的绩效。事先设定的标准可能会影响绩效。因为这种过程不能鼓励一种“摸着石头过河”的经验总结与学习。George Jones 进一步指出，资源会计与预算不切实际地假设政府具有控制力，并且假设能够在多种影响因素、产出与效果(interventions，outputs and outcomes)之间找出因果联系。然而这是不可能的。政府不能控制事件的发生。事件的发生取决于一个混杂的环境与政府无法直接控制的其他一些组织。公共部门管理的要义在于管理复杂的关

---

① Ranson，S. and Stewart，J. *Management for the Public Domain*［M］. Macmillan，Basingstoke，1994. 300.

系，而不在于忙着完成一系列既定的目标。公共部门管理的任务与其说是在于效率，还不如说是对政治家负责。两者往往不能兼顾。

1.1.5.5 对权责发生制政府会计改革根本动因的质疑

有些学者甚至对权责发生制政府会计改革的根本动因提出了质疑。他们的质疑主要是基于以下几个方面的观点：

第一，权责发生制政府会计改革会导致财政部、国库等受托管理公共资金的部门弱化对公共支出的控制。George Jones(1996)指出，以权责发生制为会计基础，这些部门的注意力会从关注现金收入与现金支付转移到关注产出与结果、运营的完全成本与效果。对于现金收入的衡量，往往可以有较大的把握，而相比之下，对产出、结果、运营的完全成本、效果等方面的衡量，可能会产生相当程度的分歧。政府绩效评价存在着很多问题，因为它在衡量服务质量的过程中，需要就政治价值做出政治判断。

第二，会计师是权责发生制政府会计改革的重要受益人。George Jones(1996)指出，用商业会计的概念来计量公共部门资产与负债是不妥当的。公共部门中有许多特定的资产与负债在私人部门没有对应物，比如，公路、文化遗产、国防装备、征税权、公债、年金，以及社保福利等。要想运用这一复杂的新系统，需要能够胜任的新的专业人员。这样会计师就会成为权责发生制政府会计改革的主要受益人。

第三，权责发生制政府会计改革会破坏审计程序。George Jones(1996)指出，资源会计与预算可能会将审计部门的注意力从传统审计重点(比如对支出限制的遵循性等)转移。或者，在实施了资源会计与预算之后，政府仍将运作传统会计与预算(traditional accounting and budgeting，TAB)，审计部门仍将需要关注他们传统的审计重点——真实公允原则、合规性与适当性。他们将需要评估资源的获得与运用是否符合法律规定与契约要求。由于可靠性与系统性的问题，单单绩效预算还不足以赢得审计部门的信任。然而，危险在于，由于 TAB 与 RAB 两套系统同时运作，政府管理者会受到过多的审查与过度审计。他们的自由裁量权将会受到削减，解决问题的能力将会随之消失。

第四，权责发生制政府会计改革的动因可能是基于设置私有化陷阱的需要。Carline(2005)从研究整个公共部门财务管理改革的角度对权责发生制政府会计改革的根本动因提出了质疑。[①] 他指出，公共部门财务管理改革按日程表顺序可分为三个层次。第一层由驱动性改革（"precursor" reforms）组成，权责发生制会计与报告属于这一层。第二层是主体性改革（"hub" reforms），这是新公共财务管理的核心层，产出导向的权责发生制预算（AOBB）就属于这一层，这一技术把公共部门机构的活动看作可以实物计量与财务计量的产出。这一财务计算新方法影响深远。根据这一方法，公共服务由谁生产则变成了一个无关紧要的问题，而公共管理的关注重点变为通过对公共服务产出组合做出选择以实现一定的政策成果。这样，主体性改革通过已知的成本函数按照可界定的产出对公共部门的产品进行了重新概念化，并将这些数据传送到公共管理改革的第三层——对公共服务产出进行交易的市场化与准市场化。这一系列改革的支持者往往认为或者宣称，这一制度体系适应了澳大利亚政府 20 世纪 90 年代所提出的国家竞争政策，即公共部门与私人部门之间的平等竞争观，而在这一制度体系之中，权责发生制会计与报告被赋予基础性的地位，因为：第一，权责发生制会计为权责发生制预算提供不可或缺的信息支持（比如完全成本的计量和报告）；第二，人们通常确信，采纳权责发生制会计与报告的一个结果是，公共部门与私人部门之间在财务维度上具有直接的可比性。然而，Carline 通过一个财务报告案例研究，对 Victorian 公共部门机构与澳大利亚上市公司样本之间的资产计价方法和折旧政策进行了比较，发现：私人部门实体对历史成本的使用存在偏好，与权责发生制下采用重置成本计价法的公共部门机构相比，私人部门机构报告了更低的资产重估增值（总资产的 2.58% vs. 12.27%），从而更低的折旧费占总费用的比率（3.48% vs. 4.38%）。然而如果根据公共部门固定资产平均折旧年限 36.52 年与私人部门平均折旧年限 16.11 年来看，结果应该恰恰相反，私人部门折旧费占总费用的比率应该远高于公共部门。据此，Carline 指出，权责发生制会计具有将公共部门资产价值抬高的效果，从而导致较高的折旧费用，以至更高的产出成本。这会对公共服务外包等资源配置决策产生直接的影响。Carline 进一步指出，如果对私人部门与公共部门权责发生制会计的假设、前提等方面不加区别看待，而直接进行比较，会造成误导，即误以为生产同样的物品

---

① Tyrone M. Carlin，2005. Debating The Impact of Accrual Accounting and Reporting in the Public Sector [J]. *Financial Accountability & Management*，21(3)：309～336.

在公共部门的成本会比在私人部门高，从而为私有化提供了理由。继而 Carline 强调，根据论文所得出的数据，有可能得到这样一个结论：由于权责发生制会计的假设对公共部门的产出成本造成了向上的系统性歪曲，使其往往高于私人部门，所以权责发生制政府会计有可能服务于一种私有化秘密行动的议程，而在这一舞台上，产出导向的权责发生制预算系统，则担当了故意将经济活动从一个部门转移到另一个部门的角色。

1.1.6 权责发生制政府会计改革探讨在中国

1.1.6.1 中国政府对权责发生制政府会计改革问题的重视

中国政府，尤其是财政部，对权责发生制政府会计改革的重视是从政府预算管理的需要开始的。2000 年，财政部预算司和香港理工大学联合组成“政府预算与会计权责发生制”课题组，从政府预算角度对权责发生制政府会计进行了初步研究，出版了《政府预算与会计的未来：权责发生制改革纵览与探索》一书；2003 年，财政部成立会计准则委员会，下设政府及非营利组织会计专业委员会，设立政府及非营利组织会计咨询专家组，设立政府绩效评价、政府会计概念框架、政府会计准则、政府财务报告和政府债务核算等 8 个研究课题，正式出版了研究报告——《政府绩效评价与政府会计》[①]和《政府财务报告研究》[②]；中国会计学会于 2007 年底专门设立了政府及非营利组织会计专业委员会，组织协调政府及非营利组织会计学术活动。这些研究课题均涉及权责发生制政府会计的相关问题。

1.1.6.2 中国学者对权责发生制政府会计的研究

中国学术界对权责发生制政府会计改革也进行了大量探讨，截止到 2005 年，中国期刊网收入的国内学者公开发表的以“权责发生制”为关键词的论文有 132 篇，以“政府会计基础”为关键词的论文有 133 篇，以“权责发生制政府会计”为关键词的论文有 16 篇。

中国政府会计改革的研究始于 20 世纪 90 年代中后期，尤其是 2000 年以

① 财政部会计准则委员会．政府绩效评价与政府会计[M]．大连：大连出版社，2005．

② 李建发．政府财务报告研究[M]．厦门大学出版社，2006．

来，为建立健全公共财政体系，中国陆续推行了以部门预算、国库单一账户制度、政府采购为核心的财政支出管理制度改革，而现行预算会计制度无法满足财政管理改革的需要。此外，近几年“审计风暴”所暴露出政府财政管理和公共部门财务管理中的问题，也反映出现行预算会计制度存在着重大缺陷，无法满足改善政府绩效的需要。

基于这一背景，学术界从多个角度研究了权责发生制政府会计改革的必要性。一些学者以新公共管理运动为背景，以加强和完善公共部门财务管理为切入点，对政府会计与财务报告制度改革进行了研究。刘玉廷(2004)从政府会计准则建设的角度指出，政府会计准则建设和政府财务报告内容设计应尽可能满足政府绩效评价的需要，满足我国建立绩效政府、绩效财政的需要，从而最大限度地发挥政府会计信息在我国政府公共管理水平和营运绩效方面的作用；[①]李建发、肖华(2004)从加强公共财务管理的角度提出，研究和改革我国政府会计基础，以满足我国公共财务管理对政府会计信息的需求；[②]王雍君(2002)着重研究了权责发生制与政府预算管理改革的关系问题，认为绩效导向的预算管理改革需要在政府预算和财政报告中引入权责发生制基础；[③]陈胜群对政府会计基础进行了比较分析，认为现金制不能适应公共管理的需要，权责发生制在新公共管理体制下具有优越性；[④]邢俊英(2004)认为，现金制虽然在防范财政风险、加强国有资产管理、加强收支管理等方面有优势，但权责发生制会计对政府实施绩效评价具有重要意义；[⑤]陈穗红(2004)认为，权责发生制信息比收付实现制更准确、更全面地反映了政府在一个时期内提供产品和服务所耗资源的成本，能更好地将成本与绩效成果进行合理的配比，有利于加强管理者对产出和结果的责任，有利于促进全面的绩效管理改革。[⑥]

在此基础上，一些学者进一步结合我国国情对权责发生制改革的实施问题进行了探讨。刘玉廷(2004)指出，由于我国的经济改革走的是渐进式道路，

---

① 刘玉廷.我国政府会计改革的若干问题探讨[J].会计研究，2004(9).

② 李建发、肖华.公共财务管理与政府财务报告改革[J].会计研究，2004(9).

③ 王雍君.权责发生制与政府预算管理改革[J].财政研究，2002(3).

④ 陈胜群.政府会计基础比较研究——传统的收付实现制与崛起的权责发生制孰优孰劣？[J].会计研究，2002(5).

⑤ 邢俊英，改革政府会计制度防范财政负债风险[J].会计研究，2004(4).

⑥ 陈穗红.论我国政府会计权责发生制的应用问题[J].财政研究，2004(11).

政府会计改革势必将是循序渐进式的，在引入权责发生制会计上也将是渐进式的，不可能一蹴而就。① 李建发(2001)指出，我国政府会计最好先采用修正的现金制，在条件成熟时再逐步向修正的权责发生制、权责发生制过渡。② 陈穗红(2004)指出，政府会计和财务报告采用权责发生制，而预算可以保留收付实现制。③

1.1.7 权责发生制政府会计改革是天使还是魔鬼?

尽管中国政府与学术界大多从不同角度表达了对权责发生制政府会计改革的支持，然而，这些成果对 1.1.5 节中种种质疑的解释力和驳斥力还是有限的。权责发生制政府会计改革到底是天使还是魔鬼? 在世界各国努力尝试与激烈讨论权责发生制政府会计改革的当今时代，在中国各界热切关注权责发生制政府会计改革的当今时代，正确认识权责发生制政府会计改革问题，对世界、对中国都具有非常重要的意义。

从上文论述可以看到，权责发生制政府会计改革在全球兴起的大背景的确是各国政府面临财政压力、新公共管理运动、公民对政府绩效的呼声、成本控制与财务绩效受到新的关注等等。实践也表明，在有些国家和地区(比如纽约州)权责发生制政府会计改革的推动力量中的确有会计职业机构的身影。另一方面，权责发生制政府会计改革效果的显现需要一个长期的过程，很难在短期内得到清晰与全面的衡量。在这种形势下，国际学术界对权责发生制政府会计改革的种种质疑，与各国政府以及国际组织在权责发生制政府会计改革所做的努力，形成鲜明对照。改革者对权责发生制政府会计改革所预期的成效是否存在? 如果存在的话，到底有没有可能实现? 如何促进或者保障这些成效得到实现? 抑或，国际学术界的种种质疑是否足以否定权责发生制政府会计改革的意义乃至否定一些国家实施权责发生制政府会计改革的必要性与紧迫性?

笔者认为，确定分析权责发生制政府会计改革的思路，可以从检视国际学术界的种种质疑入手。为了检视这些质疑是否足以推翻权责发生制政府会计改革的意义，首先应思考一些问题，详见表 1-1。

---

① 刘玉廷. 我国政府会计改革的若干问题探讨[J]. 会计研究，2004(9).

② 李建发. 论改进我国政府会计与财务报告[J]. 会计研究，2001(6).

③ 陈穗红. 论我国政府会计权责发生制的应用问题[J]. 财政研究，2004(11).

表 1-1　国际学术界对权责发生制政府会计改革的质疑

<table>
<tr><th>质疑</th><th>所依据的观点</th><th>为了检视质疑的证据力
而应思考的问题</th></tr>
<tr><td rowspan="2">1. 对权责发生制政府会计改革全面有效性的质疑。</td><td>新公共管理不具有全面有效性，而权责发生制政府会计改革是新公共管理改革的一部分。</td><td>权责发生制政府会计与新公共管理之间是否存在一种必然的联系？即使新公共管理不具有全面有效性，就有理由因为权责发生制会计改革是各国新公共管理改革的内容之一而否定权责发生制的推广吗？</td></tr>
<tr><td>收付实现制政府会计系统在这些国家仍然适用。</td><td>权责发生制政府会计与收付实现制政府会计是否必然是相互排斥的关系？</td></tr>
<tr><td>2. 对权责发生制政府会计改革符合成本效益原则的质疑。</td><td>权责发生制政府会计改革的成本巨大或效益难以计量。</td><td>权责发生制政府会计改革是单纯技术变革，还是兼具有政治意义的变革？权责发生制政府会计改革的意义能否用单纯技术角度的成本效益原则来衡量？</td></tr>
<tr><td>3. 对政府会计信息使用者需要权责发生制会计改革的质疑。</td><td>政治家的视野往往具有短期性，不会对基于长期绩效观的权责发生制改革感兴趣。</td><td>政治家、官员、选民等政府会计信息使用者的行为动机是否可用个人经济利益最大化来概括？</td></tr>
<tr><td rowspan="3">4. 对权责发生制会计在政府部门适用性的质疑</td><td>政府部门与商业组织在文化上的不同。</td><td>政府会计采用权责发生制，是否一定意味着将商业模式引入政府？</td></tr>
<tr><td>政府部门的目标常常是模糊的，与商业组织在目标明确性上不同。</td><td>政府部门的目标机制是什么？政府部门的目标是由谁决定的？政府部门是否必然是目标模糊的？</td></tr>
<tr><td>政府部门管理的要义在于对政治家负责，管理复杂的关系，而不在于忙着完成一系列既定的目标，与商业组织在管理性质与绩效观念上不同。</td><td>公共部门管理是否不应有确定目标？对政治家负责与实现公共部门的管理绩效这两类任务一定存在冲突吗？政府会计的功能是什么？权责发生制会计所能够衡量的绩效是否仅限于私人部门的绩效概念？权责发生制政府会计必然会像反对者说的那样导致政府失去绩效目标实现过程中的自由裁量权？</td></tr>
</table>

续表

质疑	所依据的观点	为了检视质疑的证据力而应思考的问题
5. 对权责发生制政府会计改革根本动因的质疑	权责发生制政府会计改革会导致财政部、国库等受托管理公共资金的部门弱化对公共资金收支的控制。	实行权责发生制政府会计的情况下，财政部、国库等受托管理公共资金的部门是否可以放松对公共资金收支的控制？
	会计师是权责发生制政府会计改革的重要受益人。	考察政府部门权责发生制会计改革的效益，应以保护谁的利益为根本标准与出发点？就因为会计师可能会成为改革的受益人而否定权责发生制会计改革？
	权责发生制政府会计改革会破坏审计程序。	权责发生制政府会计改革是否必然转移审计人员对支出限制遵循性的关注？权责发生制政府会计改革是否是权责发生制会计对收付实现制会计的彻底消除性替代？
	权责发生制政府会计改革的动因可能是基于设置私有化陷阱的需要。	Carline 所提出的私有化陷阱这一问题是值得关注的，然而权责发生制会计是否一定会导致私有化陷阱？有没有可能通过权责发生制政府会计系统运行中的某些机制来避免私有化陷阱这一问题？

从以上这些问题可以看到，在权责发生制政府会计改革问题的认识上所出现的纷乱局面，主要由两个相互关联的原因所导致：一是对政府、政府会计、权责发生制政府会计等等基本概念、基本性质与内涵以及基本功能等问题认识不足；二是没有基于一个确定或一致的立场讨论权责发生制政府会计改革。这两个原因是相互关联的，因为往往是由于认识上的不足，导致讨论时立场上的不确定。因此，确定政府会计改革的立场，在这一立场指导下建立相应的权责发生制改革分析框架，不论是对于政府会计改革的实践发展，还是对于政府会计改革的理论研究，都具有非常重大的意义。

笔者将尝试寻找一个经得起时间考验的立足点来探讨权责发生制政府会

计改革的相关问题。这些问题分为三个层次，并且尽可能将表1-1中提出的全部问题包括其中。

第一层：政府、政府会计、权责发生制政府会计等等关键词的基本概念、基本性质与内涵、基本功能，致力于回答应以什么为出发点来寻找判断政府会计改革利害得失的依据？政府会计改革应为谁而改，要不要权责发生制信息首先应考虑谁的需要？如何满足这些需要？

第二层：如果权责发生制政府会计改革具有重大意义，那么，应如何进行改革？权责发生制政府会计改革进程会受到哪些因素影响？权责发生制政府会计改革的成效又会受到哪些因素影响？如何保障权责发生制政府会计改革的预期成效得以实现？

第三层：基于中国当前的政治、经济与社会环境，如何看待中国的政府会计改革？中国是否需要权责发生制政府会计改革？如果需要，实施改革应注意哪些问题？

1.2 本书分析政府会计改革的基本立场和主要研究方法

1.2.1 本书分析政府会计改革的基本立场

政府绩效是公共管理的永恒话题。然而，政府绩效作为一个严谨的概念被提出来并流行于社会科学尤其是公共管理领域，则是近几十年的事。分析这种理论现象的原因，要从绩效概念所蕴涵的精神实质谈起。

根据《大英百科全书》，绩效"在法律意义上指从事某契约所要求的行为。成功绩效的影响是将负责该行为的人从将来的契约责任中解脱出来"。《现代英汉综合大辞典》也指出，绩效是指"履行，实行，执行，完成，实现；功绩，成绩"。可见，绩效的实质是责任主体对责任受体所承担的契约责任的履行情况。从法律意义上看，绩效概念的内涵至少涉及以下几个方面：第一，绩效概念以责任契约为逻辑前提，责任契约关于契约主体权利责任的规定直接决定了绩效评价的主体、客体、内容与标准；第二，绩效概念是保证责任契约履行机制有效性的关键组成要素，通过这一概念的引入，权利人对责任人针对其契约责任履行情况做出具有确定性责任后果的评价或鉴定，才能有效地保证责任契约目标的实现。可见，在呼吁责任社会、责任政府的时代，绩效概念作为强调责任的理论工具，相比于效率（efficiency）、有效性（effectiveness）、生产率（productivity）、成果（outcome）等众多词汇，具有更大的应用优势。它涵盖了对契约责任关系的强调，同时它将履责行为必须接受外部评价的社会偏好内化至概念之中。正是这种与社会文化思想基础的契合，使得“绩效”在近几十年成为理论与实践领域的热点词汇。

更重要的是，通过对绩效概念精神实质的分析，可以看到，绩效并不是一个现代时髦词汇，而是一个具有恒久意义的历史概念。只要有责任契约，只要涉及责任契约履行机制，就有对绩效问题的考虑。在现代民主政府的发展历程中，提高政府绩效始终是基于公众利益的一切公共管理改革的基本目标。因此，以历史观的视角来看，政府绩效治理不仅涉及一套由平衡计分卡等创新工具所构成的技术方法体系，它还包括在历史中不断演进的以改进绩效为目标的一系列制度的实施与创新，主要构件包括：政府预算、政府绩效评价与政府会计等。

政府预算、政府绩效评价、政府会计这些都是政府管理的工具，然而它们的根本性质是长期历史发展中所形成的用于政府绩效治理的制度安排。政府绩效治理的存在基础是社会契约关系，政府绩效治理的目的在于保证社会契约机制的正常运行。政府绩效治理与政府绩效管理是不同的两个概念。前者是基于公共权力委托人与公共权力受托行使者之间的公共权力委托代理关系，后者是基于政府内部管理者与被管理者之间的关系。相比于绩效管理，绩效治理强调通过权力责任的配比来解决绩效问题。即：在政府受托行使公共权力的情况下，为了保障政府绩效，必须由政府来承担相应的责任（所谓问责），而政府承担责任的一个基本条件，就是政府运行的透明度。政府预算、政府绩效评价、政府会计等制度安排事实上都是通过增加政府运行的透明度来治理政府绩效的机制。

政府会计有多个功能，其中作为信息系统的功能是它的一个基础功能。在强调政府绩效的整个政治经济文化环境里，政府会计必然要服务于为提升政府绩效的各项公共管理努力提供信息支持这样一个重要而基本的任务。因此，从技术观的角度来看，政府会计信息系统的建设应实现技术方法的创新，以创建一个信息平台，充分满足政府绩效治理各种技术方法的信息需求。而在实现信息支持功能的同时，政府会计在政府与公众之间的关系方面又实现了另一重要功能，即防治政府失效的治理功能。这不仅表现在政府会计可以为其他治理工具提供信息支撑，而且，政府会计信息公开可以制造威慑效应，防止公共事务由政府暗箱操作所导致的"内部人控制"问题。因此，从制度观的角度看，政府会计是构成民主国家治理机制的不可或缺的制度安排，是政府绩效治理制度体系的重要组成部分。伴随着政府绩效治理的制度健全与创新，为了与制度体系中其他部分的变革实现协调，政府会计也必然面临着制度变革的压力与动力。用制度观的视角看待政府会计是至关重要的。因为，从国家治理方面来看，相对于政府会计其他的功能特性，政府会计的制度功能是具有根本性和决定性的，政府会计作为制度的变革必将要求政府会计技术方法上的创新。①

本书的主旨在于论证，政府会计改革根源于政府的社会契约性质，绩效政府是政府契约性质的题中应有之义，并分析权责发生制政府会计改革乃是当今时代政府绩效治理的需要。

1.2.2 本书的主要研究方法

1.2.2.1 制度分析方法

基于绩效治理的现代政府权责发生制会计改革问题分析应以政府绩效理论与政府会计理论为基础，二者都是在对政府行为深入分析的基础上建立起来的理论。政府是具有政治、经济、社会等多种职能的行为主体，这决定了政府绩效理论与政府会计理论不可避免地存在经济学、政治学、社会学、公共管理学等多个学科的交叉。融合多学科的知识对权责发生制政府会计改革问题进行分析，是挑战，又是有益的尝试，但这必须具备一个前提——找到一种通用于经济学、政治学、社会学、公共管理学等各学科的研究分析方法，从而可以将众学科的知识融会贯通。

经济学、政治学、社会学与公共管理学的研究对象、所要解决的问题虽然

① 确切地说，制度与技术无法截然分开。通常，在制度研究著作中，形成技术的一系列规则往往包含在制度之中。本书之所以把它们分开论述，主要是为了一方面强调政府会计作为一种制度安排在国家制度体系中的宏观功能，另一方面兼顾政府会计作为一种信息支持技术系统在公共管理具体事务中的微观作用。

各有侧重，但是也具有共性的方面——它们都是通过对人及其行为的研究，来探寻社会与经济系统功能发挥的规律。虽然，经济学更为注重分析商业市场中经济主体的行为，政治学更为注重分析政治领域中人的行为（包括政治家与公众），社会学更为注重分析社会领域中社会成员的行为，而公共管理学更为注重分析政府管理领域中政府管理者的行为，但是这些领域往往存在交叉与联系。经济学所要解决的问题是寻找提高人类物质生产能力的有效方式，即关注社会财富的生产。而经济利益的差别与冲突又要求人们找到避免社会陷入混乱的解决方案，这又是政治学等学科的任务，政治学关注社会财富的分配和社会关系的处理。从 20 世纪 20 年代开始西方各国政府介入经济、社会事务的力度不断加强，公共领域和私人领域的界限日渐模糊，政治与经济、国家与社会、市场、企业相互渗透的程度越来越深。经济学、政治学与社会学在研究领域与方法论方面也出现了越来越高程度的融合。20 世纪 70 年代以后，政府广泛干预的负面效应不断显现，在寻求经济社会问题成因及其对策的过程中，一些经济学家开始从制度结构、宪政的角度寻找答案。其中，公共选择学派的经济学家把政治领域作为一个政治市场，用个人分析的方法研究政府官员的行为，所形成的研究成果对政治学作出了重大贡献。

现实社会中的人总是制度中的人，制度产生于人类行为对环境的适应，而人的行为又总会受到制度的约束，所以，不论是经济学、政治学、社会学还是公共管理学，研究人的行为，都不可忽略制度与行为的关系。因而，制度必然应该成为以上诸学科的重要研究内容，制度分析方法则可以作为一种通用语言，成为融合诸学科知识研究政府绩效与政府会计理论的学术工具。此外，根据近现代相关政府产生与发展的理论成果，民主政府的合法性基础在于社会契约。公民与社会对政府履行各项职能的要求权，正是社会契约精神在政治、经济、社会诸多领域的体现。在全世界民主化进程不断推进的今天，政府绩效治理与政府会计研究在使用制度分析方法时，只有把握社会契约的思想内涵，才可能体现出当今时代的学科特点。基于上述分析，笔者尝试将制度分析方法与社会契约理论相结合，对基于绩效治理的权责发生制政府会计改革进行研究，以期获得对政府会计理论与实践具有启示意义的结论。

1.2.2.2 系统分析方法

从 20 世纪 60 年代初期开始，系统分析方法逐渐被应用于广泛的领域，以实现研究对象效率和效能的改善。系统是系统分析的基础概念。按照系统论的创立者 Bertalanffy 的观点，系统是处于一定的相互关系并与环境发生关系的各个组成部分(要素)的总体(集)。

系统分析方法对政府会计改革研究的意义，主要在于系统分析思想的启示作用。中国著名科学家钱学森关于系统所做的一个陈述，通俗而深刻地点明了系统分析思想的精髓。他主张把“极其复杂的研究对象称为系统，即相互作用和相互依赖的若干组成部分合成的具有特定功能的有机整体，而且这个系统本身又是它所从属的一个更大系统的组成部分”。可见，系统分析方法是研究复杂对象的一个有力工具。

这样，用系统分析方法来研究政府会计改革会是一个有益的尝试。用系统分析思想来看待政府会计，可以得到以下启示：①政府会计系统是一个既具有结构层次性又具有整体性的系统。政府会计系统中各要素在构成政府会计系统时，应具有一定的结构和层次，而结构的好坏是由系统的整体性体现出来的，合理的结构会促进要素之间的协调，从而有助于实现整体的效率效能。②政府会计系统是一个开放性系统。这意味着政府会计系统是在一定环境中存在和发展的，政府会计系统的开放性一方面体现在政府会计系统与环境之间要发生物质、能量与信息的交换，另一方面体现在由于政府会计系统具有环境适应性，所以外部环境往往对政府会计系统的运行特征具有一定的规定性。③政府会计改革的发生与政府会计系统所具有的以上两大特点密切相关。当环境发生变化时，政府会计系统为了与变化的环境相适应，往往需要进行变革。变革的外在表现是政府会计系统整体效率和效能的变化，而变革的内在基础是其内部结构层次从而内部要素之间协调方式的改变。

据此，笔者尝试在政府会计改革的研究中引入系统分析的视角，以期实现与上述制度分析方法在研究政府会计改革方面的优势互补。

1.3　本书的逻辑体系与内容安排

本书的逻辑体系与内容安排概括如下：

第一章，前言。本章对各国政府与国际组织在权责发生制政府会计改革方面的努力进行了综述，并与之相对照列举了国际学术界对权责发生制政府会计改革的质疑,既而提出对权责发生制会计改革清楚认识的重要性,并为提出基于绩效治理或社会契约机制分析权责发生制改革的立场做下铺垫。

第二章,权责发生制政府会计改革分析的逻辑起点:现代政府的社会契约性质与绩效困境。本章主要从现代政府的社会契约性质逻辑推理到社会契约机制中绩效困境的根本原因。公共选择学派等一些理论主要建立在官员追求个人效用利益最大化方面去解说绩效问题的原因。本章则是以诺斯对人性的假设为基础,即不论什么人都具有追求物质财富与精神财富最大化的双重动机,从而推理出绩效困境的原因在于监督失效,包括立法的监督失效与公民选择理性的无知。而监督失效的根本原因要归于监督的信息成本过高。

第三章,权责发生制政府会计改革分析的逻辑基础:透明度、绩效治理机制与政府会计。解决社会契约运行机制的信息不对称,降低公众监督与立法监督的信息成本是避免政府绩效困境的必经之路。这就要求提高政府运行的透明度。绩效治理机制是在历史演进中不断发展起来的提高透明度、改善政府绩效的重要机制。而政府绩效治理机制的有效运行需要以政府会计作为信息基础。

第四章,权责发生制政府会计改革的技术原则分析:从改革立足点到系统结构和报告模式。政府绩效治理机制历经从官僚制到新公共管理再到公共治理的范式变迁。政府绩效治理范式的变迁对政府会计目标模式、会计基础提出了变革要求。基于此,本章从技术原则分析的角度,对权责发生制政府会计的系统结构、权责发生制政府会计的概念框架以及权责发生制政府会计的信息披露等方面的相关问题进行了分析。

第五章,权责发生制政府会计改革的制度实施分析:制度供给与制度成效。本章从制度实施层面,对权责发生制政府会计改革的相关问题进行了分析。这涉及社会契约各方在权责发生制政府会计改革的制度供给中的角色分析、权责发生制政府会计改革的制度供给分析,以及权责发生制政府会计改革的制度成效分析。

1.4 本书的创新与不足

1.4.1 本书的创新

本书的创新之处主要在于综合运用政治学、经济学、管理学等多学科知识,结合制度分析和系统分析方法,对权责发生制政府会计改革的基本理论问题进行探讨,以期获得对权责发生制政府会计改革理论与实践有启示意义的结论,概括如下:

第一,现代政府的合法性在于社会契约。社会契约的意义在于通过建立政府实现全社会的合作,最终目的是保障公众福利。政府的存在是保障公众福利的关键,然而政府往往又会陷入绩效困境,成为损害公众福利的根源。根据对社会契约运行机制的分析,本书认为,政府绩效困境的根本原因在于监督的信息成本过高所导致的监督机制失效。所以,降低监督的信息成本,是解决政府绩效问题的关键。

第二,社会对政府绩效的要求会相应产生社会对政府透明度的要求。在漫长的历史演进中,正是这些要求权形成的力量促进了政府绩效治理机制的形成、发展和不断完善。政府会计作为政府绩效治理机制的重要构件,是保障其有效运行的基本信息基础。

第三,社会对政府绩效的要求权推动着政府绩效治理的范式发生着变迁。从官僚制到新公共管理,从新公共管理到公共治理,政府绩效治理的范式变迁要求政府会计从内部控制导向目标模式向公共治理导向目标模式发展,这为权责发生制政府会计改革提供了逻辑依据。权责发生制政府会计改革的关键是在政府会计中引入权责发生制会计基础,从而建立权责发生制政府会计系统。

第四,从系统结构分析的角度总结当前世界各国推行权责发生制政府会计改革的经验,本书认为,考虑到政府绩效治理多方面的信息需求,权责发生制政府会计系统应是依托现代数据库技术,以资源会计子系统、预算会计子系统、基金会计子系统和成本会计子系统等为主要结构内容并确保子系统之间功能协同的复合型政府会计系统。展望政府会计信息披露的未来,权责发生制政府会计改革的一个重要成果体现应是政府会计报告模式从财务报告向责任报告体系的发展。为了全面报告政府受托责任的履行，政府责任报告应是由反映资源责任的资源会计报告、反映预算责任的预算报告，以及反映项目/活动责任的服务绩效报告等内容所构成的一个报告体系。

第五，导致政府绩效治理范式变迁的透明度要求和政治开放性要求，也是政府会计改革的根本推动力。透明度要求既会来自公众和立法，也会来自政府本身。政府会计改革进程还可能会受到阻碍，阻力既可能来源于文化因素，也可能来源于政治行政系统的结构性因素。所以，政府会计改革的进程最终取决于社会、政治行政系统中多种因素的综合作用。

第六，政府会计改革的制度成效取决于政府会计改革与制度环境中众多因素的协调程度，主要涉及政府会计改革对上层正式制度的遵循性，非正式制度对政府会计改革的支撑性，政府会计改革与其他正式制度之间的互补和协调。所以，为了保障政府会计改革的成效，在改革制度的具体设置方面要考虑这三方面的协调。

依据研究论证和所形成的结论，笔者对前述国际学术界关于权责发生制政府会计改革的质疑提出不同观点如下：

第一，对权责发生制政府会计改革全面有效性质疑的回应。这一质疑主要依据两方面的观点：一是新公共管理不具有全面有效性，而权责发生制政府会计改革是新公共管理改革的一部分；二是收付实现制政府会计系统在这些国家仍然适用，用权责发生制政府会计系统来替代收付实现制不具有足够的合理性。根据本书的研究结论，权责发生制政府会计改革与新公共管理之间并不存在必然的联系。虽然，在当今时代，权责发生制政府会计改革往往是新公共管理改革所推出的一项改革内容，然而，真正与权责发生制政府会计改革相关的是新公共管理改革背后的推动力量，即社会对政府绩效治理机制的效能要求。作为政府绩效治理范式变迁的驱动力，社会对政府绩效治理机制的效能要求将促使绩效治理范式向更透明、监督信息成本更低的方向发展。从官僚制到新公共管理只是这一趋势的一个外在表现，它并不是最终目标。最终目标是向更为有效地保障公众利益的机制发展，比如公共治理。根据本书的研究结论，权责发生制政府会计改革是在政府会计系统中引入权责发生制会计基础，新的会计基础与原有会计基础之间是互补关系，而不是替代关系。收付实现制政府会计系统的持续有用性并不能成为在政府会计系统中引入权责发生制会计基础的障碍。

第二，回应对权责发生制政府会计改革符合成本效益原则的质疑。根据本书的结论，权责发生制政府会计改革并不只是一种技术上的变革，它还是一种具有政治意义的变革。它直接影响着政府绩效治理机制对公众利益的保障程度。这种意义很难在短期内用经济性指标去衡量。

第三，回应对会计信息使用者需要权责发生制政府会计改革的质疑。这种质疑主要基于公共选择学派理论的观点，认为政治家、官员、选民等政府会计信息使用者的行为动机是追求个人经济利益最大化，所以他们不会对更高质量的政府会计信息产生需求，从而也不会对权责发生制政府会计改革产生需求。正如本书在第二章中的分析，一些实证研究根据检验结果已经对这一假设的客观性提出了质疑。事实上，只要有透明度的需求，就说明会计信息使用者需要更高质量的政府会计信息。而政府绩效治理机制的变迁历史，正说明了作为变迁驱动力的透明度需求的存在。

第四，回应对权责发生制会计在政府部门适用性的质疑。这种质疑主要建立在政府部门与商业部门在运营特点等方面的差异分析上。本书认为，这种观点武断地把权责发生制会计等同于商业会计。然而事实上，正如本书在论述所指出的，权责发生制会计并不是专属于商业领域的会计系统，权责发生制政府会计的概念框架可以与权责发生制企业会计的概念框架具有根本性的不同，以适应计量与报告政府绩效的需要。

第五，回应对权责发生制政府会计改革根本动因的质疑。这些质疑主要是基于当前权责发生制政府会计改革实践中可能出现的漏洞提出的，所以这些质疑对当前各国实行权责发生制政府会计改革的实践具有重要的警示作用。但是，这些质疑并没有建立在对权责发生制政府会计改革或权责发生制政府会计系统进行明确界定的基础之上，而是把权责发生制政府会计改革相关的配套制度方面的缺陷当做权责发生制政府会计改革自身所固有的缺陷来批判。通过对权责发生制政府会计改革相应配套制度的完善，如审计的加强等等，这些质疑所提出的问题可以得到避免。

1.4.2 本书的不足

权责发生制政府会计改革在全球兴起并引起激烈讨论，然而，关于权责发生制政府会计改革的根本性和概念性问题却少有人关注。政府会计、权责发生制政府会计的基本概念和内涵是什么？它们的基本性质和基本功能是什么？应以什么为出发点来判断权责发生制政府会计改革的意义？权责发生制政府会计改革应为谁而改？要不要权责发生制信息首先应考虑谁的需要？如何满足这些需要？在对这些根本性和概念性问题都没有界定清楚的情况下，争论权责发生制政府会计改革的必要性和成效，是很难取得根本性进展的，所以意义是有限的。

笔者致力于填补这方面的空白，然而对有关基本理论问题进行梳理，为寻求未来政府会计改革理论与实践的发展提供有益的思路，是政府会计改革研究的一个关键点，也是一项艰巨的任务，需要来自理论界与实务界的更多的研究力量关注这些问题。相比之下，本书在广度与深度方面都还有很多不足和缺憾。此外，本书在研究方法方面还缺乏一些直接的实证性研究数据来强化研究论据的力度。为此，本书在一些论述中引用了其他学者实证性研究的数据，以期通过这些间接性的研究数据能够使这一缺陷在一定程度上得以弥补。

第二章

权责发生制政府会计改革分析的逻辑起点：现代政府的社会契约性质与绩效困境

2.1 契约的概念与内涵

2.1.1 作为法律术语的契约

契约(contract)一词，源自拉丁语 contractus，是 contrahere 的过去分词。它首先是一个法律术语。追溯其源头，法律契约的概念可溯及罗马法体系。在罗马法体系中，契约原则得到了全面的规定。罗马法指出，"契约是由双方意愿一致而产生相互间法律关系的一种约定。①"罗马法的契约思想是建立在万民法基础上的。"万民法是全民共同的，它包含着各民族根据实际需要和生活必需制定的一些法则，……几乎全部契约，如买卖、租赁、合伙、寄存、可以实物偿还的借贷以及其他等等都起源于万民法。②"罗马法为现代契约思想提供了一个价值判断的标准。罗马法的契约自由公正原则，在影响人们日常生活

① (罗马)查士丁尼.法学总论[M].北京：商务印书馆，1989.159.

② (罗马)查士丁尼.法学总论[M].北京：商务印书馆，1989.6～7.

的同时，也不断渗透到宗教与政治领域中，并成为社会契约理论的渊源之一。[①]

作为法律概念的契约，继承了罗马法自由公正的原则，并且内涵不断得到丰富。《法国民法典》(即拿破仑法典)第1101条规定："契约为一种合意，依此合意，一人或数人对于其他人或数人负担给付、作为或不作为的债务。"根据《法国民法典》的解释，所谓合意是指，签约双方当事人意见一致的状态。[②] 另根据一本权威的法学教科书，一项(两个当事人之间的)契约是这样一个"协议"(agreement)，它"打算建立并且实际上正在建立"一项其中的一方可以施之于另一方的权利：它通常采用一个或一组允诺(promise)的形式，也就是说，它是出于两个人一致意愿的，"其中的一方将因此而对另一方承担义务的声明，它自然要采取这样一种承诺形式，即一方将对另一方履行由此而产生的义务。但并不是每一个允诺都等于一项契约，订立契约不仅需要做出实施每个行为的允诺，而且需要直接地或隐含地把实施某个行为当作一项法律责任的允诺……一项契约的本质形式不在于我向你承诺做某事，而在于我同意你将因此而获得要求我做某事的合法权利"。[③] 可见，作为法律概念的契约，用于概括两个或两个以上主体之间由法律保障的权利责任关系。这种权利责任关系具有以下基本特点：①具有两方或两方以上的参与主体；②参与主体通过协商或谈判形成合意，这种合意体现为双方之间的相互允诺；③主体之间的合意或相互允诺要对做什么或不做什么做出规定；④合意或允诺一旦产生，即意味着主体相互间有约束力的权责关系的确立。

作为法律概念的契约，是古代社会以来人类文明的一个重要成果，它体现了人类社会宝贵而源远流长的契约精神。首先，缔约是自由的，是否与其他当事人订立契约，由当事人自主决定。法律保护当事人在不受任何人妨碍和干涉的情况下决定是否缔约。缔约双方具有签约内容和方式的自由，缔约双方约定的内容和采取何种方式由双方自由选择，并且由法律确认，具有法律效

① (美)科斯、哈特、斯蒂格利茨等著.契约经济学[M].北京:经济科学出版社,2003.6.

② 转引自(美)科斯、哈特、斯蒂格利茨等著.契约经济学[M].北京:经济科学出版社,2003.2.

③ 转引自(英)迈克尔·莱斯诺夫.社会契约论[M].南京:江苏人民出版社,2005.10.

力。其次，契约是正义的。正义有两层意思：一是机会均等，二是签约内容的公正合理性。正如梅因所说，契约关系使我们个人在不断地“向一种新的社会秩序状态移动，在这种新的社会秩序中，所有这些关系都是因‘个人’的自由合意而产生的”。[①]

2.1.2 作为政治哲学术语的契约

具有政治哲学概念的契约，主要被用于论证政治权威的合法性，最早可见于圣经的教义与罗马法。《圣经》认为，现世的权力(Powers that be)是上帝授予的；但它同时又指出，大卫和他的人民订立了一项契约。《旧约》中常常有诸如此类的段落：“于是以色列的长老都来到希伯仑见大卫王，大卫在希伯仑耶和华面前与他们立约，他们就膏大卫做以色列的王。”[②]这就启发了一条思考路径——统治者和臣民之间的相互义务可以从约定的角度加以思考。罗马法中有这样的理论，君主喜欢的东西就具有法律效力；但罗马法又认为，之所以如此是因为“人民，通过关于君主权威的《王权法》(Lex Regia)，将自己所有的权威和权力授予了君主”。这种契约观念因与欧洲中世纪的状况氛围相吻合而得到发展。一方面，它与当时欧洲封建社会的性质和普遍的思想体系相适应。封建制度一般来说就是一个契约体系，在这个体系中，每一个人都可以对他的领主说：“我将对您保持忠诚……只要您能让我心甘情愿地来承受；当我选择并服从您的意愿时，请兑现我们之间的协议。”正是作为这种普遍的契约体系的一方，封建国王在其加冕时，以保证自己一方成为好政府的加冕誓言换取其封臣对应的效忠誓言，他实际上就与其封臣订立了一份隐含的契约。另一方面，契约观念也与中世纪基督教的性质和思想体系相适应。它对世俗政府施加限制，是对教士权利以及教会自由权的一种保障；并且，人民以国王违背契约的名义剥夺其权威的权利与教皇剥夺国王之神授权威的权利是互为补充的。这一时期欧洲的整个局面是宗教与政治相混杂，社会契约成为宗教捍卫其自由权利的一件武器。[③]

---

① (英)亨利·梅因.古代法[M].北京：商务印书馆，1984.96～97.

② 圣经.撒母耳记下(2Sumuel)，V.3.

③ (英)迈克尔·莱斯诺夫著.社会契约论[M].南京：江苏人民出版社，2005.258～262.

此后，霍布斯、斯宾诺莎、洛克以及卢梭等一批思想家先后对社会契约思想进行了发展和完善，使之逐渐成为一套逻辑严密的理论体系。其中，卢梭在其著作《社会契约论》的开场白中设问到，“人生而自由，却无往不在枷锁之中……是什么使之具有合法性呢?”他的回答是社会契约。可见，社会契约论是用契约来证明政治权威合法性，并用来证明对政治权威施加限制的合法性的理论。换言之，在这一理论中，政治义务被当作一个契约性的义务来分析。当然，需要特别指出的一点是，虽然社会契约的概念是以政治义务与法律义务之间存在相似性为先决条件的，但是，作为法律术语的契约性义务是建立在法律之上的，而社会契约的契约性义务是建立在自然法之上。社会契约论中所涉及的政治义务不是一个法律上可强制执行的协议。不过，这并没有影响社会契约具有可强制执行性的契约本质。作为政治哲学概念的社会契约，虽然与法律上的强制力无关，但是与强制力本身紧密相关。①

除了强制力之外，社会契约概念还蕴含着深刻的民主思想。首先，平等是社会契约的首要条件。霍布斯指出，“如果人生而不平等，那也由于人们认为自己平等，除了在平等的条件下不愿意进入和平状态，因而同样必须承认这种平等。”②第二，社会契约是人的自由意志的结果。霍布斯认为，各种契约以何种方式进行，以何种语言和签字方法为有效，均由主权者作出决定③。洛克也指出，在人的理性范围内，人们有权按照他们认为合适的方式，决定他们的行动和自由处理他们的财产，而不必得到其他任何人的许可或听命于任何人的意志④。第三，社会契约是对人绝对自由的限制。洛克认为，人在自然状态下，“虽然具有处理他的人身的无限自由，但是他并没有毁灭自身或他所占有的任何生物的自由，除非因一种比单纯的保存它来得更高贵的用处将它毁灭。”⑤在洛克看来，既然人是生而平等的，没有一个人享有比他人更多的权利，那么，任何人就不能侵害他人的生命、健康、自由或财产。这样，洛克就提出了有关限制政府权力的思想。⑥

---

① (英)迈克尔·莱斯诺夫著.社会契约论[M].南京:江苏人民出版社,2005.8～10.
② (英)霍布斯·利维坦[M].北京:商务印书馆,1985.685～686.
③ (英)霍布斯·利维坦[M].北京:商务印书馆,1985.195.
④ (英)洛克.政府论[M].北京:商务印书馆,1983.77.
⑤ (英)洛克.政府论[M].北京:商务印书馆,1983.77.
⑥ (美)科斯、哈特、斯蒂格利茨.契约经济学[M].北京:经济科学出版社,2003.7.

2.1.3 作为新制度经济学分析工具的契约

在经济学领域中，契约是交易主体所达成的合意。那么首先，何为交易？"交易"这个概念在正统经济学中早已存在，但只是一个应用范围相当窄的概念。传统制度经济学的代表人物康芒斯把"交易"概念一般化为三种基本类型：买卖的交易，即市场上的交换关系；管理的交易，即组织内上下之间的交换关系；限额的交易，主要指政府对个人的关系。这样，康芒斯所提出的"交易"概念就覆盖了人类所有的经济活动，从而交易也就被看作经济分析的基本单位。[①] 康芒斯通过这些论点，将其制度分析领域扩展到了哲学、法学、社会学与心理学等领域。

交易需要规则，而契约是缔约双方所达成的共同遵守的规则的载体，又是缔约双方谈判的结果，体现了自由、合意以及对双方的约束力。缔约成为制度形成的最佳方式，甚至可以说是民主社会中制度获得合法性的唯一方式。从而，契约便成为基于契约人这一微观层面进行制度分析的基本单位。这样，对制度的研究就转化为对契约的研究。

新制度经济学接受了康芒斯关于交易的概念，并对古典经济学基本理论框架进行了修正，提出交易费用[②]的概念，将其作为分析的主要工具。交易费用的思想最早来自科斯。在1937年发表的经典论文《企业的性质》中，科斯放弃了把企业视为生产过程的观点，而把交易视为分析的基本单位。对于"什么是企业"这一基本问题，科斯认为企业是权威和管理这种协调经济活动的机制对市场价格协调机制的替代，并指出，企业替代市场的主要原因在于"利用价格机制是有成本的"。在1960年发表的《社会成本问题》一文中，科斯对这一思想进行了具体化——"为了执行一项市场交易，有必要发现和谁交易、告诉人们自己愿意交易以及交易条件是什么，要进行谈判、讨价还价、拟订契约、实施监督以保证契约的条款得以履行，等等"。[③]

---

① 康芒斯关于交易的概念被新制度经济学所继承，但是康芒斯在对交易制度进行分析时所采用的方法，并不是经济学的方法，而主要是哲学、法学、社会学和心理学的方法。新制度经济学则是建立在对新古典经济学的基本理论框架进行修正的基础上。

② 交易费用，又称为交易成本，本书对这两个名词不做区别。

③ （美）科斯、诺思等，（法）克劳德·梅纳尔．制度、契约与组织——从新制度经济学角度的透视[M]．北京：经济科学出版社，2003．62～63．

交易费用与契约成为新制度经济学家进行制度分析的主要分析工具。不同的契约机制产生不同的交易费用,从而产生不同的组织形式与治理形式。

首先,如 1.5.5 已经提到的,按照契约条款对契约人利益保障的完备程度,可将契约分为完全契约与不完全契约。由于人的有限理性,外在环境的复杂性、不确定性,信息的不确定和不完全,这些造成契约不完全的因素都是客观存在的,所以现实中的契约都是不完全契约。显然,新古典经济学关于交易费用为零的假设只有在完全契约的情况下才可能出现。

第二,以契约关系的时间跨度来划分,可分为长期契约与短期契约。对既定的交易目的,通过长期契约实现的交易成本与通过一系列短期契约实现的交易成本不同。科斯就曾把企业理解为长期契约代替一系列短期契约的结果。不确定性是经济生活中第一位的难题,任何经济活动都至少包括以下四项成本:第一项是各方预料到的维持契约关系有效期间可能发生的各种不测事件所要支付的费用,它是已知的;第二,作出决定、达成有关协议、如何处理不测事件所要支付的费用;第三,以一种足够明了的方式签订这种条款并能付诸实施时,所要支付的费用;第四,贯彻实施契约条款所要付出的法定费用。[①] 以上各项费用对长短期契约都是存在的,但是契约关系的时间跨度不同,所面临的不确定性程度与内容各不相同,这四项费用也就各不相同。所以,不同类型的交易,最佳的契约选择往往不同。

第三,按照契约是否具有明示的形式可分为显性契约与隐性契约。显性契约是交易双方关于交易内容与规则的明示合意。隐性契约不是以明确的形式出现在交易双方的正式契约中,而是以默契为基础、以履行隐性承诺为要求、隐含在交易双方关系中的契约。显性契约与隐性契约的区别主要表现在:显性契约的表现形式是法律认可或明文规定的明示条款,隐性契约的表现形式是各方契约主体具有共同预期的默示条款,没有具体的存在形态。显性契约得以履行的基本保证是相关的法律、法规,隐性契约的实施依赖于利益机制、法律机制、竞争机制与伦理机制的综合约束。显性契约强调满足主体现实利益需求,隐性契约侧重于满足利益主体的潜在利益需求。显性契约具有静态性、离散性,忽视了利益主体缔约能力的动态变化;隐性契约具有动态性、连续性,认为利益主体谈判能力会由于外界与自身条件的变化改变对契约另一

---

① 刘伟、李风圣.产权通论[M].北京:北京出版社,1998.207.

方的利益要求权。显性契约对于制度环境差异的敏感性较弱，隐性契约对于制度环境差异的敏感性则较强。[①]

第四，按照契约期限、契约订立方式与契约执行方式等的不同，可分为个别性契约与关系性契约。个别性契约是特定当事人之间就特定的事项达成的协议，只对特定的当事人有约束力。个别性契约具有如下特点：第一，交易当事人的数量有限，理想状态下只有两个当事人；第二，当事人交易的目的单一，只是为了双方都十分明确的某一具体经济交换，这个经济交换是可量度的、互惠性的、一次性的；第三，当事人意志是绝对自由的，除了追求最大的个人利益，不需考虑任何社会关系；第四，达成契约通过要约和承诺形式进行，当事人双方都可以理性预期，权利义务都能在契约中明确界定；第五，当事人之间的契约关系只对当事人双方有意义，不对其他任何社会关系产生影响；第六，对于将来情势的变化，当事人需要通过再谈判或购买保险合同来解决，如果出现违约，可以寻求与双方无关的第三方来解决。[②] 显然，个别性契约通常是一种完全契约，它表现为契约条款在事前可明确地写出，在事后能完全执行；当事人能准确估计契约执行过程中的突发事件，并在签约前预先加以协调处理；一旦达成契约，必须自愿遵守其条款，若有纠纷，可自我协调；若协调不成，通过一个外在的第三方强制裁决和执行。[③] 关系性契约，或称为无限期的契约，是在一个不确定的时期内承担一定工作任务的协议。这种契约不可能预见所有的不测事件，更不用说用条款来加以限制。关系性契约在复杂的现代经济中极其常见。关系性契约所面对的缔约当事人带有知识问题；这种契约会向协议的双方提供某些可靠的结构和信任。但是，它们要靠制度来节约信息成本和实现灵活调整。在如何应付未预见到和未作规定的情境上，恰当的规则会定出程序。这样，交易成本得到限制，而契约伙伴可以相信，在他们发生冲突时，他们未来关系中的具体细节将是条理清晰的。[④]

---

① 程宏伟.隐性契约与企业财务政策研究[D].成都：西南财经大学，2005年博士论文.51～52.

② (美)麦克尼尔.新社会契约论[M].北京：中国政法大学出版社，1994.10～32.

③ 杨瑞龙、周业安.企业相关者理论及其应用[M].北京：经济科学出版社，2000.54～55.

④ (德)柯武刚、史漫飞.制度经济学[M].北京：商务印书馆，2004.234.

2.1.4 小结

根据上述分析，契约在法学、政治哲学与经济学领域中的概念与内涵具有共通性。而这些不同领域的契约概念共通的基点，在于契约概念的精神内核——平等、自由、合意与普遍的约束力。社会契约论正是这一精神内核在社会政治理论中的贯彻。此外，由于近年来经济学在社会政治等研究领域的拓展，原本作为政治哲学术语的契约又被赋予了经济学、管理学的内涵。后文将尝试把社会契约的政治哲学概念结合其经济学与管理学内涵进行讨论。

2.2 现代政府的社会契约性质

伴随着社会契约思想及其在政治生活实践中的发展，现代政府的社会契约性质逐渐得到深入论证。在社会思想的发展历程中，霍布斯的理论起了重要的奠基作用，洛克在对前人理论批判继承的基础上第一个论证了民主国家的社会契约性质，卢梭在契约政府的理想构建方面达到社会契约思想的一个顶峰，欧洲的资产阶级革命以及之后的民主运动则是将这一思想贯彻到政治社会生活实践中。

2.2.1 霍布斯的社会契约思想[①]

早在古希腊时期，智者学派就有了契约观念，但直到霍布斯的著作《利维坦》，社会契约思想才发展成为一套逻辑严密的系统化理论。所以西方理论界往往把霍布斯作为近现代契约思想的奠基人。

霍布斯论证政府契约基础的逻辑路线始于自然状态的描绘。霍布斯指出，在自然状态中，由于产生限制和差异的政治制度不存在，人类享有自然的平等。在霍布斯看来，这首先是人类本性的一个事实。霍布斯认为，在人性方面，所有的人本质都是相似的，他们是能行动和有激情的生物，并且，他们的行

① (英)霍布斯．利维坦[M]．北京：商务印书馆，1985．(英)迈克尔·莱斯诺夫．社会契约论[M]．南京：江苏人民出版社，2005．75～87．张博树．《利维坦》导读[M]．成都：四川教育出版社，2002．

为取决于他们的激情。霍布斯列示出两种激情，分别叫作欲望和嫌恶。一个人欲求的东西可以使他愉悦，而一个人嫌恶的东西则可以使他不愉悦。因此，人们的行为会追求可以带来愉悦的东西，避免一切带来不愉悦和痛苦的东西。所以，人类的生活就是不断追求欲望的满足。人类既是一种有欲望的生物，也是一种有理性的生物，他们必然拥有一些实现其欲望的手段，这一手段在霍布斯看来就是权力："一个人的权力就是获取未来某种具体利益的现有手段。"因此，霍布斯认为，人类在本质上是其权力最大化的追求者，"整个人类共有的一个普遍倾向就是：得其一思其二，永无休止，死而后已的权力欲"。由于人在本质上是权力的追逐者，这就暗示了他们的政治困境。因为存在着凌驾于他人之上的权力这种形式，所以，人类生活可能沦为一场权力的角逐。而且这种困境还会因为人类在肉体和精神上的平等而得到加强。因此，人类之间的自然关系就是竞争关系，并从而产生疑惧。霍布斯认为，人与人之间的竞争和疑惧导致人类的自然状态成为一场战争。在霍布斯看来，这种战争还由于人类特有的一种欲望得到加强，即对荣誉的欲望。

霍布斯认为，自然状态中每个人平等地拥有自然权利。这一权利是一种包括全部自由的权利，是"每一个人对每一种事物都具有权利"。自然权利就是取得他所能得到的一切东西的权利，做他所能做的一切事情的权利。在人人相互为战的状态中，"没有什么不正义的，正确与错误、正义与不正义的观念在这里是不存在的"。但是善和恶的观念还是存在的：人们把他们所欲求的东西称之为"善"，把他们所嫌恶的东西称之为"恶"。但这些判断完全是主观的，并且只要人们的欲望是冲突的，那么这些判断就会发生冲突。事实上，自然权利加剧了自然状态中的冲突。

霍布斯指出，自然状态中的人要受到自然法的约束，即自然状态存在一个真正的普遍的道德，它来自于人类的本性并体现在自然法中。自然法是"理性所发现的戒律或一般法则，它禁止人们去做损毁自己生命或剥夺保全自己生命的手段的事情，并禁止人们不去做自己认为最有利于生命保全的事情"。因此，自然法是真正的普遍道德，它既符合自我利益，又符合人类的共同利益。霍布斯认为，最为重要的自然法有三条：首先，"每个人只要有获得和平的希望，就应当力求和平"，这是最基本的自然法；其次，为了和平的目的，他"会自愿放弃这种对一切事情的权利，而在对他人的自由权方面满足于相当于自己让他人对自己所具有的自由权利"，这是从第一条自然法引申而来的；最后，人们“必须履行所订的信约”。自然法是人类社会保持和平与秩序的关键所在，但是，在人类的自然状态中，人人相互为战，大部分自然法发挥不了作用。作为法，它们必然要产生义务，而在一种战争和普遍恐惧的状态中，没有人是可以相信的；让人们接受义务既是不可能的也是不理性的。

尽管有大部分自然法发挥不了作用，但是自然法的前两条总是有效的。事实上，这两条自然法就等于强加了一种摆脱自然状态的义务。从某种意义上说，它们是对自然状态中无拘无束的自然自由的一种否定。因为，一旦为一个人提供了脱离自然状态而进入秩序社会的机会，他是不能随意拒绝的。他不能自由地拒绝参与建立利维坦或国家的协议。因此，人们总是被迫寻求和平状态，在和平状态中，自然法完全是强制性的。这样，放弃权利以便从自然状态过渡到秩序社会的契约就是完全具有约束力的。自然法的作用下，人们认识到应该放弃自己的权力和力量以换得和平，并将这些放弃的权力和力量“托付给一个人或一个能通过多数的意见把大家的意志化为一个意志的多数人组成的集体”，这个集体就是契约基础上形成的国家。

在这个国家里，霍布斯主张将让渡的权力全部托付给一位君主，而且即使这位君主变成暴君，人民也不能以武力反抗。霍布斯认为，只要是反抗就又可能将社会带入战争状态，而战争状态将比暴君统治下的状态更加可怕。

霍布斯的理论成为古典契约理论的蓝本，为其后的社会契约思想奠定了基础。但是霍布斯所论证出的独裁国家模型受到洛克、卢梭的激烈抨击。

2.2.2 洛克的社会契约思想①

洛克的理论吸收了霍布斯的社会契约思想，并批判了霍布斯的独裁国家的结论，正式提出了契约政府的思想。这一思想成为随后英国资产阶级革命的思想武器，从而洛克成为现代民主政府理论的奠基人。

洛克不赞同自然状态是一种战争状态。他认为，自然状态是一种自由和平等的状态。“他们在自然法的范围内，按照他们认为合适的办法决定他们的行动和处理他们财产和人身，而无须得到任何人的许可或听命于任何人的意志。”“没有一个人享有多于别人的权力，……不存在从属或受制关系”②。

① (英)迈克尔·莱斯诺夫．社会契约论[M]．南京：江苏人民出版社，2005．87～98．

② (英)洛克．政府论(下篇)[M]．北京：商务印书馆，1983．6．

与霍布斯一样，洛克也认为，所有的人都拥有自由这一自然权利，但洛克的自然权利比霍布斯的自然权利要受到更多的限制。与霍布斯的自然权利不同的是，洛克的自然权利不但不会危及和平，反而与道德法则相伴相随，因此没有理由放弃自然权利。由于是受到限制的，所以，在洛克那里，自由这一自然权利与其他自然权利，例如，生命权和所有权（或产业权）是可以共存的。这就是洛克著名的三位一体的自然权利——生命、自由和产业，产业（estate）一词有时笼统地指财产（property），但洛克也用它来指称更一般意义上的所有权（a right to possessions）。洛克坚持认为一个人有权占有他通过劳动、交换、合同或遗赠而获得的任何物品。

洛克认为，自然状态下人类的自由受到自然法的约束。自然法是一种完全意义上的道德法，它通过理性而为人类所掌握，具有普遍的约束力，并且在自然状态中是完全有效的。这与霍布斯形成了对比。自然法起源于人们的这样一种共识：所有人一律都是上帝的造物和仆人，因此，"没有人能够损害他们的生命、健康、自由和财产"，人类必然要遵守这一法律。但是洛克认为自然状态存在三大缺点：第一，缺少由普遍同意而接受的、确定的、众所周知的法律；第二，缺少一个有权按照既定法律来裁判一切争执的知名的和公正的裁判者；第三，缺少权力来执行正确的判决。①

洛克指出，尽管自然状态中人们"和平、善意、互相帮助和共同生存"，但是仍有可能发生战争。战争产生于对自然法的违背。并且，由于自然状态中不存在一个公共的法官，"战争状态一旦开始便会持续下去"，因此，逃避"这种战争状态是人类组成社会，脱离自然状态的一个重要原因"。因为，在不存在政治权威的时候，每一个人都有权利自己"裁判并惩罚"违反自然法的人。但这项权利几乎无助于维护和平：很多人对真正的法律茫然无知，并在解释和应用它们时出现偏差；而且实施恰当惩罚的权力总是不充足。因此，为了更好地保护自己的权利，人们将"执行自然法的权力"转让，而转让的方法就是进入政治社会——人民彼此联合成公民社会，政府也由此而产生。

按照洛克的观点，这样一种产生于个人权力有限让渡的政治权威，其本身的权力是极为有限的。他指出，政治权威首要的任务是执行自然法，其次是保护公众的自然权利和利益。为此，政治权威应具有立法权与执行权。洛克强

① （英）洛克．政府论（下篇）[M]．北京：商务印书馆，1983．77～80．

调，立法权是国家的最高权力，但是不是无限的，“立法者的产生是一种委托——将权力委托给他们以保护其国民的权利和福利”。

洛克关于政治权威有限性与立法权委托的观点，构成对绝对权威的否定。洛克将“超越权利的权力行使定义为暴政”。他指出，对国民权力的侵犯违背了国民给予统治者的权力委托，它是导致“政府解体”的一种方式，因为它导致政府丧失合法性及其对服从的正当要求。

2.2.3 卢梭的社会契约思想①

卢梭继承了洛克的契约政府思想，对欧洲的旧制度提出了革命性的挑战，并引领了几十年后法国大革命创造出欧洲历史上社会契约论实践的高峰。

卢梭借鉴了洛克、霍布斯的论证思路，先假定未进入社会之前人类处于自然状态，并设想当时人的生存可能存在着某种局限性，而且这种限制“在阻力上超过了每个个人在那种状态中为了自存所能运用的力量”②。为了克服这种局限，他们“要寻找出一种结合的形式，使它能以全部共同的力量来卫护和保障每个结合者的人身和财富，并且由于这个结合而使每一个与全体联合的个人又只不过是在服从自己本人，并且仍然像以往一样的自由”。③

卢梭指出，这就要求人们通过社会契约结合起来，并提出公意的概念。公意是指代表全体人民的共同利益和愿望的意见。“我们每个人都以其自身及其全部力量共同置于公意的最高指导之下，并且我在共同体中接纳每一个成员作为全体之不可侵害的一部分。”这个由全体个人结合成的共同体就称之为国家。他强调，“治理社会就应该完全根据这种共同的利益”，这才符合“国家创建的目的”。在这个基础上，卢梭把国家与政府区别开来：国家是公意的体现，公法的人格化，是主权者。国家受公意指导，支配社会成员的绝对权力就是主权，主权至高无上。主权主要通过立法权实现；主权在民要求立法权必须属于人民；行政权从属于立法权。法律应体现公意；法律一旦建立，任何人都必须服从，否则，人民就要强迫他服从。“公共力量就必须有一个适当的代理

① (英)迈克尔·莱斯诺夫著.社会契约论[M].南京：江苏人民出版社，2005.106～117.

② (法)卢梭.社会契约论[M].北京：商务印书馆，1994.32.

③ (法)卢梭.社会契约论[M].北京：商务印书馆，1980.23.

人来把它结合在一起，并使它按照公意的指示而活动，……政府和主权者往往被人混淆，其实政府只不过是主权者的执行人。”卢梭指出，政府就是在人民与主权者之间所建立的一个中间体，政府和主权者之间的关系“那完全是一种委托，是一种任用；在那里，他们仅仅是主权者的官吏，是以主权者的名义在行使着主权者所托付给他们的权力，而且只要主权者高兴，他就可以限制、改变和收回这种权力。”①

2.2.4 现代政府对社会契约思想的实践

社会契约思想的重大贡献在于，借用社会契约论证了人民主权，即政治权威的合法性来源于人民的同意。这一思想被民主资产阶级革命付诸实践后，逐渐蔓延到各国民主社会的整个实践政治层面。美国民主主义理论家、政治家杰斐逊就曾在美国《独立宣言》中宣布：人人都被造物主赋予生命权、自由权和追求幸福的权利，“正是为了保障这些权利，才在人们中间建立政府，政府的正当权力来自被统治者的同意。”②英国工党在其 1974 年十月选举胜出前夕发表的宣言中也有这样的语言，“我们拯救国家之纲领的核心在于社会契约”。这时，英国以及其他许多地方都在经历着严重的经济和政治危机。③ 政治生活实践已表明，社会契约不仅是政府存在的合法性基础，而且已经成为近现代民主国家建立健全社会制度的根本立足点。

2.2.5 社会契约论与当今制度分析理论具有理论前提与假设的契合

通过以上社会契约论思想的分析，本书认为社会契约论与当今经济学、管理学领域的制度分析理论具有理论前提与假设的契合，这为后文将社会契约的政治哲学概念结合其经济学与管理学内涵的分析提供了可行性的依据。

首先，社会契约论坚持了价值观上的唯意志论。社会契约论提供了一个关于政治权威的唯意志论，它使政治权威取决于人们的意志行为。合法的权威之所以合法，正是因为人们对它的服从是自愿选择的。这一价值观的传达

① （法）卢梭．社会契约论［M］．北京：商务印书馆，1980．76～77．

② Jack P. Greene edits. Encyclopedia of American Political History［M］: Studies of the Principal Movements and Ideas . I. Charles Scribner's Sons, 1984. 457.

③ （英）迈克尔·莱斯诺夫著．社会契约论［M］．南京：江苏人民出版社，2005．7．

是通过引入契约概念，将人类的政治与社会关系确定为一种契约关系来实现的。引入契约的意义不仅在于说明契约义务对契约主体具有强制性约束力，还在于说明这种约束力不是外力强加的，而是契约主体各方自愿选择的结果，因为契约本质上具有合意性的特征。

第二，社会契约论坚持了方法论上的个人主义。如前所述，社会契约论认为政治权威的合法性取决于人们的意志行为，为使其观点具有说服力，必须首先对人类的意志行为规律进行分析论证。在研究人们的意志行为时，社会契约论不是以群体或集团为研究对象，而是强调个人的意志，把政治权威的合法性置于个人对它认可的基础上，从而彰显出个人主义的方法论基础。

第三，社会契约论关于人的行为动机的假设。在个人主义的方法论指导下，社会契约论思想家对人类行为动机进行了深刻的分析。根据霍布斯对自然状态的描述，人类具有追求利益最大化的行为特征。利益在霍布斯的著作里被表述为可以带来愉悦的东西。在他看来，利益不仅指物质利益，还包括精神利益，如荣誉。因为利益可给人带来愉悦，所以人对之有欲望，而权力是实现欲望的手段。霍布斯在指出人类具有追求权力最大化的倾向时，他对人类具有追求利益最大化倾向的确信也就不言而喻。在洛克的理论中，人的利益最大化倾向经由自然理性的引导，会导致利他的行为表现。在洛克看来，自然理性让人知道：欲自利，必须利他。可见，人类的双重行为动机作为人的行为特征在传统社会契约理论家的论证中具有根本性的地位。

第四，社会契约论关于人的有限理性假设。洛克指出，动物是根据感觉与本能求生存，而人则是根据感觉与理性谋生存。人的理性因人而异，但社会契约论将自然状态中人们所遵守的普遍的理性原则抽象为自然法。这种自然法的形成归因于宗教与道德。它建立在人性的基础上，同时它又是基于人性而对人类行为的约束。如霍布斯所说，自然法是“理性所发现的戒律或一般法则，它禁止人们去做损毁自己生命或剥夺保全自己生命的手段的事情，并禁止人们不去做自己认为最有利于生命保全的事情”。从而，它既符合自我利益，又符合人类的共同利益。理性人假设在传统社会契约论中具有不可或缺的理论地位。因为，只有人们的意志行为具有理性而非任意时，才有可能达成对政治权威一致同意的社会契约。那么，传统社会契约论中关于理性的假设是指完全理性还是有限理性呢？霍布斯指出，“自然法是人类社会保持和平与秩序的关键所在，但是，在人类的自然状态中，人人相互为战，大部分自然法发挥不了作用。作为法，它们必然要产生义务，而在一种战争和普遍恐惧的状态中，没有人是可以相信的；让人们接受义务既是不可能的也是不理性的”。洛克也指出，尽管自然状态中人们“和平、善意、互相帮助和共同生存”，但是，仍有可能发生战争。战争产生于对自然法的违背。并且，由于自然状态中不存在一个公共的法官，“战争状态一旦开始便会持续下去”。因为，在不存在政治权威的时候，每一个人都有权利自己“裁判并惩罚”违反自然法的人。但这项权利几乎无助于维护和平：很多人对真正的法律茫然无知，并在解释和应用它们时出现偏差；而且实施恰当惩罚的权力总是不充足。显然，不论霍布斯还是洛克，都主张人类的理性是有限理性，并把他们的理论推演建立在这一有限理性的基础之上。

2.3 契约政府的概念与内涵

现代民主政府是基于社会契约而建立起来的政府，为与专制的反民主的政府相区别，又称之为契约政府。中国古人称政府为宰相处理政务的处所。英国自由主义理论家密尔认为，“政府既是对人类精神起作用的巨大力量，又是为了公共事务的一套有组织的安排。”美国行政学家威尔逊指出，“政府系国家的机器；它是社会控制的杠杆，而它的官员充为国家的代理者。”这些定义，有助于我们从各个侧面认识政府的内涵。但本书认为政府之所以为政府，首先在于它具有政府权力。契约政府是基于社会契约建立起来的政府，要想用政府权力来定义契约政府，还是要对社会契约思想进行分析。

由2.2的论述可见，社会契约论论证政府合法性基础的逻辑路线是以自然状态作为逻辑起点。在自然状态中，不存在任何人为设计的制度，所有人拥有自然权利，但它依旧是一个显然不能让人满意的事务状态，于是理性向人们昭示了一个高效权威引导下的政治社会的完美性。这必须根据普遍的同意——所有人之间的一个盟约，即社会契约——来建立，于是这个契约就成了政治权威或者说政治义务的合法性基础，也就可以推导出政府权力来自于人民的让予和付托，从而，保障公民的基本权利就成为政府行使权力的目的或任务，并成为判断政府价值、决定政府去留的依据。

基于此，本书界定契约政府的概念如下。契约政府是基于社会契约而建立的受托行使公共权力的强制力垄断机构。

第一,契约政府的权力来源于公共权力的托付。按照社会契约论,人民订立契约建立国家,人民便是国家的主人,国家主权应属于人民。但是在政治实践中,国家主权的拥有者——人民不可能全部亲自参与管理国家的具体事务,而是将这种管理和统治的公共权力交给一个特殊的机构——政府来行使。可见,社会契约机制发挥作用是通过公共权力的行使。公共权力是在人类社会群体中被用于处理公共事务的权力。它是由社会共同需要而产生的,其目的是维护公众利益。如果社会中每一个人共同行使公共权力,谈判协商成本过高,或者"搭便车"现象使集体行动遭遇困境,则可能导致社会契约的目的无法实现。通过订立社会契约,建立专门行使公共权力的机构,是克服以上困难的可行之策。所以,从这一点看,契约政府的政府权力来源于公共权力的托付。

第二,契约政府是公共权力的代理人,而不是公共权力的最终拥有者。公民才是公共权力的最终拥有者,这一终极所有权体现为对公共权力运行的监督权。根据洛克的论证,政府自产生就具有受托特征。政府拥有权力是社会契约运行所必要的,而政府的权力又应是有限的。政府的权力运行过程应受到公民的监督,以保证其按照委托人(公民)的意愿行使权力。他在《政府论》下篇指出:"政治权力是每个人交给社会的他在自然状态中所有的权力,由社会交给它自己设置的统治者,附以明确的或默许的委托,即规定这种权力应用来为他们谋福利和保护他们的财产。"①

第三,契约政府的政府权力具有垄断强制力。政府的强制力是以建立或拥有暴力机关为基础的。暴力是有效行使公共权力的必要力量。为了保证政府行使公共权力的有效性,社会契约赋予政府建立或拥有暴力机关的合法性,并且约定政府是一个国家唯一的合法性暴力机关。但是如上所述,政府运用强制力(包括暴力)必须是为了维护公众利益。在政府获得政府权力的同时,也就同时承担了政府受托责任。责任涉及履行和报告两部分,所以政府运用权力(包括强制力)的程序必须是公开的、透明的,必须向公众提供证明其关于权力运用的正义性的必要信息。

此外还需要强调的一点是,作为契约政府合法性基础的社会契约具有广义的概念,它涵盖两方面内容:政府契约与全社会的契约(或称广泛的社会契

---

① (英)洛克.政府论(下篇)[M].北京:商务印书馆,1983.105.

约)。首先，政府契约出现之前必须存在一个全社会的契约，即所有人之间通过契约建立一个具有社会共同意志的共同体，通常将之与疆域相结合称为国家。政治共同体意义上的国家与作为有组织社会的国家，是建立在一个甚或无数个(狭义的)社会契约之上的，这种契约存在于共同体或社会的每一个成员之间。在此基础上，才可能出现在统治者与被统治者之间按照社会共同意志建立的契约(政府契约)，从而形成政府。这两个契约缺一不可。全社会的契约是政府契约的一个先决条件，而政府契约是全社会为寻求制度保护而订立契约的必然结果。如巴泽尔在其《国家理论》中所分析：人们为保护他们的利益而相互订立制度，而制度的第三方实施要求暴力机构；人们决定赋予暴力机构权力以保护他们的利益时，为了防止暴力机构侵犯他们的利益，必须提前建立一个集体行动机制，来对暴力机构的权力进行制衡。

2.4 契约政府的功能分析

社会契约论的理论家用逻辑推演的方法论证了社会契约与契约政府在人类社会生活中的重要地位。根据以上的论述，笔者认为，契约政府存在的意义在于实现社会契约的功能，所以应基于社会契约的功能来讨论契约政府的功能。下文将基于经济学与管理学的视角，用列举的方法为契约政府不可或缺的社会功能地位提供证据。总的来说，契约政府的核心能力在于实现社会合作，达到维护社会公众利益的目的，而这一核心功能又主要是基于社会在三个维度上的合作来实现的。这三个维度上的社会合作相互联系，互为铺垫。

2.4.1 契约政府的功能 1：提供制度

人类生存环境与人性的特点决定了人类社会总是在合作与冲突这一对矛盾关系中发展。一方面，社会需要合作。人类生存的物质基础是资源。资源相对于人类无限需要是稀缺的，要求人们通过发展社会分工与合作，来提高环境适应能力①。另一方面，在资源环境背景下人性的特点中又潜藏着不利于合作的因素：资源的稀缺性与人的利益最大化预示着人与人之间在资源占有

① 社会分工与合作在市场经济下是通过竞争与协作的形式来实现的。

上的潜在利益冲突；环境的复杂性、不确定性与人的有限理性导致人们难以形成对有利的合作结果的预期；考虑到人性中的机会主义行为倾向，人们更加难以对合作结果形成有利预期。如果任这一合作与冲突的矛盾自然发展，将会形成一个困境。

那么，如何避免陷入这一困境？斯科菲尔德指出，反应的可预测性对合作是决定性的："支撑合作问题的基本理论问题是他们相互获取对方偏好和可能行为信息的方式。既然每个人不仅拥有他人偏好的信息，而且知道他人拥有对自己的偏好和策略的知识，所以，这是一共同知识的问题。"[①]可见，要想避免困境，实现合作，必须建立这样一个提供共同知识的框架，即通过社会契约的形式建立制度。

诺斯认为，制度是社会的游戏规则，……它构成了人们政治、社会或经济方面发生交换的激励结构，通过向人们提供日常生活的结构来减少不确定性。[②] 柯武刚、史漫飞指出，制度是人类相互交往的规则，它抑制着可能出现的、机会主义的和乖僻的个人行为，使人们的行为更可预见并由此促进着劳动分工和财富创造。[③] 从微观角度来看，对个别行为人来说，制度是一种行为规范。而从宏观角度来看，对整个社会来说，制度是社会有机合作的系统要件。确切地说，制度在社会系统中发挥了不可或缺的信息装置或信息传递机制的作用，尤其在市场经济条件下是对市场失灵的有效补充。Andrew Schotter对此进行了充分论证。他指出，"当竞争性价格不能为完全分散化和需要协调的经济活动提供足够的信息时，社会的与经济的制度就成了为经济系统增添信息含量的一些信息装置。"[④]这是因为，"虽然价格传递着反映资源稀缺程度的信息，并由此创生出了对当事人经济行为的激励体系，而社会制度则向其他当事人传递着那些不能由价格所完美协调的可预期行动的信息，并且产生对

---

① Schofield Norman. Anarchy, Altruism and Cooperation[J]. *Social Choice and Welfare*, 1985(2).

② 转引自卢现祥. 新制度经济学[M]. 武汉：武汉大学出版社，2004. 109.

③ （德）柯武刚、史漫飞. 制度经济学[M]. 北京：商务印书馆，2004. 35.

④ Andrew Schotter. *The Economic Theory of Social Institutions*[M]. Cambridge: Cambridge University Press, 1981. 109.

诸如此类协调活动的激励。”①制度是将个人理性与社会理性进行联接的有效机制，正是这一机制维系着人类社会的文明与进步。

关于制度的生成机制，理论界有两种不同认识：一是演化生成论，一是制度设计论。演化生成论的代表人物有哈耶克、诺齐克等，主张制度是自发的秩序或自组织系统。制度设计论的代表人物有康芒斯、赫维兹、布坎南等，主张制度是立法者、政治企业家或从事机制设计的经济学家明确设计的结果。根据对社会制度实践的观察，笔者认为，前述两种机制形成的制度在社会制度实践中往往同时存在，二者并不是冲突，而是相互兼容，互相补充。如果根据制度的来源分类，制度可以分为自然演化生成的制度和人为设计的制度两大类。柯武刚、史漫飞对制度的分类就是基于这种综合的观点。他们根据制度的不同起源，分别将自然演化生成的制度和人为设计的制度称为内在制度与外在制度。②

不论起源于何种机制，自然演化还是人为设计，制度的形成与效力发挥都是基于社会契约。首先分析自然演化生成的内在制度。内在制度主要包括人们在长期的社会生活中逐步形成的习惯习俗、伦理道德、文化传统、价值观念及意识形态等对人们行为产生约束的规则。违反了这些规则，往往不会受到正式处罚（当然也会存在由某些社会成员以有组织的方式实施惩罚的情况）。但是只要是制度，就会存在惩罚机制。比如，违反了习俗和礼貌，会受到来自他人排斥性反应的非正式惩罚。那么现在要考虑的问题是，惩罚机制的力量来源于何处？在平等自由的状态里，不可能存在超然的特殊权力。这一力量只可能来自于个体间的合意，即契约。契约意味着互相承诺，且互相同意对方将因此而获得要求自己做某事的合法权利，从而契约便具备了对双方的约束力。制度是在特定群体具有普遍适用性的，因此形成制度的契约应是特定群体（比如共同体）内个体间相互达成的社会契约（为了与包含政府契约的社会契约区分开来，这里称其为广泛的社会契约，强调达成没有政府强制力的集体行动协议的社会契约）。简言之，制度的普遍约束力在于它是社会契约的产物。

接下来分析人为设计的外在制度。在人类历史上，外在制度可以通过正

---

① Andrew Schotter. *The Economic Theory of Social Institutions*[M]. Cambridge : Cambridge University Press,1981. 109.

② （德）柯武刚、史漫飞. 制度经济学[M]. 北京：商务印书馆，2004. 37.

式的政治程序产生，如制宪和立法；它们还可以通过行政法规产生，如政府根据授权法颁布的规章。权威机构是外在制度的护卫者，但它们是为共同体中的所有人服务的。为什么有内在制度还需要政府发挥功能设计并建立外在制度？制度经济学家柯武刚、史漫飞给出以下几个主要理由[①]：①为了强化既有的内在制度及其惩罚机制的明确性，增强制度的规范效力。②提高既有内在制度裁决的公正性，限制任意性和偏向性。③保障暴力惩罚机制的适当性。④解决"搭便车"问题[②]所导致的制度供给不足[③]。⑤避免较大群体中公共资产使用方面发生"公地的悲剧"。[④]⑥内在制度要发挥作用，就必须对外部人和内部人有所区别，这要求政府通过外在地推行和执行制度，来承担国家保护职能。

外在制度通常作为必要的强制性后盾服务于社会的内在制度，有时甚至可以取代内在制度，但是外在制度的有效性在很大程度上取决于它们是否与内在制度互补。此外，设计与颁布执行外在制度的政治过程必须服从一定的规则，而这些规则就是来源于社会契约对政府代理人权力的约束。因此，正如

① (德)柯武刚、史漫飞.制度经济学[M].北京：商务印书馆，2004.111～142.

② "搭便车"，其含义是指坐享其成的心理和行为，最早来源可追溯至休谟的著作《人性论》。1739年，休谟在该著作中指出："两个邻人可以同意排去他们所共有的一片草地中的积水，因为他们容易相互了解对方的心思，而且每个人必然看到，他不执行自己任务的直接后果就是把整个计划抛弃了。但是要使一千个人同意那样一种行为，乃是很困难的，而且的确是不可能的；因为各人都在寻找借口，要想使自己省却麻烦和开支，而把全部负担加在他人身上。政治社会就容易补救这些弊病。执政长官……可以拟定促进那种利益的任何计划。"详见：休谟.人性论.商务印书馆1980年版，578～579页。

③ 制度应是集体行动所生产的、可以给整个群体带来利益的公共物品，但是由于制度的消费不具有竞争性与排他性，而制度的生产本身需要成本（比如组织谈判与监督耗费等），因而，制度的生产存在严重的"搭便车"现象，从而造成集体行动的困境。为了克服这一困境，政府有责任担当制度的供给者，同时政府可以通过强制性税收等制度来分摊制度成本。

④ 公共资产是共同体成员所共同拥有的资产，每个成员都可以使用这种资产。如果共同体成员都能自由单独行动，就会发现他们自己陷入了一种致使公共资产使用过度的"囚徒困境"。为保证公共资产的适当使用，必须对公共资产的使用实施配给。在较小的共同体中，内在性的非正式约束在资源配给上一般都很有效。因为在小社会里，人们彼此熟识，自发执行能在个人层面上非正式地起作用。但是如果群体变大，关于个人行为的信息及对个人的非正式约束就不足以抑制对公共资产的过度利用。在这种情况下，就需要政府作为颁布与执行外在制度的权威机构，对公共资产的使用施加限制。

政府的合法性在于社会契约，外在制度的合法性也在于社会契约。

概括来讲，制度促进社会合作的功能是通过这样一个逻辑进程实现的：通过广泛的社会契约（不包含政府契约），个人的习惯逐渐演化为群体的习俗，而群体习俗中演化出来的惯例规则逐渐演化成为内在制度，或通过政府契约成为外在制度；制度降低了不确定性，为社会中的个体决策提供了关于当事人行为结果的可预期性框架，从而在全社会建立起促进合作的信息传递机制。

2.4.2 契约政府的功能 2：提供公共物品

制度为社会合作提供了可能，在产权制度、交易制度、市场制度等较为健全的情况下，个体可以通过社会合作进行生产。有一些社会合作通过市场机制、企业组织等形式进行，所生产的产品称为私人物品。但是并不是所有满足人的需求的物品都能由私人部门充分供给。这类不能由私人部门充分供给的物品，通称为公共物品。由于公共物品的特殊性质，公共物品的提供问题要求契约政府进一步发挥功能。

1954 年，萨缪尔森发表了一篇著名的论文——《公共支出的纯粹理论》，该论文给出了公共物品的经典定义。萨缪尔森指出，公共物品是这么一种物品，“每个人对这种物品的消费，并不能减少任何他人也消费该物品。”根据萨缪尔森的定义，公共物品的基本特性是共同消费性，即每个社会成员天然都能够享受到该物品效用。共同消费性包括两个内容：一是消费时的非排他性（non-excludability），二是消费时的非竞争性（non－rivalrous consumption）。消费时的非排他性，指当一种物品被提供时，要想排除他人也消费该物品，在技术上或成本上不可能。消费时的非竞争性，指一个人对某一物品的消费不会影响其他人从对这一物品的消费中获得的效用，即增加额外一个人消费该物品不会引起产品成本的任何增加。[①] 典型的公共物品如国防、公平的收入分配、有效率的政府或制度、环境保护、基础科学等。与公共物品直接对立的概念是私人物品，私人物品具有私人消费性，即具有消费上的竞争性与排他性。

公共物品无法由私人部门充分供给的原因在于，公共物品的特性导致市

---

① Samuelson, Paul A., 1954. The Pure Theory of Public Expenditure[J]. *Review of Economics and Statistics*, 36(November), 387～398.

场失灵。市场的基础是既定制度框架下的自愿行为,买者自愿购买或不购买,卖方自愿出售或不出售。市场在引导资源配置方面的有效程度,首先取决于其价格机制的有效性,即社会的供给需求信息能通过市场价格反映出来。这主要包括两个方面内容:一是潜在消费者消费该物品的所有边际收益都反映在该商品的需求函数上;二是生产该物品的所有边际成本都反映在供给曲线上。

然而公共物品却不能满足这个要求。原因在于,公共物品由于其消费上的非排他性与非竞争性而具有外部性。外部性又称作溢出效应(spillover effect),是指“一个经济主体的行为对另一个经济主体的福利所产生的效果,而这种效果并没有通过货币或市场交易反映出来”。[①] 由于公共物品的特性,个人无论付费与否,付费多少,他能享用的公共物品总是相同的。这种“搭便车”的可能性诱使具有机会主义倾向且追求效用最大化的个人隐瞒或扭曲自己的偏好,坐享由其他人付费所形成的供给。这导致公共物品的需求曲线上不能完整反映使用者所有的边际收益,所以难以估计出公共物品的实际社会需求量。而且由于有些受益者隐藏自己的偏好不付费,公共物品的供给者所获得的收益低于社会总收益,这会导致公共物品供给不足。

既然公共物品的外部性导致公共物品无法完全借助于市场提供,那么公共物品的外部性能不能完全通过市场来克服呢?科斯曾提出私人交易谈判可以使外部性内在化。[②] 但是这需要两个重要前提:一是产权界定清晰,二是交易费用为零或可以忽略不计。那么,第一个问题,产权谁来界定?产权的界定需要强制力保证实施,所以只能由政府承担。政府确立的产权制度,本身就是一种公共物品,如此便陷入了循环往复。第二个问题,现实中的交易费用如何?交易费用是指在两个以上当事人之间达成和实施协议或合约所涉及的费用。它包括获取和评价信息、确立谈判立场、确定谈判对象、商定和监督履约的费用。如果各当事人在交易中得失很大,涉及的人数很多,这些费用就可能很高。公共物品涉及众多利益相关者,因此达成协议所需要的交易费用会更高。可见,可以通过私人交易的谈判将公共物品的外部性内在化的假设前提

① P. A. Samuelson and W. D. Nordhaus. *Economics*[M]. 13th Edition. McGraw-Hill Book Company,1989. 770.

② 方福前. 公共选择理论[M]. 北京:中国人民大学出版社,2000. 48.

在现实中是不存在的，现实中公共物品的外部性很难通过市场来解决。

公共物品的提供不能像私人物品那样完全依靠市场机制，那么提供公共物品的有效途径是什么？首先考察可否通过广泛的社会契约（没有政府参与的集体行动约定）达成自愿合作协议来提供。答案是否定的。按照传统的理论或想当然的推理，只要在部分个人之间存在着潜在的共同利益，分散的个人便一定会组织起来，以期共同分享参与集体行动的果实。然而事情远非那么简单，因为个人之间存在共同利益仅仅是形成集体行动的必要条件，而非充分条件。人们之间尽管存在共同利益，却可能由于种种阻碍合作的因素存在，从而无法实现。这就是库曼·奥尔森在其著作《集体行动的逻辑》中所提出的"集体行动的困境"。奥尔森指出，"在集团中，没有任何个人的贡献能对作为一个整体的集团产生感觉的影响，除非存在强制或某种外部诱导，否则集体物品肯定不会被提供。"[①]并且，"集团越大，离集体物品的最优供给越远，甚至获得最低限度集体物品的可能性都极低。简言之，集团越大，推进共同利益的可能性越弱"。[②] 奥尔森对此问题的解释是，从个人行动过渡到集体行动，其好处是一种公共物品；考虑到集团内的所有人均可在事成之后自动享受"胜利果实"，尤其是形成集体行动本身要花费成本（如组织与监督耗费等），拥有潜在共同利益的个人往往会受到选择坐享其成或"搭便车"的激励。集团越大，搭便车的潜在诱惑就越大。奥尔森认为这是由于三个原因：第一，集团越大，增进集团利益的个人在集团总收益中占有的利益份额就越小，增进集团利益的行动所获得的报酬就越少，这样即使集团能够获得一定量的集体物品，其数量也会大大低于最优水平。第二，由于集团越大，任何一个成员在集团总收益中占有的利益份额就越小，他们从集体物品获得的收益就越不足以补偿他们为集体物品所付出的成本。第三，集团成员的数量越大，组织成本就越高，因而为获得集体物品所需要跨越的障碍就越大。[③] 根据以上分析，奥尔森得出结论说，"大集团或'潜在'集团不会受到激励为获取集体物品而采取行动，因为

---

① Mancur Olson. *The Logic of Collective Action* [M]. Cambridge: Harvard University Press, 1965. 44.

② Mancur Olson. *The Logic of Collective Action* [M]. Cambridge: Harvard University Press, 1965. 36.

③ Mancur Olson. *The Logic of Collective Action* [M]. Cambridge: Harvard University Press, 1965. 40～41.

不管集体物品对集团整体来说是多么珍贵，它不能给个体成员任何激励，使他们承担实现潜在集团利益所需的组织成本，或以任何其他方式承担必要的集体行动的成本。”①

由上分析可见，公共物品的供给问题只能由政府来解决。首先，政府拥有强制力，可以通过强制税收克服“搭便车”问题，获得供给公共物品所需的费用。第二，政府有条件掌握一定的宏观数据，能够大大减少做出公共决策的成本与时间。需要强调的是，政府通过收税集中供给公共物品的资金看似损害了公民个人利益，但实质上政府供给公共物品的活动必须与公民个人的根本利益保持一致，这是契约精神的基本要求。为了确保这一精神的贯彻和遵循，政府关于公共物品供给的任何决策，比如决定生产何种公共物品，如何生产，为谁生产，以及每个公民为公共物品的供给所必须承担的税收份额等等，都必须通过特定的体现民意的政治程序进行。

2.4.3 契约政府的功能3：提供社会资源的有效管理

社会资源，指直接或间接（通过社会生产）对满足社会需求具有现实或潜在意义的、有形或者无形的、具有稀缺性的所有物品，包括土地、自然资源、知识、劳动以及人工制造的物品等等。根据洛克的社会契约论，社会资源的来源是社会契约的缔约者拥有的财产②。洛克指出，在自然状态下，每个人拥有三位一体的基本自然权利——生命、自由和财产权；通过缔结社会契约，人们将“执行自然法的权利”（而不是所有的自然权利）让渡给政治共同体，从而进入政治社会；政治权威首要的任务是执行自然法，其次是保护个人的自然权利和

① Mancur Olson. *The Logic of Collective Action* [M]. Cambridge: Harvard University Press, 1965. 41.

② 很多经济学著作将财产与财产权利的概念等同，但也有许多经济学家指出这二者的根本区别，认为财产是人对物的关系，而产权是由对物的占有、使用等引起的人与人的关系。本书赞同后者的观点。从洛克关于财产与财产权利的论述看，他也并没有将两个概念混同。洛克指出，一个人通过劳动、交换、合同或遗赠而获得的任何物品，都可成为他的财产，他对其拥有神圣不可侵犯的财产权。如果把通过劳动、交换、合同或遗赠等所有符合社会道德判断的途径而获得作为人对财产拥有所有权的条件，那么从社会生活实践的角度看，能够满足人类需求、具有稀缺性的一切物品，都现实地或具有潜在可能地会作为社会或个人的财产而存在。因此本书在此没有将资源与财产作特别的区分。二者都指社会或个人对物的占有关系，与产权概念存在根本的差异。

公众利益。因此，社会资源来源于缔约者个人财产的合并，比如，将共同体的领土看作是缔约者已经拥有的土地的合并。洛克进一步指出，个人的财产权利神圣不可剥夺，但是为了社会契约机制的运行，契约在一定程度上修正了先前存在的自然财产权利，比如，假使没有财政资源，政府将无法运转，所以“每一个享受政府保护的人都应该从他的产业中支出他的一份来维持政府”。为了维护财产权利不可剥夺的神圣性，人民所支付的必要赋税“必须得到他本人的同意，即由他们自己或他们选出的代表所表示的大多数的同意。”①

从洛克的政治学论述可见，社会契约可以实现对全社会资源保护的合作。在此基础上以经济学的视角用效率的观点来看，社会资源保护的合作可发展为另一概念——社会资源管理。社会资源管理是指，以符合人民意愿的效率与公平为价值追求，在保管、使用与配置社会资源方面实现保值与增值的多维合作。那么，如何实现这一合作并确保其效果？法律、经济、管理等学科的理论与实践对此做出了回答，即产权是实现社会资源管理的有效工具。关于产权，费希尔给出了经典定义。他指出，“产权是享有财富的收益并且同时承担与这一收益相关的成本的自由或者所获得的许可……产权不是有形的东西，而是抽象的社会关系。产权不是物品。”②

实现资源稀缺环境下的社会合作是产权存在的一个重要意义。资源的稀缺是人类所共同面对的社会现象，并造成人们彼此之间相互依赖的关系。这种相互依赖性是指双方既合作又冲突的情况。一个人利用资源满足自己需要的同时，往往会影响其他人。产权说明的是与一种资源有关的人与人之间的关系。这种人与人的关系，与说明人与物的关系有所不同。权利是一种手段，社会依此控制和协调人类的相互依赖性，解决人们的利益分配问题。③

产权的确立基础是社会契约。较早讨论产权的确立基础的学者是洛克。洛克认为财产权是最重要的自然权利，即人通过将其劳动加在自然物品上而对该物品产生的所有权。在洛克看来，财产权的确立基础是劳动。财产权的

---

① 转引自(英)迈克尔·莱斯诺夫著.社会契约论[M].南京：江苏人民出版社，2005.87～98.

② Fisher I. *Elementary Principles of Economics*[M]. New York：Macmillan，1923.27.

③ (美)A.爱伦·斯密德.财产、权力和公共选择[M].上海：上海三联书店，上海：上海人民出版社，2006.7.

确立基础为什么不是偷窃或掠夺？爱伦·斯密德指出，有关财产权利合法性的思想在一定程度上与对人类劳动的认可有关，因此这实际上是一种社会的选择。产权并不单纯是物品的派生物，它也是某一团体选择的反映。[①] 在这一分析的基础上，爱伦·斯密德对产权存在的先行条件进行了探究。他指出，产权绝不是一种孤立的存在，它总是包含着一定程度的共识。财产需具备怎样的公众认知才能成为一种权利？在临界上发生争执时怎么办？根据爱伦·斯密德的分析，人们都有一些基本的自我约束信条。在一定情况下，所有人关于受制于由他人控制的权利解释达成合意时，所有人之间关于此财产的持有和使用就可以达成自我执行的契约，这时产权的确立基础就是没有政府参与的广泛的社会契约。然而，在其他情况下，公正的合意难以达成或契约的自我执行无法实现时，就需要政府做出裁决或强制执行，这时，关于此财产持有和使用的契约就成为以政府为第三方的第三方执行契约。[②] 所以，从这一方面看，产权的确立基础是社会契约。关于产权的社会契约的结果是关于财产权利的社会共识，这种共识的达成可以是基于人们关于财产占有行为的道德判断等所形成的默契，也可以是政府通过法令或政策引导促进社会成员形成的共识。[③]

现代市场经济条件下的民主社会若想实现社会资源的有效管理，往往需要建立由私人产权、俱乐部产权与公共产权等产权形式构成的适当组合，并健全相应的产权制度。总得来讲，产权通过帮助人们形成交易的合理预期而促进社会合作。如德姆塞茨所说，“在鲁滨逊的世界里，产权是不起作用的。产权是一种社会工具，其重要性就在于事实上它们能帮助一个人形成他与其他

---

① (美)A.爱伦·斯密德.财产、权力和公共选择[M].上海：上海三联书店，上海：上海人民出版社，2006.35～39.

② (美)A.爱伦·斯密德.财产、权力和公共选择[M].上海：上海三联书店，上海：上海人民出版社，2006.40～42.

③ 通过上述的分析，就比较容易理解巴泽尔关于产权实质的一段论述。他认为，产权的实质，往往是由经济权利而不是法律权利体现出来。他指出，“一般来说，法律权利会增强经济权利，但是，对于经济权利的存在来说，前者既非必要条件，也非充分条件。人们对资产的权利(包括他们自己的和他人的)不是永久不变的，它们是他们自己直接努力加以保护、他人企图夺取和政府予以保护程度的函数。”详见(美)Y.巴泽尔.产权的经济分析，上海：上海三联书店，上海人民出版社，2002，2～3。

人进行交易时的合理预期。这些预期通过社会的法律、习俗和道德得到表达。"[①]具体来讲，不同类型的社会资源，需要不同性质的产权进行管理；而不同性质的产权在社会资源管理中发挥功能的方式也各不相同。下文将分而述之。

私人产权在促进社会资源有效管理方面具有重要意义。具体来讲，首先，私人产权可以在确定的个人和确定的资源之间建立一种具有排他性的所有关系。通过这种排他性的所有关系，私人财产所有者有权独自运用该财产，并有权独自占有运用该财产所产生的效益。当然，他们同时有义务承担运用该财产所发生的所有耗费。这样就可以形成一种保证资源管理有效性的激励。这种激励，可以在盈亏信号的作用下，确保人们在自愿的基础上达成双边交易契约，按他人需要决定私有财产的运用，从而引导私人部门在追求自身利润最大化的同时，供给他人所需的物品和服务，促进社会合作的实现，并实现社会资源的有效配置。在产权制度足够健全的前提下，这种激励作用的有效性与排他的难度、外部性的程度呈反向变动关系。当财产运用的成本和效益能大体上被内部化时，排他难度较小，财产所有者达成契约的谈判成本将较小，社会资源管理的有效性将较高；若由于知识、测量技术等的局限，导致排他性较难实现，外部性较大时，盈亏信号的作用往往会比较模糊，从而社会资源管理的有效性将较低。因此，在外部性较大、且由于谈判成本过高而难以通过市场机制将外部性内在化的社会资源领域，公共产权往往可以发挥更积极的作用。不同之处在于，私人产权是通过市场机制发挥作用，公共产权是通过集体选择机制发挥作用。

第二，私人产权的可分离性、可分割性、可让渡性有利于通过人们的自愿交易形成有效的所有权配置，从而提高财产运用的效率。产权是由对财产的占有权、使用权、收益权与处分权等组成的一个权利束。产权的可分离性是指特定财产的各项权利可以分属于不同的主体，如企业投资者享有企业财产的收益权，而企业的经营者可行使企业财产的使用权。正是由于产权的可分离性，使得产权是可以交易（转让）的。产权的可分割性有两层含义：一层是上面所讲到的可分离性；另一层是各项权利分离后还可进一步细分，如股份有限公

---

① （美）R. 科斯，A. 阿尔钦，D. 诺斯等. 财产权利与制度变迁[M]. 上海：上海三联书店，上海：上海人民出版社，2002. P96.

司投资者选择管理者的权利可进一步分为一股一权。产权的可让渡性是指，所有权可以通过出售或捐赠等方式发生变化的属性。产权的可分离性、可分割性与可让渡性便于具有不同需求和知识的人们能将资源投入他们所能发现的最有价值的用途上去。①私人产权的可让渡性使专业化生产的分散化协作成为可能。阿尔钦指出，专业化生产的分散化协作，可以发挥比较优势，从而实现较大的收益。在一个知识发散的社会，人们必须对生产资源拥有可靠的、可以让渡的私人产权，并在可信赖的合约交易的谈判中在一个共同协议的价格和较低的成本下进行产品交换，这一体制协调发散信息的能力有助于降低生产成本、提高产品价值。[①] ②私人产权的可分离性、可分割性、可转让性使现代法人企业组织这种合作性的联合生产成为可能。当然，这里需要说明的一点是：虽然私人产权的可分割性与可转让性为股份公司等现代企业组织这种联合性的合作生产成为可能，但是这种方式使企业所有权与经营权相分离，从而带来了委托代理问题。

根据上文所述，私人产权对于社会资源管理具有重要意义，然而并不是所有的资源都能通过私人产权实现有效的管理。私人产权对管理资源的激励效果，取决于财产运用的排他程度。在对于不需要排他，或者外部性较大、且由于谈判成本过高而难以通过市场机制将外部性内在化的社会资源领域，公共产权往往可以发挥更积极的作用。

根据 2.4.2 的论述，公共物品由于消费上的共同消费性导致不能由市场充分供给。此外，社会契约精神要求实现的价值观是效率与公平兼顾的正义。[②] 而市场在实现社会公平方面存在缺陷。解决市场的这些缺陷都需要公共资源（财产）作为物质基础。公共资源（财产）的占有、使用、收益、处分等权利即为公共产权。因此，即使在市场经济条件下，公共产权仍具有不可或缺的意义，它是对私人产权的必要补充。与私有财产不同的是，公共资源（财产）的管理必须经过公共选择程序。因此，公共选择程序的有效性直接影响到公共产权在社会资源管理方面的有效性。公共选择是通过社会集体行动所进行的选择，然而，没有政府参与的集体行动，由于 2.4.2 所论述的搭便车等原因往

① （美）R. 科斯，A. 阿尔钦，D. 诺斯等. 财产权利与制度变迁[M]. 上海：上海三联书店，上海人民出版社，2002. 168.

② 罗尔斯在其著作《正义论》对此进行了论证。

往陷入集体行动的困境，所以公共选择程序的运行范围也就成为政府活动的范围。

这里需要强调的是，不论是私人产权还是公共产权，产权能够得以确立并发挥其应有的作用，一个关键因素在于产权能否得到有效的保护。产权的保护需要强制力量作保障，政府是国家强制力的垄断机构。因此，政府应该承担产权保护的职责。然而，对于私人产权与公共产权，政府行使保护职责的方式存在着根本性的区别。私有财产拥有确定的所有者，在“看不见的手”的指引下，市场机制可以有效地进行资源配置，政府对私人产权的保护体现在只是充当裁判的角色。公共财产所有权属于全体国民，但是公共财产与个人之间并没有直接对应关系，只能由政府代为行使公共财产所有者的权利，这就显著不同于保护私人产权的裁判员角色。在公共产权的保护方面，政府（公共财产的代理人）是运动员，全体国民（公共财产的所有者）是裁判员。

2.5 契约政府的绩效困境及其分析

2.4 论述了契约政府的理想功能，可见，没有契约政府提供外在制度、供给公共物品、保护私有产权和公共产权，现代社会不可能正常运行，更谈不上发展。然而在社会生活现实中，契约政府仍然会遭遇绩效困境。那么，如何认识这些困境？如何克服这些困境？

2.5.1 “国家悖论”与新古典政府模型

政府，作为社会契约的产物，是一把“双刃剑”。它是社会向前发展的关键力量，然而，另一方面它又可能成为社会发展的阻碍因素。这一矛盾关系在社会经济发展的历程中更是得到了深刻体现。诺斯在经济史研究中，尤为关注政府与社会经济这一相互联系而又相互矛盾的关系，并指出，“国家的存在是经济增长的关键，然而国家又是人为经济衰退的根源”。[①] 这提出了现代政治

① (美)道格拉斯·C.诺思.经济史中的结构与变迁[M].上海：上海三联书店，上海人民出版社，1994.20.

学、经济学乃至公共管理领域共同面对的一个重要命题——“国家悖论”。[①]

为了解读“国家悖论”，诺斯构建了新古典政府模型，作为经济史学研究的基础。区别于传统的政治学家、历史学家的政府理论，诺斯将政府理论与新古典经济理论相结合，旨在解释何种产权会由政府界定和执行以及执行的效果。诺斯认为，政府带有“契约”和“掠夺”双重属性。一方面，政府是公民达成契约的结果，它要为公民服务。契约的达成是多重博弈的结果。由于契约规定了每个人相对他人的经济活动，因而它对经济增长来说十分重要。另一方面，政府将界定一套产权，使权力集团的收益最大化而无视它对社会整体福利的影响。在此基础上，诺思提出了“暴力潜能”(violence potential)分配论。[②] 他指出，若暴力潜能在公民之间进行平等分配，便产生契约性的政府；若这样的分配是不平等的，便产生了掠夺性（或剥削性）的政府，由此出现统治者和被统治者，即掠夺者（或剥削者）和被掠夺者（或被剥削者）。

显然，诺斯认为，政府对经济发展的负面效应是由于暴力潜能在公民之间的分配是不平等的，从而产生了掠夺性政府，即以个人财富或效用极大化的统治者为中心的政府。他指出，掠夺性政府具有三个基本特性：①政府提供一组服务——称之为“保护”与“公正”——以交换国库收入。由于提供这些服务存在着规模经济，所以由一个组织专门从事这些服务，所获致的社会总所得要高于每一个社会个体自己保护自己的财产权的情况。②政府试图采取一个歧视性垄断者的行动，它区分出不同的民众集团，并为每一个集团处理财产权，以使政府收入最大化。③由于总是存在着能提供同样服务的潜在竞争对手，面临其他国家或现存政治经济单位中潜在统治者的竞争，政府受制于其民众的机会成本。所以，统治者垄断权力的程度是各个不同民众集团所面对的替代品接近程度的函数。[③]

---

① 国家与政府这两个术语常常被混用，但是这两个术语具有很大差别。尤其从社会契约理论的观点来看，国家是一个社会共同体，它包括政府、国民乃至疆域。而政府则是由特定的行为人构成。诺斯所提出的“国家悖论”，事实上是指政府与经济发展之间的矛盾关系，他对“国家悖论”的解读，也是建立在对政府（统治者）行为分析的基础上。

② “暴力潜能”具有丰富的内涵，它既包括军队、警察、监狱等暴力工具，也包括权威、特权、垄断权等“无形资产”。

③ (美)道格拉斯·C.诺思.经济史中的结构与变迁[M].上海：上海三联书店，上海：上海人民出版社，1994.23.

根据诺斯的论证，政府的这三个基本特性导致政府在作用于社会经济发展过程时总是同时受着两个相互冲突的目标的支配。①界定形成产权结构的竞争与合作的基本规则(即在要素和产品市场上界定所有权结构)，以使统治者的租金最大化。②在第一个目标架构中降低交易费用以使社会产出最大，从而使政府税收增加。[①] 两个目标并不完全一致，第二个目标包含一套能使社会产出最大化而完全有效率的产权，而第一个目标是企图确立一套基本规则以保证统治者自己收入的最大化。从历史的发展来看，在使统治者(和他的集团)的租金最大化的所有权结构与降低交易费用和促进经济增长的效率体制之间，存在着持久的冲突。诺斯认为，这一基本矛盾正是社会不能实现持续经济增长的根源。促进经济增长的效率产权结构并不能使统治者租金最大化，常常不被采用或被推迟采用，这必将阻碍国家的经济增长。

在诺斯的政府模型中，统治者追求租金最大化的行为主要受到三组力量对比关系的限制：统治者与国民，统治者与代理人，统治者与替代者(来自国外或国内)。这三组力量对比关系的变动决定了历史上国家的稳定和变革。①民众集团相对于统治者谈判力量的增强可以导致有利于该集团的规则变更，或者可以迫使政府放弃一部分制定规则的权力，其后果比如代议制政府的兴起。②在创立出旨在界定和执行财产权的基础结构之际，统治者势必要赋予代理人权力。由于代理人的效用函数与统治者并不一致，因此统治者要设立一套规则以促使其代理人的行动与自己的目标保持一致。然而，代理人某种程度上并不完全受规则的约束，因而会有统治者权力扩散的情形。这也会降低统治者的垄断租金。③来自国外或国内的潜在替代者所能为国民提供的产权的效率收益是国民的机会成本，机会成本越高，国民对在位的统治者的忠诚度与信任度就越低，对潜在替代者的支持度就越高，统治者的权力地位就受到越大的威胁。替代者越是势均力敌，统治者所拥有的自由度就越低。[②]

在诺斯看来，这三种关系并不是静止不动的。信息成本、技术、人口等一般要素相对价格的变化，会导致民众的机会成本以及谈判力量的相对变化，可

---

① (美)道格拉斯·C.诺思.经济史中的结构与变迁[M].上海：上海三联书店，上海人民出版社，1994.23～24.

② (美)道格拉斯·C.诺思.经济史中的结构与变迁[M].上海：上海三联书店，上海人民出版社，1994.24～27.

能导致政府对所有权结构的调整或统治者的更替。但是,国家也会在一定条件下处于稳定或停滞状态。诺斯归纳了两种情况:一种情况是,如果本国选民的机会成本或竞争国家的相对实力没有变化,那么国家即使停滞也能生存。另一种情况是,对个人而言,反抗政府强制力的行为是具有严重外部性的行为,如果民众普遍具有"搭便车"的心理,往往会导致民众对政府统治的冷漠与顺从。

2.5.2 政府失灵与公共选择理论

"国家悖论"与诺斯的新古典政府模型,主要关注政府在私有产权制度方面功能的失效。政府失灵与公共选择理论则关注在公共物品供给、界定和保护私有产权、保护公共产权等更广泛的领域里政府的失败。何谓政府失灵?

如 2.4 所论述,政府在提供公共物品、界定和保护私有产权、保护公共产权等方面发挥着不可替代的作用。政府的这些功能是基于弥补市场机制缺陷的需要。然而,政府在发挥功能过程中,往往表现出另一种失败,主要表现为:公共政策失误,政府供给公共物品的低效率,政府预算扩张与政府机构膨胀,政府寻租等等。萨缪尔森称之为政府失灵,并指出,"当政府政策或集体行动所采取的手段不能改善经济效率或道德上可接受的收入分配时,政府失灵便产生了。"可见,政府失灵包括政府在实现效率与公平两方面上的失灵。

政府失灵的实质是公共选择的失灵。公共选择又称为集体选择,是指市场领域之外的选择。公共选择的本质是就各式各样的公共物品(其中包括保护私人产权的制度)的供给问题做出决策,具体包括参与者、选择方式和选择标准三个关键要素:①公共选择的参与者。由于公共物品的供给涉及社会相关的每个人的利益,社会决定提供多少数量的某种公共物品,不是单个人根据偏好进行的个人选择,而是有许多人共同进行的选择。所以,公共选择的过程实质上是关于公共物品供给决策的社会契约过程,而公共选择的参与者应该是参与社会契约过程的契约主体,包括个体民众、各级政府以及民众组成的相关利益团体。②公共选择的方式。公共选择的理想方式是契约主体的一致同意,但是政治生活现实表明,一致同意的契约成本过高会导致契约无法达成。因而现实的公共选择方式主要是两种方式相结合,一是依赖有才能与专门知识的人代为做出决策,二是通过选举代表来实行选择。与此相联系的一个关键问题便是,什么类型的规则和激励可以使这些有才能知识的人与选举产生的代表对全社会公众的需要和愿望负责。③公共选择的标准。根据卢梭的社会契约的理想来看，公共选择的理想标准应是由“公意”决定的，“公意”代表服从集体理性的“公共利益”。现实中政治学家与经济学家往往关注两个标准：效率与公平。前者代表经济馅饼的大小，后者代表经济馅饼在社会成员之间分割的公正性。

20 世纪 70 年代以来，布坎南等人提出的公共选择理论成为西方各国政府改革的理论基础。其中，这一学派对政府失灵的解读为其理论地位奠定了重要的基础。公共选择理论认为，人类社会由两个市场组成，一个是经济市场，一个是政治市场。在经济市场上活动的主体是消费者（需求者）和厂商（供给者），在政治市场上活动的主体是选民（需求者）、利益集团（需求者）和政治家（供给者）、官员（供给者）。在经济市场上，人们通过货币选票来选择能给他带来最大满足的私人物品；在政治市场上，人们通过民主选票来选择能给他带来最大利益的政治家、政策法案和法律制度。传统理论观点认为，在经济市场上，个人受利己心支配追求自身利益最大化，而在政治市场上，个人的动机和目标是利他主义的、超个人利益的。公共选择理论认为，这种“善恶二元论”的观点在逻辑上是自相矛盾的，同一个人不可能在两种场合受不同的动机支配并追求不同的目标。在政治市场上行为主体并不会因为他们处于政治市场中就会改变其在经济市场中表现出的“理性行动者”特性；相反，这种“理性行动者”特性将使他们受到权力、职位、社会名望及其相关物质利益的驱使，从而谋求个人效用最大化，有可能使公共选择的结果偏离公共目标，使所设置的公共机构不能够代表公众利益，不能发挥应有的公共职能。

2.5.3 以社会契约机制作为分析对象探源政府绩效困境

诺斯所构建的新古典政府模型，体现了政府权力是社会契约结果的思想。他将统治者、代理人、民众作为社会契约主体，用社会契约过程中各方力量对比关系及其动态变化，来解释统治者租金最大化的倾向对于国家经济发展的影响。然而，他并没有坚持在《经济史结构与变迁》开篇所提出的人具有双重行为动机的假设，而是将统治者追求租金最大化的行为动机作为解读“国家悖论”的前提预设。那么，如果统治者不是追求租金最大化，而是具有物质财富与非物质财富最大化的双重行为动机，“国家悖论”就不存在了吗？

公共选择理论认为政府失灵是公共选择的失灵。公共选择包含三个关键要素，然而，公共选择理论对政府失灵的解释主要是通过将公共选择参与主体，尤其是政府官员（政治家与官员）的人性假定为“理性行动者”来推演出来的。“理性行动者”假设是公共选择理论的核心。公共选择理论的“理性人”假设有下述要点[①]：①人们有一系列合理的偏好；他们自己轻易就可以感知、排序和比较这些偏好。②人们的偏好排序是可传递的，在逻辑上也是一致的。③人们都是“极大化的行动者”。他们在做出决定时总是寻求最大可能的收益和最低的成本。④人们采取行动时主要是自利的、利己主义的和工具性的，他们根据自己人的个人福利（或者是临时性家庭的福利）所得来决定采取怎样的行动。理论界很多反对意见指出，这种理论前提忽略了人的社会性与文化性特征。关于政府官员行为的经验研究显示，关于政府官员的这一人性假定并不能得到显著性的证实。因此不论从政府失灵根源的全面性而言，还是从理性经济人假定的客观性而言，公共选择理论对于政府失灵的分析都还有待进一步考究。

由于政府失灵根源的认识所具有的局限性，公共选择学派对政府失灵所开出的药方也是有局限的。公共选择理论把政府失灵的主要原因归于政府官员的自利性，那么为了解决这一问题，他们便开出了市场化、公共部门私有化等一系列尽量避免公共产权委托代理的处方。然而，正如本书 2.4 的分析，公共产权的存在有其必然性，是不可避免的。许多学者经过调查研究也指出，公共企业的效率并不一定低于私人企业。可见，市场化与私有化，只可能对公共领域侵占了私人领域的情况进行规范，却并不能解决公共领域固有的问题。

此外，对这种观点的局限性认识不清还可能产生巨大的公共损失。一个腐败政府以这一理论为借口而采用的私有化可能最终导致公共部门净价值降低，而公众利益被统治阶级所消费。世界银行专家 Easterly 的调查还发现，如果政府面临赤字压力，往往会选择减少资产积累或提供隐性负债等虚假的财政调整，其中最常见的具体措施就包括通过公共部门市场化、私有化等方式减少公共资产，以偿还显性负债，从而保持符合要求的赤字率水平。[②]

---

① （英）帕特里克·敦利威．民主、官僚制与公共选择[M]．北京：中国青年出版社，2004．3～4．

② William Easterly, 1999. When is Fiscal Adjustment an Illusion? [J]. *Economic Policy*, CEPR, CES, MSH, 14(28): 55～86.

笔者认为，从现代契约政府的功能来看，契约政府的绩效困境包括政府在制度、公共物品供给、私有产权与公共产权保护等诸方面的功能失效，而契约政府的功能地位是基于实现社会契约的目的而确立的，所以认识契约政府的绩效困境必须首先以社会契约机制作为分析对象。当然，需要明确的是，"国家悖论"与政府失灵，都是针对政府绩效困境某一方面或某几方面的概括，诺斯关于国家悖论的解读，与公共选择学派关于政府失灵的分析，都为研究政府绩效困境提供了宝贵的借鉴经验。

2.5.4 本书基于社会契约机制分析政府绩效困境的基本假设

所谓假设，是科学研究中建立科学学说的基础。假设必须与实际相联系，符合实际，并且对实际高度抽象。假设的真实和有效是整个科学理论有效的必要条件。在真实和有效性的评判标准方面，社会科学领域中的假设与自然科学领域的假设有所差别。对于社会科学研究来说，假设的真实性是一个相对概念。如果通过对一套理论假设的推演，可以形成解释现实社会问题实质和形成有效解决方案的理论，那么这一套理论假设应该被评判为是真实和有效的。当然，社会是不断发展的，在不同时期会出现不同的社会问题，或者人们对社会问题的认识也不相同，这就决定了理论假设具有发展性的特点。笔者主要以如下各项基本假设为前提来分析政府绩效困境。

2.5.4.1 关于环境的假设1：资源的稀缺性

相对于人类满足无限欲望的需求而言，资源是稀缺的。资源稀缺性在经济学中被视为经济研究的出发点。自1776年英国经济学家亚当·斯密的《国民财富的性质和原因的研究》一书出版以来，经济学发展已有200多年的历史。在这一时期中，经济学出现了诸多流派，但资源有限与需求无限假设，从来没有被摒弃过。在经济学家看来，经济学产生于客观存在的"稀缺性以及由此引起的选择的需要"。美国著名经济学家保罗·萨缪尔森在《经济学》一书中指出，"如果资源是无限的，生产什么、如何生产和为什么生产就不会成为问题。如果能够无限量地生产每一种物品，或者，如果人类的需要已完全满足，那么，某一种物品是否生产得过多是无关紧要的事情，劳动与原料是否配合得恰当也是无关紧要的事情。……研究经济学或'寻求经济的办法'就会没有什么必要。"[①]。斯蒂格利茨也强调,经济学研究的是:我们社会中的个人、厂商、政府和其他组织如何进行选择、这些选择又怎样决定稀缺资源如何被利用。

在政治学与社会学的研究中,资源的稀缺性假设通常也是一个隐含的假设,因为资源的稀缺是人与人之间发生各种各样相互关系的前提,从而成为分析解释各种政治现象、社会现象的基础。资源的稀缺性是国家与制度存在的前提。霍布斯在著作《利维坦》中假设了国家与制度出现前的自然状态,指出,任何两个人如果想取得同一个东西又不能同时享用时,彼此就会成为仇敌,这种情形就是资源稀缺的一个缩影。资源的稀缺与人类无限欲望的客观存在导致人类之间的自然关系是一种竞争关系,这种竞争关系导致人类的自然状态成为一场"一切人对一切人"的战争,从而理性人认识到对制度的需要,而制度需要政治权威的强制力保障实施,这样国家与政府的出现就具有意义。罗尔斯在著作《正义论》中更为明确地使用了资源稀缺的前提假设。他提出"普遍的中等匮乏"的概念,来表示位于资源充分涌动和极度短缺之间资源相对稀缺的状态,即"自然资源和其他资源还没丰富到使合作计划变得多余;条件也没有严峻到使富有成果的事业宣告停止"。如果资源是充裕的,那么,人们尽可以各取所需,而不会因争夺有限的资源而产生个体间或利益集团间的冲突,人们自然不必诉诸一个公共的权威来保护自己的人身安全和经济利益,国家也不必出现。而如果资源是极端匮乏的,在没有剩余产品的条件下,一部分人多得就意味着另一部分人生存受到威胁,那么这部分人会拚死反抗,那么剥夺者也将无利可图,人类只可能停留在原始阶段,国家也不会出现或持久地长期存在。

资源的稀缺性对资源配置与利用提出了效率要求,并要求制度来保障效率的实现。但这一效率不是一部分人的效率,而是对全体公民(包括现在与未来)而言的效率。资源的稀缺导致人与人之间的资源竞争关系。这种竞争关系存在于三个维度:代际之间的竞争,同一时代人际之间的竞争,相同主体(个

---

① 经济学家认为满足人类欲望的物品可以分为两类:第一类为"自由物品",它是指自然界存在的,人类可以不付任何代价就能自由取用的物品,如空气、阳光等。"自由物品"是无限的,但它在人类需要中所占的比重很小。第二类为"经济物品",它是人类必须付出代价方可得到的物品,即必须耗费一定的资源,借助生产工具通过人类劳动加工生产出来的物品,在人类生活中占有重要地位。人类要生产"经济物品",就要使用和消耗各种资源,如资本、自然资源、劳动等。

人或社会）不同选择之间的竞争。文明社会竞争的规则在于公平。所以，具有公正性的国家制度所提倡的效率观应是兼顾公平的效率观。公平应具有完整的含义，这里尤其强调一种往往容易被忽略的公平——代际公平。从世界各国的发展实践来看，可持续发展已经成为国家发展的重要话题。资源稀缺性是可持续发展理论的一个重要前提。根据这一理论，随着人类活动的扩张，资源的稀缺性不单是一个经济假设，它正在成为人类所面临的现实而紧迫的问题。地球资源包括不可再生资源与可再生资源。随着人类对地球资源的开发与利用，地球上的不可再生资源越来越稀缺，可再生资源的恢复速度也远远落后于人类欲望的膨胀速度以及人口的增长速度。甚至，由于人们对可再生资源的过度开发与利用，许多可再生资源已变为不可再生资源，如草原荒漠化、土地盐碱化以及对森林的毁灭性开采等。地球资源的透支所引起的恶果之一就是导致将来子孙后代生存环境的恶化。人类从事生产活动，在为自身创造福利同时，要不要对子孙后代负责，这涉及代际公平的问题。政府活动在人类生产活动中占据重要份额，甚至在一定程度上引领人类的生产活动，因而更不可回避这一问题。强调可持续发展的国策，正是兼顾公平尤其是代际公平的效率观的体现。

2.5.4.2 关于环境的假设 2：环境的复杂性与不确定性

相对于人类认知能力的局限，环境是复杂和不确定的。复杂性是一个静态的概念，是一种既定的客观存在，表明环境与事物的属性是客观确定的，但其内在的技术性结构相对于人的认识能力和别的事物的内在结构来说，具有复杂性。不确定性是一个动态的概念，它是指事物的属性或状态的不稳定性和不可确知性，强调引入时间因素后事物属性和状态的可变性，以及人类关于事物属性和状态的认识的可变性。事物本身静态的复杂性会加剧动态的不确定性。环境与事物的复杂性与不确定性意味着信息的不完全性①。这样人类

① 不确定性与风险不同。1921 年，经济学家奈特在其著作《风险、不确定性与利润》中将不确定性与风险进行了区分。他指出，风险是可估计可预见的。风险的特征是概率估计的可靠性以及因此将它作为一可保险的成本进行处理的可能性。估计的可靠性来自所遵循的理论规律或稳定的经验规律。与可计算可预见的风险不同，不确定性是指人们缺乏对事件基本性质的知识，对事件可能的结果知之甚少，难以通过现有理论或经验进行预见和定量分析。

的决策行为不仅面临着资源稀缺性的约束，还面临着信息不完全性的约束。决策的优化过程就是要在这两项预算约束（投入资源的价格与信息成本的约束）之内实现目标最大化。①

传统西方经济学模型假定信息是完全的，也就排斥了环境的复杂性与不确定性问题。基于完全信息的假设，传统经济学推演出经济自由化的结论，即没有政府干预，经济系统可以在价值规律这一“看不见的手”的指引下，实现有效率的运转。但是，从经济运行实际状况来看，尽管经济预测、控制手段和技术越来越完善，但是经济运行中的不确定性丝毫没有表现出正在减弱或消失。经济现象与经济理论之间的差异，使得基于确定性假设与完全信息假设的传统西方经济学模型对经济的解释能力受到质疑。新制度经济学派舍弃了新古典经济学的完全信息假设，将不确定性引入对经济系统的分析。新制度经济学常用的分析工具——交易费用、不完全契约等，都是由于环境不确定条件下的信息不完全造成的，从而制度作为降低不确定性减少交易成本的装置，被纳入经济分析的框架。

2.5.4.3 关于人的行为的假设 1:“物质财富与精神财富最大化”双重行为动机

制度是用于规范人的行为的规则，而人的行为受其行为动机的支配。行为动机是人的行为的内在驱动，行为则是行为主体基于内在的行为动机与外在的既定制度框架所做出的选择。其选择的标准取决于行为主体自身的价值判断，而这一价值判断受到行为动机与制度框架的双重影响。比如，以追求自身物质财富最大化为行为动机的行为主体，所进行的价值判断过程实质上是一个成本与物质利益所得的比较分析过程。对于这类行为主体，制度可以通过建立影响其不同行动方案成本预期与物质利益所得预期的诱导机制来引导其行为选择，从而实现制度目标。

人类的行为动机在于追求自身物质财富最大化的假设，曾经一度是传统西方经济学论述的重要前提，即经济人假设。然而，面临现实中人类的很多利他行为表现，这一理论假设的解释力遭遇困境。正如诺斯在著作《经济史的结构与变迁》中所指出的，“新古典经济理论可以解释为什么人们按自我利益行

① 这也可以说明为什么信息越来越被看作是一种资源，而资源相应被扩大为一个广义的概念。

事，……然而，它不能有效地解释问题的另一面，即当自我利益的计较并不构成动机因素时的那些行为。我们如何解释利他行为（如匿名捐血），以及人们自愿做出巨大牺牲而从事并无明显利益的活动（历史上无数个人和群体为了抽象的目的而被关进监狱或牺牲）？我们怎样解释大量去投票的人或有人付出很大努力参与有极少个人利益的自发组织?”制度分析方法应该从人的实际出发来研究人，对人的行为的假设要更接近于现实，因此，关于人类行为动机提出的假设必须基于对人类行为动机产生机理的分析。

人是具有意识功能的特殊生物系统，具有行为动机是人的客观属性。人从事一切活动的根本动机在于追求自身欲望的满足，而人类的欲望具有多层次性。心理学家马斯洛在其需求理论中指出，人都潜藏着五种不同层次的需要，即生理需求、安全需求、社交需求、尊重需求、自我实现需求，但在不同时期所表现出来的不同需要的迫切程度是不同的。人最迫切的需要才是激励人行动的主要原因和动力。人的需求是从低层次往高层次发展的。当低层次需要满足到一定程度后，它的激励作用就会降低，高层次的需要会取代它而成为推动行为的主要原因。自身财富最大化的行为动机往往与低层次的物质需要关系更密切，人类为了追求较高层次的精神需要，会有利他主义、信奉某种意识形态、自愿负担约束等行为表现。可见，人的行为动机无法完全用自身物质财富最大化来概括。事实上，人们在决策时往往要在物质财富与精神财富价值之间进行权衡。

从历史经验看，利己动机对制度演化的作用至关重要，而利他动机对制度演化的作用同样不可忽视。因此，在制度分析理论中，利他动机不应被抽象掉。关于利他动机，从制度分析的角度需要关注的是，利他动机发挥作用的规律以及在制度设计中如何利用这一规律。纳尔逊和西尔伯格证明，个人为表达他们自己价值和偏好所付出的代价越低，精神财富价值在他们所作的决策中就显得越重要；反之精神财富价值只能解释人类的很少一部分行为。这表明，实现精神财富价值不能总是以牺牲个人财富为代价。制度作为一个重要变量能够改变人们为其偏好所付出的代价，改变物质财富与精神财富价值之间的权衡，进而使理想、意识形态等精神财富价值在个人选择中占重要地位。①

① 卢现祥．新制度经济学[M]．武汉：武汉大学出版社，2004．3～4．

2.5.4.4 关于人的行为的假设 2:有限理性

理性是对人类意识活动某些特征的概括,它首先是一个心理学概念。人类的意识活动受到多种复杂因素的影响,在人类意识活动支配下的行为一定也是多种因素影响的意识活动作用下的结果。这些因素可能相互一致,也可以相互冲突。社会科学研究人的行为,建立在人的行为有规律可循的假设基础或科学信念基础上,因而必须将意识活动中起主要支配作用的因素特点抽象出来赋予具有外在可观察性的行为,从而理性成为行为主体的一种行为特点。这种抽象处理往往体现在各学科关于人的行为假设上。

传统西方经济学假设人具有完全理性,从而排斥了感性意识在人的理性行为选择时的影响。把理性选择的意识活动简化为单纯的理性思维,不仅减轻了经济学在分析经济行为时的许多负担,而且也使它对经济行为模式的分析具有明晰性与可操作性,从而数学计算与逻辑推理成为经济学的便利分析工具。

而在西蒙看来,传统西方经济学通过完全理性假设,只问结果而不问过程,回避了选择过程中的意识活动分析,这正是传统经济分析不符合实际的根源所在。事实上选择者对其目标的追求不是一蹴而就的。理性选择是一个渐进的过程,当选择者追求选择目标时,要遇到各种条件的限制,有些限制因素因为信息通道的障碍是难以预期的,这些因素都决定了选择是一个不完全的过程。[①] 这样,西蒙把对社会与经济系统中行为主体理性选择行为的研究引向了心理学。西蒙认为,人在进行行为选择时,心理过程是个不容忽视的环节。心理学中的理性注意选择过程而非结果。他指出行为人的真实选择不可能具备完全理性,知识的不完备性、预见未来的困难性以及备选行为范围的有限性,决定了完全理性在实际行动中是不存在的。1947 年他在《管理行为》一书中首次正式提出有限理性的定义,即行为人"主观上追求完全理性,但客观上只能有限地做到这一点"的行为特征。

新制度经济学接受了这一观念,对新古典经济学的完全理性假设进行了修正。在诺思看来,人的有限理性包括两个方面的含义:一是环境是复杂的,在非个人交换形式中,人们面临的是一个复杂的、不确定的世界,而且交易越

---

① 刘少杰. 国外社会学理论[M]. 北京:高等教育出版社,2006. 494.

多，不确定性就越大，信息也就越不完全；二是人对环境的计算能力和认识能力是有限的，人不可能无所不知。①

认识到行为主体的有限理性对于制度分析至关重要。正因为人的理性是有限的，所以如威廉姆斯所指出的，所有复杂的协议、契约、合同都不可避免地是不完全的。事实上，制度与人有限理性的关系主要在于：一方面，制度的诱因机制正是通过行为主体的理性来发挥作用；另一方面，制度存在的重要意义之一就在于制度可以通过设计一系列规则减少环境的不确定性，提高人们认识环境的能力，从而在一定程度上克服行为主体理性的有限性。此外，从制度差异与制度变迁的角度看，由于环境的不确定性、信息的不完全性以及人的认识能力的有限性，每个人或者人在不同时期对环境反应所建立的主观模型也就不同，从而导致制度的差异与变迁。

2.5.4.5 关于人的行为的假设3：机会主义行为倾向

机会主义行为倾向是指人具有随机应变、投机取巧、为自己谋取最大利益的行为倾向。用经济学术语来定义，所谓人的机会主义倾向是指在非均衡市场上，人们追求利益内在、成本外化的逃避经济责任的行为。②

行为倾向，不是现实行为，是人性中所具有的当条件具备时很可能从事某种行为的特性。当五个条件同时具备时，机会主义行为很可能发生：①人的自利动机在人进行行为决策时发挥主导作用；②这一行为具有外部性；③契约双方的效用函数不一致；④契约的不完全性；⑤信息不对称。具体分析如下：

第一，如2.5.4.3所提出的人的行为动机的假设，人具有物质财富最大化与非物质财富最大化双重行为动机，人在具体进行行为选择时是基于对这二者的权衡，因此人的行为会表现为自利与他利，而非传统西方经济学所称的完全的自私自利。因此，从人的主观因素来讲，人只有在自利动机压倒了他利动机而发挥作用时，才有可能选择机会主义行为。

第二，可称为机会主义的行为，是行为人将自己获利建立在损害对方利益基础上的行为，即利益自己享受，而成本由他人承担，所以这一行为一定是具有外部性的行为。最典型的具有外部性的行为就是，如威廉姆森所指出的，人

① 转引自卢现祥．新制度经济学[M]．武汉：武汉大学出版社，2004．4．

② 转引自卢现祥．新制度经济学[M]．武汉：武汉大学出版社，2004．6．

为造成信息不对称的行为——“旨在造成信息方面的误导、歪曲、搅乱或混淆的蓄意行为”。人为造成的信息不对称，是指行为人为了获得契约规定利益之外的利益，故意违背信息披露义务，不披露应该披露的信息，或披露错误的信息，所造成的契约另一方因缺乏应有信息而错误选择并承担损失的情况。

第三，机会主义行为只可能发生在契约双方效用函数不一致的情况下。如果契约双方效用函数一致，则会出现激励相容，那么契约主体不会有动机采取机会主义行为，因为损人必损已，利己必须要利人。但是现实生活中有很多契约的性质难以保证激励相容，比如，委托代理契约就是一种典型的契约双方效用函数不一致的契约，这就为机会主义提供了滋生的空间。

第四，机会主义行为只可能发生在契约不完全的情况下。所谓完全契约是指，缔约双方都能完全预见契约期内可能发生的重要事件，愿意遵守双方所签订的契约条款，当缔约方对契约条款发生争议时，第三方比如说法院能够强制执行。不完全契约正好相反。由于人的有限理性，外在环境的复杂性、不确定性，信息的不确定和不完全，契约的当事人或契约的仲裁者无法证实或观察一切，就造成契约条款是不完全的。① 不完全契约不能包罗一切能够保护双方利益的规则，这就为机会主义者钻空子留下了空间。

第五，所谓信息不对称是指这样一种情况，缔约当事人一方知道而另一方不知道，甚至第三方也无法验证，即使能够验证，也需要花费很大物力、财力和精力，在经济上是不划算的。信息不对称是机会主义行为的前提之一，如果缔约双方能够完全相互监督契约执行的全过程，不存在信息不对称，如若有一方钻空子立刻会被另一方发现，钻空子的一方将不再会有预期收益，反而会受到加倍的处罚，那么就不会选择机会主义行为。由于机会主义者需要这种信息不对称，甚至信息不对称的程度决定了机会主义者实行机会主义的获利机会与获利程度，因而机会主义者可能会在利益驱动下故意制造或强化这种信息不对称。因而信息不对称的产生原因有客观存在与人为主观制造之分，或称为外生的不对称信息与内生的不对称信息之分。所谓外生的不对称信息是指自然状态所具有的一种特征、性质和分布状况，这不是由交易人造成的，而是客观事物本身所具有的。内生的不对称信息，是指契约签订前后人为所造成

① Grossman, G. and Hart, O., 1986. The Costs and Benefits of Ownership: A Theory of Vertical and Lateral Integration[J]. *Journal of Political Economy*, 94: 691～719.

的一方缺乏应有决策信息的情况。不论何种原因造成的信息不对称，都可能会被机会主义者利用并造成危害，即逆向选择与道德风险。逆向选择是由事前（契约签订之前）的信息不对称造成。由于事前的信息不对称，交易一方以次充好导致价格的信号作用扭曲，从而诱使交易另一方做出错误选择，其后果是致使市场机制运行的结果缺乏效率，甚至有可能造成市场不存在。道德风险是由事后（契约签订之后）的信息不对称造成。当契约是完全保险契约时，担保方承担随机事件的全部风险，那么被保险方可能会不考虑自身行为的后果对风险的影响，从而任意行动，导致风险增加使担保方受损。

机会主义行为倾向的假设，最早是由威廉姆斯提出的，这是对人性假设的进一步充实，从而增强了经济理论对现实问题的解释力。认识机会主义行为倾向的重要制度意义在于了解机会主义的危害并形成有效防止或抑制机会主义的制度策略。机会主义行为倾向成为人性假设的一个内容，说明机会主义行为很可能发生，但也并不必然发生。机会主义行为倾向成为现实的行为选择，必须具备五个条件，那么，防止或抑制机会主义就可以从这五个方面去健全制度。当然，具体而言，针对不同的环境和所研究的社会经济领域，关于这一问题会有不同的解答。笔者将在下文基于所要研究的主旨对这一问题进行探讨，在此暂时不再赘述。

2.5.5 基于社会契约机制对政府绩效困境的分析1:社会契约关系分析

如前所述，社会契约关系包括广泛的社会契约关系与政府契约关系，前者是社会个体之间的相互关系，后者则是社会与政府之间的相互关系。本书旨在研究政府绩效问题，所以把着眼点放到政府与社会的契约关系上。按照社会契约论的思想，契约政府是基于社会契约而建立的受托行使公共权力的强制力垄断机构。公共权力是在人类社会群体中被用于处理公共事务的权力。它是由社会共同需要而产生的，其目的是维护公众利益。政府的根本角色是公共权力的代理人。在公共权力委托代理这一基本框架之下，政府承担了公共事务方面的广泛的受托责任。具体来讲，这一契约关系具有以下特点：

第一，如同所有的委托代理契约关系，政府与社会（公众）之间具有信息不对称。政府处于信息优势，而社会（公众）处于信息劣势。

第二，社会契约的性质是关系性契约或无限期契约。政府与社会（公众）之间就公共权力建立委托代理契约关系时，往往没有确定的期限。这一社会契约关系中，社会契约运行的成本受到很大的不确定性的影响。为了限制这一不确定性的严重程度，现代民主国家往往在这一无期限的社会契约关系中，增加一些有助于保障社会契约运行的短期或中期契约，如年度预算、政府任期等，这些都是以法律或制度为外在形式辅助社会契约关系运行的契约。

第三，在社会契约这一关系性契约中，为了降低社会契约运行的成本，需要制定一些制度辅助社会契约的运行。这些制度本身也是政府与(社会)民众之间的契约。这些契约中，有些是显性契约，具有明示的形式，有些则是隐性契约，没有明示的形式。比如，绩效契约，就是隐含在社会契约运行机制中的一种重要的隐性契约。根据绩效契约，政府对公众所承担的公共受托责任应包括两个方面：一方面政府应从公众利益出发管理公共事务，用最经济有效的方法管理和使用公共资源；另一方面政府应公开披露其行使公共权力和履行公共受托责任的情况，提供公共管理效率和公共资源使用效益的信息，并接受社会公众的监督。然而，由于衡量、评价等等方面的困难，绩效契约的履行往往无法全部通过相关法律、法规实现有效的保障。所以，绩效契约的实施还要依赖利益机制、竞争机制与伦理机制等等的综合约束。此外，由于绩效契约作为隐性契约所特有的动态性和连续性，不同历史条件下，衡量政府履行公共受托责任的标准也是发展的。从世界范围来看，各国政府绩效标准的发展历程大体经历了从合法性到效率性到兼顾公平(包括代际公平)的效果性。此外需要注意的是，前述探讨的是一般意义上的绩效契约。如果考虑到绩效契约的具体形式，政府预算制度就体现为一个政府与社会(公众)之间订立的契约——预算契约，其目的也是为了保障政府绩效，但它是一种显性契约，其表现形式是立法机构批准的预算条款。政府预算契约得以履行的基本保证是国家宪法、预算法等相关法律法规。所以政府预算契约可以视为一种具有明示形式，以预算遵循性为绩效标准的绩效契约。

第四，从契约条款对契约人利益保障的完备程度来看，政府与社会之间所建立的委托代理契约是不完全契约。在一定意义上讲，契约是人作为利益个体为了实现合作而解决激励问题的一种机制。每个人都有其各自的利益倾向，这一利益很难与其他个体利益、个人所属的团体利益、社会的整体利益相一致。契约的作用就是对这些利益冲突进行协调，基于实现集体理性的契约目的，确定各契约主体的权利义务。契约实现激励的程度取决于它们能够在多大程度上确保各利益主体在采取行动时兼顾自身利益与契约目标的实现，所以，有效的契约机制至少应具有三个基本特性：①契约是契约各方自愿达成的；②契约能够兼顾各契约主体的利益，因为只有在对各方都有利（至少无害）的时候，它们才有可能被接受；③具有惩罚机制，即契约一旦达成，契约主体违约要承担违约成本。

显然，完全契约可以完全彻底地解决契约各方的激励问题。它精确地规定了契约各方在每一种可能的情况下做什么以及如何做，并恰当地安排了每一个可能事件中所发生的成本收益的分配。这样就会使得每一方都能发现遵守契约条款是最优的选择。可见，契约的结果完全取决于最初契约的设计，如果最初的设计是有效率的，那么完全契约就会实现契约目的。这就要求完全契约的最初设计必须建立在对契约实施进行精确计划的基础上。

然而，现实政治经济生活中，完全性的社会契约不可能达成，主要原因有以下几个方面：①社会契约主体的有限理性。作为社会契约主体，不论民众或民众团体还是政府官员或政府官员组成的政府，都不可能具有完全的理性。社会契约主体若想达到完全理性，必须掌握关于社会事务及其可能变化的完全信息。这显然是不可能的。②社会契约环境的不确定性。社会契约是社会与政府关于公共事务的委托代理契约，公共事务范围广泛，情形复杂多变，社会契约主体必然面临严重的环境不确定性。③社会契约成本的局限。即使社会契约主体能够对社会环境有较准确的把握和预测，行为选择方面能够很大程度地避免非理性，也不可能达成完全契约。因为收集信息的成本、处理信息的计算成本以及代表不同利益的个人和利益团体之间利益关系协调的复杂程度，都会导致社会契约成本过高，完全性的社会契约不可能达成。④多重委托代理的信息耗损。社会契约的运行机制包括一个由民众——政治委托人——政府官僚机构……——政府官员构成的多重委托代理链条，每一个环节上的行为主体都是有限理性的，都面临着不确定性的契约环境和契约成本的局限，这必然会增加社会契约过程中的信息耗损，从而加剧了社会契约的不完全性。

根据本书在2.5.4.5所分析，具有机会主义行为倾向的行为主体现实选择实施机会主义行为必须同时具备五个条件：①人的自利动机在人进行行为决策时发挥主导作用；②这一行为具有外部性；③契约双方的效用函数不一致；④契约的不完全性；⑤信息不对称。据此，综合上述社会契约关系的分析来看，政府与社会（公众）之间的信息不对称与社会契约的不完全性，是社会契约关系中客观存在的，这为具有机会主义行为倾向的社会契约主体采取机会主义行为提供了可能，但是，这并不必然导致政府绩效困境。政府是否会陷入绩效困境，最终将取决于两点：第一，政府行为主体（包括政府机构与政府官员）在进行行为决策时，是否一定是其自利动机发挥主导作用；第二，政府行为主体与社会公众的效用函数是否一定存在冲突。这两点是相互联系的。如果政府行为主体选择自利，那么其效用函数往往与公众利益存在冲突。反之，如果政府行为不一定选择自利，那么其效用函数也就不一定与公众利益相冲突，从而，政府绩效困境并不必然发生。

2.5.6 基于社会契约机制对政府绩效困境的分析 2：社会契约的目的及实现标准分析

社会与政府之间是委托代理的契约关系，那么，在理想状态下政府活动应致力于实现社会契约目的——实现集体理性，维护公众利益。然而如何判断政府这一使命的履行情况？标准是什么？

一般来讲，私人组织的使命是为股东创造财富。虽然它们可能有各种各样的产品，但是用于衡量其使命履行情况或者说衡量其成果的标准统一是可以用货币计量的利润或者利润潜力。人们可以通过衡量私人组织的利润或利润潜力，来获知私人组织履行使命的情况。然而，政府的使命很难完全用货币化指标来衡量。即使只从经济角度来看，它也至少包括经济效率与公平两个方面。前者涉及经济馅饼的大小，后者涉及经济馅饼在社会成员之间分割的公正性。效率与公平都很难完全用货币性指标来衡量。并且效率与公平常常不一致。有效率可能会加剧不公平，有公平却可能导致低效率。更为严重的是，一个社会关于什么是公平，意见也往往不一致。正如 Stokey & Zeckhauser 所指出，“如果政策选择可能产生的各种混合结果以单一属性如货币计量来衡量，那么就不难决定多比少好（或当你在谈到成本时，少比多好）……麻烦的是多数政策建议用于各种各样目的，并且它们的结果可能描绘为不止一项属性……没有哪种结果的各项属性都是最好的，也没有现成的便利机制，能够将所有的属性归纳为共性。这个‘复合属性问题’无所不在，从而难以在结果中确定我们的偏好。”①

---

① Stokey, Edith, and Richard Zeckhauser. *A Primer for Policy Analysis*[M]. New York: W. W. Norton. 1978. 117.

社会契约目的实现程度的衡量难度，不仅对公共决策造成了困难，也为社会契约主体评价政府契约责任的履行带来了障碍。这加剧了社会契约的不完全性，并且增加了处于信息劣势的契约主体对社会契约履约过程的控制难度。

2.5.7 基于社会契约机制对政府绩效困境的分析 3：政府官僚机构与政府官员的行为分析

笔者认为政府官僚机构行为与政府官员行为并不完全是一回事。一方面，机构权力的实施与职责履行必须依靠政府官员。另一方面，机构存在的意义在于其使命，机构的使命与环境对政府官员的行为具有塑造作用。所以，本书以下的行为分析将兼顾政府官僚机构与政府官员，同时将机构的使命与环境作为政府官员行为的重要影响因素。

理想主义的政治理念往往推崇选拔德才兼备的人担当政府官员，但政治生活的现实是，政府官员毕竟不是圣人，不可避免具有普通行为主体的人性特征。行为主体的人性特征是决定其行为动机的根本因素。政府官员的行为与公众利益密切相关，但这种关系是正相关还是负相关，根本取决于政府官员的行为动机。当然能力也是一个影响因素，但相比之下，行为动机的影响是根本性的。因此政府官员的行为动机是认识政府绩效困境的重要分析点。那么政府官员在从事政府活动时到底会有什么样的行为动机？

关于这一点，理论界存在很多争议。公共选择学派代表布坎南指出，人在政治领域中的行为动机与在经济领域中的行为动机应是一致的，所以政府官员的人性假设应该是“自利的、理性的效用最大化者”。按照这种假设，“个人是根据他们所受到的约束，为追求效用极大化而行动的，并且如果要对所有实际行为做出分析，就必须对效用函数进行专门论证。个人被构造为寻求自己私利的人，这种私利就其狭义而言是由预测和预期的纯财富状况衡量的。”[①] 公共选择学派另外一个代表尼斯坎南则将这一基本假设进行了深化。1971年，尼斯坎南出版了《官僚与代议制政府》一书，试图对现代社会普遍存在的政府预算扩张与政府机构膨胀现象做出解释。他认为，官僚的效用最大化会导致他们追求预算最大化。他认为，官僚的效用函数中包括以下因素：薪金、津

① (美)詹姆斯 ·M．布坎南．自由、市场与国家——80年代的政治经济学[M]．上海：上海三联书店，1989．36．

贴、声誉、权力、恩惠、产出、进行改变的容易度、管理官僚机构的容易度。除了最后两个之外,这些因素都是预算的正的单调函数。因此,预算规模越大,官僚们的效用就越大。所以,官僚从事政府活动的行为动机是最大化他们的预算。在这一分析基础上,尼斯坎南认为,官僚的预算最大化行为对预算结果有着重大影响,这会导致公共物品过度供给、政府生产无效率以及公共部门规模膨胀。①

理论界其他学者对尼斯坎南的观点提出了质疑。Blais & Dion (1991)归纳了30多年来积累起来的经验检验之后指出,尼斯坎南的分析只能解释非常少的官僚行为,在许多情况下,官僚并不追求预算最大化或者不能成功地实现预算最大化。② Dunlevy(1991)指出,作为一个关于官僚机构的预算决策的模型,尼斯坎南模型是不准确的。该模型没有分析官僚机构预算构成的复杂性,也没有分析官僚机构的复杂性,从而将官僚(高级和低级官僚)的预算决策简单化了。在Dunlevy看来,官僚尤其是高级官僚并不一定去追求预算最大化。他指出,公共部门的雇佣体系使得高级官僚的福利主要紧密地与他们的工作的特征而不是经济上的效用联系在一起。高级官僚最感兴趣的是将他们的地位和工作的质量最大化。③ Wilson(1989)则指出,对官僚机构来说,常常存在其他比预算更重要的目标。其中,组织维持是行政官员的特殊责任。组织维持是指各种组织继续运行必需的资源。和私人机构不同的是,对于一个政府官僚机构来说,组织维持不仅需要资本(预算拨款)和劳动力(雇员)的流入,而且还需要政治支持的流入。在某些情况下,政府官僚机构的维持还需要有效地消除或对付来自挑战者的威胁,此时,政治支持是非常重要的。④

① 1974年,米格和毕朗哥对尼斯坎南的这一观点提出不同意见。他们认为,官僚们最关心的是管理的自由裁量,从而只有自由裁量的预算——收入超过最低成本的部分——才是官僚真正想最大化的。1991年,尼斯坎南修正了官员预算最大化的假设,接受了米格和毕朗哥所提出的自由裁量最大化的假设,认为政府预算决策的目标是追求预算的自由裁量最大化。但是考虑到预算的自由裁量依赖于总预算,所以理论的基本框架并没有变。

② Blais, Andre and Dion, Stephane. Eds. *The Budget-maximizing Bureaucrat: Appraisals and Evidence*[M]. Pittsburgh: University of Pittsburgh Press, 1991.

③ Dunlevy, P. *Democracy, Bureaucracy and Public Choice* [M]. New York: Prentice Hall, 1991. P200～209.

④ Wilson, James Q. *Bureaucracy* [M]. New York: Basic Book, 1989. 181.

综合上述观点可见，公共选择学派在对行为主体的行为进行分析时，倾向于将组织行为完全归结为个人行为，而没有充分考虑组织使命与社会环境等因素对行为主体的影响。这样的思路，简化了对行为主体行为特征的概括，降低了将行为主体的行为动机纳入数理化模型的难度和模型分析的复杂程度，但是由于他们忽略了组织环境、社会文化等因素对行为主体的重要影响，导致公共选择理论关于对政府绩效结果的解释力降低。

政府官僚机构行为属于组织行为，政府官员行为属于个人行为。组织行为有什么特点？组织行为与个人行为之间是什么关系？组织行为可否完全归结为组织成员个人行为？早在20世纪30年代巴纳德所提出的组织平衡论就试图解答这些问题。巴纳德一方面强调组织的最终目的是实现组织存续与发展，另一方面又强调组织是由个人行为所构成的系统，为了实现组织的存续与发展，组织成员必须愿意并且确实能够进行正式协作，即为实现组织的共同目标作出贡献。这就要求组织实现两个平衡：对外平衡与对内平衡。前者要求组织作为一个整体能够适应社会要求与环境变化而得以维续，后者要求组织创造必要的“诱因”，并把这些诱因分配给成员个人，使其获得一种贡献与满足的平衡。巴纳德指出，“诱因”是指组织所提供的吸引组织成员的因素，例如物质待遇、声誉、地位和共同理想等。根据巴纳德的组织平衡论，政府官僚机构的最终目的是实现该机构的存续与发展，这一方面要求它能实现其应有的社会使命，证明其存在的意义，从而能够获得预算拨款、政治支持等资源流入，另一方面又要求政府官僚机构内部成为以组织目标为成员共同目标的协作系统。显然，如果按照公共选择理论所指出的，政府官员是完全追求个人效用最大化的自利人，政府官僚机构将不会成为一个共同目标的协作系统，从而出现集体行动的困境，并导致政府官僚机构的存续危机。

结合心理学、社会学、管理学等领域的研究成果可以发现，人的行为动机是由多种复杂因素综合决定的，个人欲望需求与理性是其中两个重要的方面。管理学家西蒙根据人的理性特征推演出结论，认为“机构基本上决定了其成员的思想状态”。① 他指出，个人的理性程度有限，所以他们需要加入群体和组织来共同应对周围的世界。组织可以改造人的行为，使其适合能够实现组织

① Simon, Herbet A. *Administrative Behavior: A Study of Decision-Making Process in Administrative Organization* [M]. 2nd ed. New York: Free Press, 1957. 198.

目标的理性模式，所以，“理性的人是而且必须是组织起来和体制化的人”。①关于个人如何更加接近理性体制的问题，西蒙指出，只有个人开始依照组织利益的指导做出选择时，才能做到这一点。所以，组织的价值观可能会完全取代个人的价值观，组织会用组织决策过程来替代个人的判断。当这种情况发生时，个人就具有“行政人”的行为特征。“行政人”的行为特征就是会把组织目标作为个人决定的价值前提，对于他人对自己的影响极为敏感并有所反应，对自己与他人的作用有固定的期望，并忠实于组织的目标。西蒙在强调组织目标对成员个人行为的影响时，并没有忽视成员个人需要的满足。关于这一点，他同巴纳德一样，强调成员对组织贡献与组织对个人提供诱因的平衡。所谓“贡献”是指成员可为组织创造的一切有形与无形的资源，如立法机关的拨款、社会的支持、服务对象的满意程度、组织成员所提供的时间和精力等。所谓“诱因”也包括一切有形与无形的、可以为成员提供满足感的事物，它并非完全自利的，也不是只偏重于物质因素。

根据组织平衡论与“行政人”假设，政府官僚机构行为并不能完全归于政府官员行为，用“理性经济人”假设来概括政府官员行为也存在偏颇。政府官僚机构为了存续与发展必须履行一定的社会使命，以获得预算资金与社会支持，而政府官员必须在服从组织理性与满足个人需求之间、物质财富与精神财富最大化之间的平衡点选择行为。关于这一点，社会文化环境与意识形态的影响可以提供进一步的证据。

根据格特·霍夫斯蒂德的文化维度理论，组织与组织中个体的行为动机受其所在文化环境的影响。霍夫斯蒂德确定了民族文化的五个基本维度：权力距离(power distance)、避免不确定性(uncertainty avoidance)、个人主义—集体主义(individualism—collectivism)、刚性气质—柔性气质(masculinity—femininity)、长期取向—短期取向(long-term/short-term orientation)。霍夫斯蒂德指出，特定的民族文化可能是这些因素的结合。权力距离指的是社会接受组织机构权力是不平等分配这个事实的程度。避免不确定性是指社会文化感受到不确定性威胁的程度。个人主义—集体主义是指一个文化连续体，在个人主义一端，社会被看成是松散的、社会成员基本只关心自己的集合体，

① Simon, Herbet A. *Administrative Behavior*: *A Study of Decision-Making Process in Administrative Organization* [M]. 2nd ed. New York: Free Press, 1957. 102.

集体主义一端，则反映了更紧密的社会框架。刚性气质—柔性气质维度，也是一个文化连续体，刚性气质一端以果断、成就、金钱、独立、雄心、雄性气概以及对他人冷漠为特征。柔性气质一端以培育、生活质量、人、环境、相互依赖、服务、雄雌两性气质以及关心他人为主要价值。长期取向—短期取向是指时间性的文化指向。那些具有长期取向的社会注重未来，并且重视节俭和忍耐。那些具有短期取向的社会更注重过去和现在，崇尚传统与履行社会义务。霍夫斯蒂德调查了很多国家，并用以上五个文化维度将之归类后发现，在所调查的国家中，亚洲国家的社会文化倾向于接受权力分配不均等，偏向集体主义，有长期的定向，而位于亚洲以外的其他英语国家的社会文化倾向于个人主义。① 以此推论，研究政府官僚组织与政府机构行为必须考虑到国家社会文化的影响。

基于以上分析，笔者认为，政府官僚机构的行为并不能完全归于政府官员的行为，在一定情况下，政府官僚机构的理性可能会规范政府官员的行为，政府官僚机构与政府官员的行为动机也并不一定就具有完全的自利性，所以他们不一定就会利用委托代理关系中的信息不对称与契约的不完全性而采取败德行为。然而，世界上绝大多数国家发展的经历表明，政府绩效困境是现实存在的，政府绩效困境的一个重要特征就是政府机会主义行为谋取私利，损害公众利益。这就产生了一个问题，即究竟何种情况下，政府官僚机构或政府官员会采取败德行为？笔者认为，这需要引入两个指标，即败德的成本与收益。显然，对于政府官僚机构与政府官员来说，只有当选择败德行为的预期收益大于预期成本时，才有可能真正去采取这一行动。但这并不是一个充分条件。因为这要取决于败德的潜在利益对政府官员的诱惑力。在某些社会文化环境中，由于意识形态的影响，有些政府官员可能会在个人效用函数中给共同理想与社会成就感等精神财富赋予很高的权重，所以除非诱惑非常大，一般他们不会选择放弃职责。所以政府官员是否会基于私利损害公众利益，直接取决于社会环境中对败德行为是否存在足够的牵制因素，败德行为被发现或面临惩罚的概率与轻重程度。所以接下来，本书分析政治家与公众两类主体对政府官僚机构与政府官员的监督行为。

---

① 转引自尼古拉斯·亨利. 公共行政与公共事务管理[M]. 北京：中国人民大学出版社，2002 年.

2.5.8 基于社会契约机制对政府绩效困境的分析4:政治委托人的监督行为分析

现代民主制度下,代议民主制是集体决策的一个重要方式。与直接民主制不同,在代议民主制下,广大公民或投票人并不直接对政府议案或公共政策进行投票表决,而是选举出少数人作为代表,由这些代表来决定所需采取的集体行动。这样在民众与政府官僚机构的委托代理链条之间就出现了政治委托人这样一个环节。作为这样一个中间环节,政府委托人是民众利益的代理人,代理民众行使公共事务委托人的权利,掌握立法、预算拨款审批等权力,同时承担公共事务委托人的职责,即监督政府官僚机构与政府官员的行为。为了回答2.5.7最后一段所提出的问题,笔者认为,关于政治委托人的行为,应当关注两个问题:在政治委托人与政府官僚机构之间的委托代理关系中,政治委托人是否有动机履行监督职责?政治委托人是否有有效的程序或工具实行监督?

首先探讨第一个问题:政治委托人是否有动机履行职责?根据社会契约论对代议民主制设计的理想,政治委托人的活动目标应是维护公众利益。然而,公共选择学派不同意这一观点。1957年,公共选择学派的代表唐斯在其著作《民主的经济理论》中提出这样的假说:政治家也是理性的经济人,他具有与私人生产领域里的消费者、生产者同样的行为动机。“为了达到他们的个人目的,他们制定他们相信将能获得更多选票的政策,正像企业家生产将能获得最多利润的产品一样……”①唐斯认为,政治家所追求的目标不是真理或理想,而是当选连任,他们“是为了赢得选举而制定政策,而不是因为制定政策而赢得选举”。② 分析唐斯的理论可以发现,他否定政治家履行职责的动机,不仅是基于政治家作为理性经济人的行为假设,而且是建立在否定投票机制的效率的基础之上。诚然,民主发展是一个过程,在这一过程中,投票机制也是需要逐渐完善的。如果投票机制能够发展到一定程度,选票所代表的社会支

---

① A. Downs. *An Economic Theory of Democracy* [M]. New York: Harper & Row, 1957.295.

② A. Downs. *An Economic Theory of Democracy* [M]. New York: Harper & Row, 1957.28.

持与政治家职责履行情况相一致，那么唐斯关于政治家履行职责动机的否定也就站不住脚了。

政治委托人是否有有效的程序或工具实行监督？尼斯坎南曾经指出，官僚机构与政治委托人之间的关系是一种双边垄断的关系。在这种关系中，政府官僚机构以公共产品和服务与政治委托人交换预算拨款。政治委托人对政府官僚机构难以实现有效监督，以至于政府官僚机构得以追求其预算最大化的目标。但是在尼斯坎南1991年著作《官僚制与代议制政府反思》中修改这一认识，提出他的新观点：国会委员会和其他预算审核机构不是消极的。而且，预算审查过程中政治委托人通常会设法诱导出额外的信息，并且，在官僚机构与政府委托人之间常常会有各种各样的讨价还价。① 沃肯则调查了预算过程中政治委托人为了控制政府官僚机构而建立的各种预算约束程序。这些预算约束包括：①加强政府中心机构审查、控制和重组公共支出的能力；② 强化预算约束效力的各种方法；③强化公共部门效率管理的预算改革。② 他的结论是，在预算过程中，政治委托人所建立的各种预算约束程度的作用是积极的，“官僚在基本的预算决策中的影响力很小，而且随着权力的集中这一影响力已经变得更小”。③

由上述分析可见，政治委托人往往会通过设置或改进政府预算等工具，对政府官僚机构实行监督。然而，政府绩效困境的客观存在说明，政治委托人的监督并不总是有效的。那么，究竟有什么因素会影响政治委托人监督的效果？政治委托人实现有效监督的制约因素是什么？这些因素是否同样会制约公共权力的初始委托人对公共权力运行的监督？

---

① Niskanen, William A. A Reflection on Bureaucracy and Representative Government [A]. Blais, Andre & Stephane Dion (Eds.). *The Budget-Maximizing Bureaucrat: Appraisals and Evidence* [C]. Pittsburgh: University of Pittsburgh Press, 1991. 22.

② Aucoin, Peter. The Politics and Management of Restraint Budgeting [A]. In Blais, Andre & Stephane Dion. (Eds.). *The Budget-Maximizing Bureaucrat: Appraisals and Evidence* [C]. Pittsburgh: University of Pittsburgh Press, 1991. 120.

③ Aucoin, Peter. The Politics and Management of Restraint Budgeting [A]. In Blais, Andre & Stephane Dion. (Eds.). *The Budget-Maximizing Bureaucrat: Appraisals and Evidence* [C]. Pittsburgh: University of Pittsburgh Press, 1991. 138.

2.5.9 基于社会契约机制对政府绩效困境的分析5:公民的政治参与行为分析

公民是公共权力的初始委托人,是公共财产的终极所有者。根据社会契约实现机制的委托代理链条,公民有权对政治委托人与政府官僚机构实施监督,有权对公共财产的保值增值情况实行监督。公民的这些权力行使都是通过公民对政治的参与进行的。那么现实政治生活中,公民的政治参与情况如何?

唐斯认为,投票是最普遍的公民参与形式。通过对选民投票行为的观察与分析,他发现,选民在政治选举活动中倾向于选择理性的无知(rational ignorance)。① 理性无知的外在表现是公民对政治活动的冷漠,而其内在实质是一种基于个人收益成本计算的理性行为。唐斯指出,选民是利益最大化的理性投票人,选民参与投票的政治热情取决于投票人关于投票收益预期与投票成本预期的对比。投票收益预期主要是指选民投票对政治活动结果的影响所能给选民个人带来的利益预期。投票成本预期主要包括选民做出满意的投票决策所需要投入的必要的信息成本预期。显然,投票收益预期相对于投票成本预期越高,那么对选民投票的激励就越高,选民的投票热情就越高。

在人口众多的民主国家中,有两个因素导致选民对个人投票收益的低预期:①政治活动结果的非排他性。政治结果都属于公共物品,所以往往是非排他的,个人无需怎么活动就能获得这些结果,所以选民对自己投票的边际收益预期往往很低,并倾向于采取"搭便车"。②选民个人投票行为的影响力。唐斯指出,选民作为政治市场中的政治需求方,其影响力远远小于私人选择市场中消费者的力量。在私人选择市场中,消费者能通过购买私人物品直接影响市场结果,但个别选民几乎不能控制公共选择方面的投票结果。随着选民规模的增加,选民投票的影响力是极低的,这就导致选民对个人投票收益的低预期。

由于选民是理性的投票人,当他对个人投票收益预期很低时,只有他对信息成本预期也很低的情况下,选民才可能有激励积极参与投票。然而公共选

① (美)乔·B.史蒂文斯.集体选择经济学[M].上海:上海三联书店,上海人民出版社,2003.220~233.

择具有复杂性与不确定性，选民若想获得足够的信息量，必须承担高额的信息成本。这一信息成本包括信息搜寻成本与信息处理成本等等。其中信息搜寻成本是信息搜寻过程中的成本。空间上的信息存量的有限，迫使个人尽量去延展其活动的领域，以期获得更大信息流量。而这样做的代价在经济学里被视为赶路成本，其游历的空间范围越大，信息量也就越大，同时赶路成本就越大。时间的有限对信息获取的约束也是显而易见的。个人为了在有限的时间分配使用方式上浏览更多的信息，就必须对放弃其他的时间安排方式做出抉择，表现为一种机会成本。这种机会成本有时也是相当高昂的。①

可见，理性的无知往往是公民对参与政治活动的收益与成本预期的理性行为选择。他们往往认为，基于追加信息的行动会劳而无功或所获甚微。因此，即使公民知道自己是公共权力的初始委托人，是公共财产的终极所有者，他们也往往对公共权力的运行过程与公共财产的保值表现出理性的冷漠，也就没有激励去实行对政治委托人与政府官僚机构的监督权，以及对公共财产保值增值情况的监督权。

此外，笔者认为，还需要补充一点的是，不能根据选民理性无知这一普遍现象，就可以倒推回选民是自利的理性经济人。也可能会有选民不惜成本积极投身于一项事业，这可以理解为意识形态的作用导致选民的效用函数中精神信仰成为一个最重要的效用影响因素。不过，即使这种情况下，信息成本也会在选民的行为决策中发挥作用。如 2.5.4.3 所指出，个人为表达他们自己价值和偏好所付出的代价越低，精神财富价值在他们所作的决策中就显得越重要。

2.5.10 综合解读

“国家悖论”、“政府失灵”等所有绩效问题的本质都可以归于一个问题，即公共权力委托代理中的委托代理问题。产生这些问题的客观基础在于公共权力委托代理中所特有的信息不对称与这一契约的不完全性，主观基础在于人性中的机会主义行为倾向。

西方近代的思想家在较早时期就指出了人性中的机会主义行为倾向。霍布斯说过：“我认为全人类具有一种普遍的倾向，即一种至死方休、永不停止的

① 郑也夫.新古典经济学“理性”概念之批判[J].社会学研究，2000(4).

追求权力的欲望。而造成这种情况的原因并不总是因为人希望获得比他业已获得的还要多得多的快乐，或者是因为他不满足于拥有比较适度的权力，而是因为他不能确保在不获取更多的权力情况下能很好地保住他目前已经拥有的权力和手段。”①洛克在用契约论论述政府起源的同时，也表达了对人性的强烈的不信任，并据此提出分权理论。洛克说：“谁认为绝对权力就能纯洁人们的气质和纠正人性的劣根性，只要读一下当代和其他任何时代的历史，就会相信适得其反。”“如果同一批人同时拥有制定和执行法律的权力，这就给人们的弱点以绝大的诱惑，使他们动辄要攫取权力，借以使他们自己免于服从他们所制定的法律。并且在制定和执行法律时，使法律适合他们自己的私人利益。”②卢梭在其《社会契约论》中提出人民主权思想的同时，也注意到政府官员的机会主义行为倾向。他指出，行政官吏身上实际有三重意志：一是国家意志，倾向于维护公众利益；二是团体意志，倾向维护政府的团体利益；三是个人意志，倾向于维护其自身的个人利益。所以他就可能为了私利或政府团体的利益滥用职权，违背全体人民的利益。

可见，委托代理这一环节，使公共权力的运行成为现实，但这也同时带来了委托代理关系所特有的委托代理问题。在一种理想状态下，作为受托者，政府官员应以维护公众利益为己任，然而现实中，他们的个人利益并不总是与全体人民的公众利益保持一致，并且，公共权力的运行特点又使得委托人（全体人民）与受托人（政府官员）之间必然存在着信息不对称，从而，委托代理问题成为公共权力委托代理必须解决的一个问题。

这里需要强调的是，契约政府在发挥不同功能时，公共权力委托代理的具体形式是不同的，可能存在的委托代理问题也具有不同的特点。在社会资源管理方面，政府对私人产权的保护不是直接运营私人产权，而是体现为供给公平的制度环境等方面，其实质更接近于一种仲裁权，这种情况下代理问题对社会财富的影响是间接性的。而政府对公共产权的保护，是建立在公共产权运营权的委托代理上，其代理成本是公共财产的直接损失。与股份公司的委托代理结构相比，全体国民作为公共产权的终极所有者，却并不拥有退出权。当政府与国民或其民意代表机构之间严重信息不对称时，政府对公共产权拥有

① （美）乔治·霍兰·萨拜因．政治学说史（下册）[M]．北京：商务印书馆，1986．522．

② 转引自王馨．重在“避恶”[J]．长沙航空职业技术学院学报，2003(9)．

绝对的实质控制权，却几乎不承担任何风险。这样一种结构必然意味着很高的政府代理成本的风险。

所以，在可能存在委托代理问题的情况下，一个社会要想实现良好运行，必须具备某种制度安排，对受托人进行监督或激励。政府绩效概念正符合了这一要求。首先，政府绩效概念的引入确立了政府与国民之间的责任关系，一方面强调政府履行公共受托责任的职责，另一方面强调国民对政府履行公共受托责任的监督权。第二，政府绩效概念可以提醒人们建立一个激励约束机制，即根据绩效情况决定政府受托责任的解除或是对政府进行问责。第三，随着人们对委托代理关系以及委托代理问题的认识不断加深，政府绩效的相关内容也在不断丰富与发展。

那么，契约社会是否永远走不出政府绩效困境？答案是否定的。由本节的分析可见，即使委托代理问题的客观基础与主观基础同时存在，即公共权力委托代理中的信息不对称与社会契约的不完全性、人性中的机会主义行为倾向同时具备，也并不必然导致契约政府的绩效困境。最终导致契约政府绩效困境的直接原因在于社会契约机制中监督激励的缺乏，具体表现为公民的理性无知与政府委托人的监督失效。而产生这些问题的根本原因又是由于监督的信息障碍。

因此，可以说，契约政府绩效问题的程度取决于社会契约机制中的监督激励，而社会契约机制中的监督激励又是实现监督所需要的信息成本与监督所获得效益的函数。降低公民获取公共权力运行与公共产权信息的成本，同时提供一定的激励（精神信仰等意识形态的作用或者直接物质利益激励），会有助于提高公民政治参与的热情。[①] 在公民监督积极性提高的社会环境里，如果政治委托人是自利倾向的，那么他对政府官僚机构的监督绩效将会直接影响其连任与否，这会提高他恰当行使监督权的积极性。如果政治委托人是他利倾向的，那么根据 2.5.4.3，实现精神财富价值不能总是以牺牲个人财富为代价，当物质财富机会成本越小，物质利益损失越小，理想、意识形态等精神财

① 近几年，新加坡等国家地区实行向公民分配政府财政盈余的作法，就可能会产生一种直接物质利益激励的作用，这会培养公民一种意识——政府绩效直接影响到每个人的切身利益，从而提高公民监督政府活动的积极性。详见 http://msn.ynet.com/view.jsp?oid=28482346。

富价值在个人选择中可能会占据越重要的地位，因而政治委托人行使监督权的积极性仍然会受到鼓励。不论是公民还是政治委托人，所需要耗费的信息成本越低，行使监督权的激励就越高。在这样的基础上，如果政府官员在面临利益诱惑时，选择败德行为，被发现的概率就会越高，潜在成本就会越大。也就是说，实施监督的信息障碍的程度与政府官员选择实施败德行为的概率是成正比的。

可见，解决社会契约机制中的信息不对称是解决契约政府绩效困境的根本途径。面临严重的信息不对称时，即使公民、政治委托人、政府官员不是公共选择理论所声称的自利的理性经济人，也会由于信息成本过高，选择不作为，或由于追求不到精神财富而放弃他利和贡献的动机。公共选择理论往往把政府失灵首先归于政府官员的自利性，但是从上文分析可以看出，只要存在严重的信息不对称，即使放松这一自利性的假设，政府失灵仍然可能会发生。

此外，这一结论对于理解和分析诺斯的国家理论也是有意义的。在信息不对称的格局里，拥有信息意味着知情方拥有一种保护自身利益的资源，这体现为一种潜在的能力，在一定条件下，可以转化为一种利益保护的力量优势。所以公共权力运行信息在社会契约各方的分布情况，是诺斯在国家理论中所论述的“暴力潜能”分布情况的基础决定因素。解决了社会契约机制中监督机制的信息成本问题，才有可能保障“暴力潜能”的均衡分布，政府也就有希望真正成为民众的政府。

第三章

权责发生制政府会计改革分析的逻辑基础：透明度、绩效治理与政府会计

由第二章的分析可以看到，为避免契约政府陷入绩效困境，其中一个关键要解决的问题是消除社会契约机制中的信息障碍。这就要求在一定程度上确保政府运行的透明度。那么，社会契约机制对政府运行的透明度有哪些要求？社会契约运行机制的历史沿革中逐渐演变出哪些有助于提高透明度的制度安排？这些制度安排本身在提高透明度方面还存在什么局限？如何解决？权责发生制政府会计改革在提高透明度方面又有什么意义？这些问题是本章基于上一章讨论要解决的问题。

3.1 社会契约机制对政府运行的透明度的要求[①]

由第二章社会契约关系的分析可见，政府与社会（公众）之间一旦建立了社会契约关系，那么就意味着，政府与社会（公众）之间建立了一个保障社会契约关系正常运行的隐性契约——绩效契约。这一契约要求政府对公众承担两方面的公共受托责任：一是政府应从公众利益出发管理公共事务，用最经济有

① 透明度原本是物理科学领域中的词汇，是指物体所具有的一种能被看透的属性，近几十年来这一概念的含义得到比喻性延伸，被管理学、经济学乃至政治学等文献广泛采用，意味着公开、沟通以及受托责任等等。在这些领域，透明度或者成为一个重要的原则，或者成为制定标准与原则的一个重要依据。

效的方法管理和使用公共资源;二是政府应公开披露其行使公共权力和履行公共受托责任的情况,提供公共管理效率和公共资源使用效益的信息,并接受社会公众的监督。可见政府运行的透明度是保障社会契约正常运行的必然要求,也是绩效契约中所隐含的政府义务。

3.1.1 制度透明度、会计透明度、指标与预测透明度

Kopits 对透明度给出了较详尽的分析,他把关注政府运行透明度的重点放在财政透明度上,把财政透明度界定为向广大公众公开政府的结构与功能、财政政策意图、公共账户和预测等。这包括,不论从政府外部还是在政府内部,都能够获得可靠、全面、及时、可理解的、可国际比较的政府活动信息,便于选民和金融市场准确地评价政府的财务状况、政府活动的真正成本与利益(包括政府活动的当前与未来的经济与社会意义)。[①] 本书认为,这一观点是可取的,因为公共权力的运行与公共资金运行是一个硬币的两面,所以从一定意义上讲,政府的所有活动,都可以归为财政活动,政府运行透明度与财政(公共资金运行)透明度也是一个硬币的两面。

根据 Kopits 的观点,政府运行的透明度应包括三个维度的要求:制度透明度 (institutional transparency)、会计透明度(accounting transparency)、指标与预测的透明度(transparency of indicators and projections)。这三个维度的具体要求详见表 3-1、表 3-2、表 3-3。

① George Kopits. Transparency in Government Operations[R]. A Paper Prepared for the Conference on Transparency and Development in Latin America and the Caribbean, 2000(5), available in IMF network.

表 3-1　制度透明度的最佳实践①

总体结构与功能(overall structure and functions)

明确划分公共与私人部门的功能。

描述国有非金融企业、国有金融机构与中央政府的运营边界;提供这些企业与机构所从事的准财政活动的成本信息,以及任何由政府资助的财务援助。

明确分配中央政府与下级政府之间的责任与资源。

明确陈述预算外基金运作的原理。

设置有广泛调查政府活动权力的独立审计机构。

预算过程(budget process)

在预算草案中向公众详尽解释财政目标与优先顺序。

公开立法讨论与授权。

预算执行与控制的透明度(包括采购、外包与雇用等各方面)。

绩效结果与财务审计的公开披露。

税收处理(tax treatment)

建立明确的法令基础,避免税收宽减中的任意行为或税收义务中的扯皮现象。

明确行政程序、信息要求、纳税人的权利与义务,以及税务官员的行为守则。

估计税收支出预算。

融资运作(financing operations)

披露政府用于弥补赤字的资金来源与相关条款(利息与到期日)

详细说明政府贷款决策的政策原则以及相关条款、条件。

法规(regulation)

公开立法与行政的程序(比如听证、正式批准等)

明确与简化法令及其实施。

估计法规的相关成本。

---

① George Kopits. Transparency in Government Operations[R]. A Paper Prepared for the Conference on Transparency and Development in Latin America and the Caribbean,2000(5),available in IMF network.

表 3-2　会计透明度的最佳实践[①]

范围(coverage)

包括政府整体(中央政府和各级地方政府在内的普通政府基金和社会保障基金等预算外基金)。

包括国有非金融企业与国有金融机构的准财政活动。

记账基础(recording basis)

使用权责发生制会计,将以货代款交易、借款折扣的成本、负债的变动等纳入核算范围。以现金制会计为补充。

计量与确认(valuation and recognition)

确认并计量政府资产(包括投资与折旧)。

确认并计量政府负债。

公开政府承诺与或有负债的信息。

估计净值。

分类(classification)

公开年度收入的细目。

按经济性质与功能公开支出细目。

按类型、到期日与债权人公开负债与融资的细目

① George Kopits. Transparency in Government Operations[R]. a Paper Prepared for the Conference on Transparency and Development in Latin America and the Caribbean, 2000(5), available in IMF network.

表 3-3　指标与预测透明度的最佳实践①

直接指标(direct indicators) 与总体财政平衡相关的指标，辅之以与流动性项目财政平衡、基本性项目财政平衡和营运平衡相关的指标。 政府总负债、净负债、政府净值估计等。
分析性指标(analytical indicators) 分析结构性和循环性财政平衡的指标。 分析财政可持续性的指标(基于未来利率水平与 GDP 增长率的现实假设稳定债务水平的基本结余) 未设偿债准备金的政府债务现值。 年金缺口。 代际账户。
短期与中期财政预测(short-to medium-term forecasts) 区分基本情形预测与政策预测。 以明确、现实的宏观经济预测和参数为基础。
长期财政预测(long-term scenarios) 明确区分基本情形(政策未发生变化的情况下)和政策发生变化时的情形(尤其是对养老金与医疗保健方案)。 以明确、现实的宏观经济参数与人口统计趋势为基础。

从这三个维度的具体要求来看，透明度的这三个维度不是任意排列的，而是有其内在逻辑层次。首先，制度透明度强调程序的公开，是为了保障国民利益而在机制设置与公共权力运行程序方面的要求，这是实现透明度的基本制度基础，其核心在于通过预算程序(辅之以预算外基金的规范运作)实现对政府的有效监督和制约。

接下来，会计的透明度强调信息公开，是基于上述制度基础的运行，而对

① George Kopits. Transparency in Government Operations[R]. a Paper Prepared for the Conference on Transparency and Development in Latin America and the Caribbean, 2000(5), available in IMF network.

政府活动(包括过程与结果)信息的公开。制度透明度要求政府预算过程遵循程序公开,其中一条是要求政府向议会提交预算报告,并将有关内容详细披露给国民。然而,由于政府预算所固有的或人为造成的复杂程度,国民及其代表机关可能会难以读懂,这就为有些政府机构或其官员滥用公共资金谋取私人利益或狭隘的部门利益提供了空间。而会计透明度要求实事求是地向国民披露政府活动财务信息,从而可以有助于对这些行为进行约束。因此,会计透明度不但是制度透明度在信息层面的延伸,而且是制度透明度的重要补充。

会计透明度也是指标与预测透明度的基础前提。政府活动的原始数据本身是相当杂乱的,很难直接产生有意义的信息。政府会计系统根据一定的规则将其加工处理生成账户信息,为指标分析与预测提供了数据来源。指标分析与预测是为获得进一步信息而对会计信息的深加工。这一步加工是必要而重要的,因为政府可能会为了使过度的财政支出正当化,对经济做出乐观的预测,比如高估 GDP 增长率与未来的税收等。会计信息是历史性的,会计系统本身不直接产生预测数据,而经济发展具有趋势性,通过对历史指标进行分析,基于对未来环境变化的现实性假设,可以形成较客观的预测数据。所以,通过要求指标与预测的透明度,可以对政府不客观的预测行为加以制约。

3.1.2 对外透明度、内部透明度

Kopits 对透明度要求三个维度的划分得到 OECD、IMF 等国际组织的认可,它体现了政府外部主体对政府运行透明度的要求。那么,是否只有政府外部主体需要透明度?

根据第二章的分析,社会契约的运行机制包括一个由民众——政治委托人——上级政府官僚机构——下级政府官僚机构……——政府官员构成的多重委托代理链条。所以,只有当每一环节的代理行为具有透明度时,才可能实现整体政府运行的透明度。为简化起见,本书将对透明度有需求的主体分为两大类:民众(及其政治委托人)、政府官僚机构上级。他们在公共权力运行中所担任的角色不同,分别处于政府的外部和内部。笔者认为,政府透明度应包括对外透明度和内部透明度。内部透明度是对外透明度的基础和必要条件。要想实现政府运行对公众的透明度,首先必须实现下级政府运行对上级政府的透明度。此外,公众对政府运行的透明度需求,不仅有助于促进政府采取各种措施改善其对外透明度,也有助于促进政府采取措施改善内部透明度。

3.2 政府绩效治理机制及其历史演进

政府绩效治理机制是以社会契约思想为核心理念，以强化社会契约机制为最终目的，以公共权力与公共资金运行过程中的政府活动为治理对象，以政府预算、政府审计、绩效评估、政府会计等为主要构件，寻求消除或减少监督的信息障碍以提高监督激励的一套制度框架。政府运行的透明度必须通过绩效治理机制的不断发展与完善才可能得以实现。

政府绩效治理机制是在长期的历史变迁中形成与发展的。这需要具备几个基础：一是意识基础，对政府提出绩效要求成为公民的自觉意识。二是政治基础，这可分解为两个政治条件，一方面是代理公民行使政府绩效要求权的机构的出现，另一方面是该代理机构权力地位的实质性确立。三是知识基础，只有经过科学的管理工具的武装并建立有效的契约履行机制，公民及其代理机构对政府的绩效要求权才可能得以充分而切实地行使。那么，据此追溯历史可以获知：政府绩效治理机制起源于公元前5世纪古希腊的雅典民主政体，发展于近代欧美的宪政运动与效率运动，在20世纪六七十年代以来世界各国的公共管理改革中得到强化，并在继续健全完善之中。

3.2.1 政府绩效治理机制的萌芽

人民民主与公民自由是现代民主国家的两面大旗，而据历史学家的辞源考究，民主（democracy）、自由（freedom），以及实现民主与自由的工具——政治（politics）、法律（law）、共和国（republic）等专用名词，却都是起源于古希腊的雅典共和国。

古希腊雅典城邦民主是人类历史上一种早期的民主政治形态。这一民主政治实践经由梭伦、克利斯提尼、伯里克利等几代政治首脑主导的改革，最终在公元前5世纪左右发展到了高峰。修昔底德在《波罗奔尼撒战争史》中记载了伯里克利对雅典民主政体的经典阐述："我们的制度之所以被称为民主政治，因为政权是在全体公民的手中，而不是在少数人手中。……任何人，只要他能够对国家有所贡献，绝对不会因为贫穷而在政治上湮没无闻。"虽然古希腊雅典城邦民主是一种直接民主，有别于现代意义上的代议制民主，但是在这一民主形态的发展过程中已经出现了政府绩效治理机制的萌芽。

当时雅典民主制度的基本结构主要包括以下内容:①年满 20 岁的成年男人(公民) 被分为 10 个部落,包括 140 个地方行政区;②所有公民组成雅典的最高权力机构——公民大会,法定最低人数是 6 000 人,每年至少召开 40 次代表大会,它解决和处理有关财政、法律、流放、外交等重大事务;③各行政区推选出(通过抽签方式产生,以保证每个人都有出任官职的机会) 自己的代表组成 500 人议事会(任期 1 年,短期内不得再次当选),它是由 30 岁以上的公民组成的公民大会的行政和指导委员会,还负责执行公民大会的决议;④由公民大会直接产生 10 人军事将军;⑤在 500 人议事会中,由成员轮流担任任期一个月的 50 人委员会,该委员会由一位主席负责(每人任职一天),50 人委员会指导 500 人议事会提出议案等。[①]

这一民主制度结构中,虽然不存在完全对应于现代民主制度体系中的立法、行政、司法的机构,但是仍然可以看到,从全体公民到公民大会,从公民大会到 10 人军事将军,从公民大会到 500 人议事会,从 500 人议事会到 50 人委员会,从 50 人委员会到委员会主席,每个环节都存在着公共事务的委托授权。可见,当国家的发展超出了小国寡民的人口规模,不通过任何代理机构而由全体公民亲自直接管理社会,是不现实的。即使是在这种直接民主制下,从全体公民到负责公共事务决策的公民大会,再到负责公共事务执行的 500 人议事会和 10 人军事将军之间也是一个层层委托代理的链条。

为了解决这一委托代理链条中可能出现的代理问题,使公共事务的管理能切实保障全体公民的利益,雅典民主制中相应设置了各种制度安排:①公民大会(Ecclesia)的审查监督权和执政人履责报告制度。公民大会作为国家最高权力机关,不仅具有最高决策权——负责通过法律,解决战争与媾和、城邦粮食供给问题,而且还有权对决策的执行情况进行监督——听取执政官等负责人的报告,审查监督国家官吏,审查和终审陪审法庭的案件并决定国家的其他一切重大事务。②司法民主化的陪审法庭。每年按每部落选 600 人的原则以抽签方式从年满 30 岁的男性公民中选出 6 000 人组成陪审法院,分成 10 个陪审庭,陪审法院成为最高司法机关,负责审理各种主要案件。③对官员任职的审查。官员们任职前要接受资格审查,以决定是否可以任职;任职期间,

① 牛正兰. 古希腊雅典民主政制述论[J]. 西北师大学报(社会科学版),2000(11).

公民大会有权对官员进行信任投票；每个官员在离任前都要接受检查，对其任职期间的行为进行审查。④群众性的监察机制。克里斯提尼制定了“贝壳放逐法”，根据此项法令，每年年初召开一次特别公民大会，讨论是否有人危害国家法制和公民权利，是否需适用“贝壳放逐法”。如认为有必要，就召开第一次公民大会进行公民投票表决，公民把自己认为危险的人的名字写在陶片或贝壳上，凡被大多数人投票认为应被放逐的人，就必须立即离境，10 年内不准回国。

在公元前 5 世纪的古希腊雅典城邦，基于工商业发展所积累的一定经济基础，雅典城邦的公民将切身利益与公共权力运行联系起来，形成关心城邦公共事务管理的自觉意识，这体现了公民对公共事务管理方面的绩效要求。从这一民主制度的基本结构可以看出，虽然每一个公民都有同等的机会去参与到公共事务的管理，但并不是全体公民都能同时参与到公共事务的管理。所以公共事务的有效运行要求全体公民与具体行使公共权力的公民之间建立起来一个委托代理链条，这一委托代理链条的有效性以其暗含着一种严格的契约关系为前提，即公共事务管理者(包括决策者与执行者)受托行使公共权力必须保障公众利益，并对此负责。在层层委托代理中，为了确保这一契约机制不被破坏，防止由于信息不对称和利益不一致所出现的代理问题，雅典城邦管理通过建立公民大会审查监督、执政人履责报告、官员任职审查、群众监督等等制度来实现对公共权力运行的监督和对公民权利的保障。从这些方面来看，古希腊雅典城邦民主中已经孕育了政府绩效治理机制的萌芽。

当然，那时的雅典还处于奴隶社会，这种政府绩效治理机制还相当不成熟。第一，雅典 30 万人口中，拥有公民身份的不足全体居民总数的 1/10，妇女、奴隶和外邦人均不在公民之列。这种公民范围的局限性使雅典民主中“公共”的概念变得扭曲，所以完整概念上的公众利益仍然没有在应受到保护的考虑之列。第二，在这一城邦民主结构中，公共政策的决策者与执行者都是按抽签决定，这虽然体现了一种机会平等的理想，但是由于没有将公共事务管理的知识作为选拔管理者的重要因素来考虑，决策的科学性难以保证，决策执行的质量也势必受到影响。第三，由于缺乏科学管理工具的武装，公共权力运行监督机制的有效性也会到限制。

尽管古希腊雅典城邦的民主政体存在种种不完善，并在公元前 4 世纪晚期终结于马其顿的征服，然而，其中所蕴涵的政府绩效治理机制的萌芽伴随着民主思想的传播在后世源远流长，并在近代欧美的宪政运动与科学管理运动中得以发展成形。

3.2.2 政府绩效治理机制的形成与发展：近代欧美宪政运动和政府效率运动

公元前5世纪，古希腊雅典城邦的民主制体现了民主思想的萌芽，但不论其形式与内容都尚不完备。从形式上看，它是一种原始的直接民主制，统治者与被统治者的身份重合，公民作为国家的主人直接管理自己的事务。它表达了公共事务大众参与的理想，却背弃了公共事务科学管理的原则。从内容上看，在这种民主政体下所建立起来的政府绩效治理机制，无法真正有效地保障公众利益。绩效思想与其所出自的政治经济文化基础之间有一种互相促进的关系。国民对政府的绩效要求促进了社会基础的演变，而依赖新的社会基础又可以创新政府绩效治理机制从而更好地维护公众利益。

在不同的历史时期，这种相互作用呈现出不同的特征。面对政府绩效的实际水平与国民期望水平之间的差距，国民有动机要求各种制度变革，以加强国民与政府之间的契约机制。然而，政府所拥有的强制性政府权力是一把双刃剑，一方面它可以用来履行受托责任保护公众利益，但它又可以用来逃避受托责任损害公众利益。所以，当国民对政府的绩效要求只是一种外在压力时，加强契约机制的进程体现为一个国民与政府之间反复博弈的过程。这个进程是由国民通过其代表机关所主导的。当国民对政府的绩效要求能够转化为政府自身绩效管理的动力时，加强契约机制的进程则是政府自身寻求变革的过程。这个进程是由政府主导的。虽然这两个进程是相互渗透而推动社会渐进发展的，但不同时期，其强弱表现还是不同。从这个意义来说，近代欧美宪政运动，更为显著地表现出政府绩效改进的外在驱动，即国民通过其代表机关致力于保障政府绩效的政治基础建设。而始于19世纪末20世纪初的美国政府效率运动，则更为显著地表现出政府绩效改进的内在驱动，即政府将社会对其绩效的要求内化为自身改革的动力，并致力于政府绩效治理的制度创新。

3.2.2.1 近代欧美宪政运动与政府绩效治理机制的形成

近代欧美宪政运动始于13世纪的英国，尔后扩展到欧洲其他国家如法国。随着英国在北美建立殖民地，其宪政思想在北美大陆开花结果。

欧洲很早就具有深厚的契约传统，宪政思想在这里发端并非历史的偶然。早在日耳曼公社时期，日耳曼人就已经建立了自由人之间的契约理念以及在此基础上的权利平等思想。[①] 随着日耳曼人对欧洲的征服，早期日耳曼部落的民主政治形式和政治理念，对欧洲后来的社会文化传统产生了深远的影响。此可见之于英国在进入封建社会之前的盎格鲁—撒克逊时代所建立的“贤人会议”(Witan)制度。在这一制度下每一位新国王必须经贤人会议正式选举才能合法地行使王权。

1066年诺曼征服之后，英国进入了封建社会，“贤人会议”被“御前会议”(Curia Regis)所取代，契约文化传统继续得以保留。在诺曼王朝建立的封建制下，国王与其下属的权力关系仍然是由契约来确定的，在未经得对方同意之前，谁也无权任意改变双方的这种契约安排。[②] 由于国王约翰穷兵黩武，几次不经过贵族和自由民的同意而征税，1215年大贵族强迫国王订立《自由大宪章》(Magna Carta)，契约机制通过成文的形式得到强化。《大宪章》由一个序言和63项条文构成，主要内容有：未经“国民”同意，国王不得征收协助金(aids)以外的赋税(第12、14条)；应承认伦敦及其他城市拥有自由和习惯之权(第13条)，不得强迫骑士及其他拥有自由保有土地者服额外的军役(第16条)；任何自由人，若未经同级贵族之依法裁判，或经国法判决，皆不得被逮捕、监禁、没收财产、流放、剥夺法律保护权及受其他任何损害(第39条)；由25名大贵族组成一个委员会，监督大宪章的执行，国王如有违犯，可采取包括剥夺其土地和财产在内的一切手段予以制裁(第61条)等等。[③] 从形式上看，《大宪章》只是陈述了英格兰当时已有的经济、法律和行政惯例，但在实质上，它在加强国民与政府之间的契约机制方面确立了一些基本原则，包括后来逐渐形成的对政府征税的议会批准权，对国家事务的公民参与权和监督权等。

---

① 早在日耳曼部落时期，就有历史久远的民众大会以及民选王的制度传统。在早期日耳曼公社中，民众大会是最高权力机关，并在开始时，王的权力并不大，王由民众大会选出。随着氏族贵族和军事贵族势力的增强，在日耳曼部落中也曾出现过“贵族议事会”。有关战争、媾和、土地分配以及对外交涉等重大事务，都先由贵族议事会审议，然后再在民众大会上讨论。

② Adams, George B. *Constitutional History of England*[M]. London : Jonathan Cape., 1922. 66.

③ 何勤华. 英国法律发达史[M]. 北京：法律出版社，1999. 75.

这个时期的契约还不是完整意义上国民与政府之间的社会契约。第一，从契约主体而言，这时的社会契约关系主要是贵族与君主之间的权利义务关系。在封建土地分封制下，君主赋税主要来源于封建捐纳与土地税，大贵族是主要纳税人。所以，《大宪章》中的“国民”，主要是指大贵族。第二，从契约监督机制来看，当时英国中央政府与国王控制的王廷合二为一，王室的收支与中央政府的财政收支也没有明确的法律界限，所以，尽管《大宪章》试图通过赋税批准权条款限制王室征税，但是由于没有关于王室开支方面的直接限制，不可能有适当的监督机制约束王室或者中央政府的支出。因此，那个时代，直到17世纪光荣革命之前，议会对国王收支的监督只是一个理论上的原则，在社会生活实践中基本上是个摆设。

随着资本主义的萌芽，大贵族作为主要纳税人的地位逐渐淡化，社会财富越来越多地集中到以新兴农业和商业资本为财产基础的骑士、乡绅、市民手中，封建贵族与国王之间的税收关系扩大到广大国民与政府之间的税收关系。随着政府越来越多地依赖国民税收，国民也越来越多地思考自己为什么要交税。学者开始对政府存在的合法性进行求证。政府因什么而存在？政府应该做什么以及应该如何去做？在政治思想领域，英国资产阶级启蒙思想家洛克在其《政府论》中研究了政府的性质并提出分权理论。他指出，政府的权力源于社会契约，来自人民的同意，其目的就是为了人民的共同福利。考虑到人性所固有的弱点对政府运行的影响，他提出分权理论来避免政府权力的滥用，提出依法行政来防止暴政。其后，法国资产阶级启蒙思想家孟德斯鸠在其著作《论法的精神》中将权力制衡的思想进一步深化。他指出，“要防止滥用权力，就必须以权力约束权力。”“当立法权和行政权集中在同一机关之手，自由便不复存在了，因为人们将要害怕这个国王或议会制定暴虐的法律并暴虐地执行这些法律”。另一法国资产阶级启蒙思想家卢梭在其《社会契约论》中用社会契约的论点强调了人民主权思想，指出，国家的主权属于人民，国家机关及其行政官吏都是人民的受托者。与洛克和孟德思鸠的分权学说不同，卢梭强调人民主权即立法权为最高权力。这些思想虽然观点有差异，但其根本目标都是以社会契约为立论出发点，寻求可以保障国民与政府间契约机制的国家政权组织形式。这些理论在当时及后世的社会政治实践中发挥了重大的影响。

理论高于实践，但也来源于实践。1688年光荣革命之后，1689年又一部限制王权和确立议会权力的宪法——《权利法案》(*Bill of Rights*)得以颁布。

议会下院成为权力的中心，英国逐渐建立了一个体现三权分立和权力制衡的政权体系：议会负责立法，内阁负责行政，政府对议会负责，议会受选民制约。立法机关对政府的绩效监督权最终得以确立。在此基础之上，英国建立了一系列政府绩效监督机制，其中最具代表性的是立法监督与行政监督相结合的公共资金监督制度。

自1688年之后，英国改变了以往把税收交给国王、由国王支配使用的惯例，改由财政部按照预算加以支配。1785年，议会通过《更好地检查和审计本王国公共账目的法案》(*Act for the Better Examining and Auditing of the Public Accounts of this Kingdom*)，组建审计委员会。该委员会拥有审查各部门公共账目的最大且最严格的权限。① 这一举措建立了政府内部审计，从行政监督的角度，加强了对政府公共资金使用的监督。1787年，议会通过了《统一账户法》，建立了国库金制度，要求废除分散的部门账户，设立统一的账户，将一切收入汇集于英格兰银行和爱尔兰银行，并通过设置交付署进行统收统支，以实现对财政收支的统一管理。这一制度将国家财政与皇室财政严格划分开来，并将中央财政与地方财政之间所发生的会计支拨关系正常化。②在此基础上，1802年，议会要求政府每年提供全面的财政报告。不过当时实际上没有做到。又过了近半个世纪，在1847年至1848年间，英国议会曾对预算机制进行过一次检讨，发现在财政和预算监督方面问题仍然很多。比如，各部之间，甚至各部内部会计方法还未统一；各部的财务报告十分笼统；各部拥有小金库，小金库的钱往往绕过了议会；不少大笔开支未经说明；没有一份文件能反映所有政府收支等。这导致财政部无法有效控制外交部、内务部、战争部的收支，议会无法对政府收支实行有效监督。③

为了改变这一情况，1854年，议会通过《公共税收与统一账户法》，规定政府每年必须定期向下议院报告财政总收入与总支出。1861年议会在下院设立常设委员会(A Standing Committee)④，主要负责检查政府各执行机构的拨款等账目，并把审查结果及有关建议一同提交下院。根据规则，该委员会从每

---

① Michael Chatfield. *A History of Accounting Thought*[M]. New York: Robert E. Krieger Publishing Company, 1977. 190.

② 郭道扬.会计史教程(第一卷)[M].中国财政经济出版社，1999.318.

③ 王绍光.从税收国家到预算国家[J].读书，2007(10).

④ 1983年后改为公共账目委员会(the Committee of Public Account)。

年一月份到七月份，每周召开两次为时两小时的会议，由其技术顾问——主计审计长提交对特定部门的审计报告，各部负责账目的官员（一般是常务秘书）出席会议，并对本部门的支出或行为做出解释或辩护。委员会通过向相关部门的官员及常务秘书提问的方式，对公共账目进行内容广泛的审查。同时，它还找时间对几年中反复出现的问题进行深入的调查。① 该委员会有权传讯证人，调集文件及档案资料，并随时提出报告。②

1866 年，议会又通过了一部具有里程碑意义的法案——《国库和审计部法案》(*Exchequer and Audit Department Act*)。该法案规定，凡是英国岁入，均以国库公款的名义，存入英格兰银行和爱尔兰银行；它的所有权属于代表人民的议会，而不属于英王，并受议会的监督。该法案还规定，政府的一切收支，应由主计审计长(the Controller and Audit General)实施审查。③ 该法案第 3 条指出，"担任主计审计长职务的人不能在国王管辖的部门或国王委任的大臣管辖的部门里兼职，亦不能在任期内被竞选为下院的议员和代表。同样，议会的议员也不能任主计审计长。"④主计审计长的职责有两个，一是政府款项支付前的会计检查，二是政府款项支付后的决算审查。"第一项任务，凡政府款项之由英国国家银行支付者，须得有会计检查大臣（主计审计长）之允可；其第二项任务，应将每年收入支出之决算提交议会，此种决算，须经由常设委员会之审查，其中组织之委员会包含众议院之议员，其职务即应审查账款之是否准确，不特此也，更须审查款项之用途是否合乎拨发之原意。"⑤由主计审计长的任职资格与职责可以看出，这一法案旨在通过要求主计审计长的超然独立——既独立于政府又独立于议会，来调动立法与行政两方面的积极性，以期建立一个立法监督与行政监督相结合的公共资金监督制度。正如著名审计学者莱斯利·诺曼顿在评价这部法案时所指出，"它更改了英国的国家审计和公共会计机构，以便既满足众议院及其所属的常设委员会当时的要求，又满足财

① Kenneth Bradshaw, David Pring. *Parliament and Congress*[M]. London: Quartet Book S, 1982. 333.

② 从 1978 年开始，公共账目委员会开始举行公开的听证会，把账目审计的情况通过新闻媒体向全体选民公布。

③ 文硕. 世界审计史[M]. 北京：企业管理出版社，1996. 69～70.

④ 文硕. 世界审计史[M]. 北京：企业管理出版社，1996. 74.

⑤ (英)李德·布勒德. 英国宪政史谭[M]. 北京：中国政法大学出版社，2003. 154.

政部这个行政部门财务管理方面的要求。”①

英国作为近代欧美宪政运动的发源地和主力军，经过数百年的努力，将政府活动置于宪法的约束之下，以保障政府行使公共权力能体现民意。公共资金是政府活动的命脉，政府受托行使公共权力，首先体现在政府拥有根据正当的资金需求筹集和使用公共资金的权力。所以，监督公共权力运行，首先要监督公共资金运行。从这一意义来看，英国近代宪政改革的进程也是英国通过立法与行政两方面改革综合运用预算、会计（包括财务报告）、审计等工具，改善公共资金管理的过程。这表明，公民对政府的绩效要求已深化到对政府运用公共资金提出要求，相应的，公共资金监督机制的发展又丰富了公民用来强化社会契约机制治理政府绩效的手段。

但是，英国这一时期的绩效治理机制存在两个重大缺陷：首先，仍然没有解决监督与被监督者之间的信息不对称问题。为了保障公众与立法机关的监督效力，充分的信息支撑是一个关键的因素。然而，当有关公共资金运行的信息被政府部门垄断时，被监督者也就取代监督者而占据了契约关系的主导权。其次，仍以合规性作为评判政府履行受托责任的标准，难以遏制政府铺张浪费、决策失误等造成的公共资金消耗。尽管有开明人士提出政府有责任经济有效地使用公共资金，但在此后的近一个世纪里，英国立法机关评判政府责任的标准并没有发生重大变化。1921 年新颁布的《国库与审计部法案》中仍然规定，主计审计长的职责是“监督资金的支出是否符合国会授权的目的”。直至 1983 年英国颁布了《国家审计法案》(*the National Audit Act*)，才将政府绩效标准提高到经济性、效率性和效果性，指出该法“将重新规定主计审计长的任命和地位，建立公共账目委员会(Committee of Public Accounts)和国家审计署(National Audit Office)，重新规定政府部门、机构和团体必须提高使用公共资金的经济性、效率性和效果性，从而加强议会对公共资金支出的控制和监督”。

① B. Geist. *State Audit—Developments in Public Accountability*[M]. New York: Holmes & Meier Publisher, Inc. 1981. 23.

3.2.2.2 美国效率运动与政府绩效治理机制的发展

3.2.2.2.1 美国效率运动的社会背景

近代欧美宪政运动所奠定的政治基础，加速了欧洲封建势力的解体，为资本主义自由经济的兴起扫除了障碍。这一时期的政治经济学家看到了国家发展自由市场经济的需要，并在此基础上对政府的责任内容进行了重新诠释。亚当·斯密在其著作《国富论》中指出，“当所有优惠或限制的制度被完全废除以后，最自然、自由的简洁制度就会自然而然建立起来。在这样的新制度下，任何人只要他不违反正义的法律，都能有充分的自由按自己的方式去追求自己的利益，并以其劳动及资本和任何其他人或其他阶层去竞争。”在这样的制度下，政府的责任是什么？斯密指出，“在这样的新制度下，政府(君主)应当履行的监督、指导私人产业使之最适合于社会利益的责任自然也就可以得到了解脱。实际上，政府要履行好上述义务难度很大，并且极易陷于错误，凭人类的智慧和知识很难完成好这项重任。按照自然自由的制度，政府只有三项重要而且是人们都能理解的责任：第一，保护社会，使其不受其他独立社会的侵犯；第二，尽可能保护每个社会成员，使其不受其他社会成员的侵害或压迫，即设立完全公正的司法机关；第三，建设并维护某些公共事业或公共设施，因为公共事业、公共设施收益极小，私人机构对建设或维护这些事业、设施不感兴趣，只能由政府建设和维护。”①斯密在书中不仅提出建立“自由的新制度”，而且从政府与市场的关系、政府在社会中的作用等角度关于政府的责任给出了自己的答案。该书自1776年初版后一举成功，对英国乃至欧洲各国的立法与政府政策产生了重大影响。

然而，虽然斯密在其《国富论》中并没有抹杀政府在社会中所应承担的重要责任，但是这一时期英美等国的经济发展仍然以自由放任为主要特色。社会生产力从长期束缚中一旦释放出来，便展现出巨大的活力。但是，经济的快速发展，并没有带来社会的一片祥和，而是各种尖锐的社会问题凸现。其中一个突出问题是垄断及其对社会生活的严重危害。尽管斯密在其著作中，专门强调了政府在反对垄断、保护自由竞争中所应发挥的重要作用，然而在经济现实中，随着资本的快速积累，垄断势力还是形成壮大，并影响着国家的政治经

① (英)亚当·斯密.国富论[M].西安:陕西人民出版社,2001.

济生活。在19世纪70年代的美国，工业垄断资本利用手中的财富，使用收买、贿赂等手段影响议会的决策，议员索贿纳贿等丑闻频频发生，导致立法权威望直线下降。

这一时代美国的政府管理严重低效。19世纪末20世纪初，美国财政收支的绝大部分发生在地方政府一级。以1902年的数据为例，美国地方政府占财政总收入的52%，总支出的59%。然而，地方政府当时的公共资金管理却极度混乱：市政府雇员的工资、城市维修工程等开支没有记录；公共财产没有记录；土地批租、公共服务、公共工程、政府采购等成为当时贪污受贿最严重的领域。在联邦政府一级，情况一样混乱。宪法把一切财政收支的决定权都赋予众议院。而在1861年，林肯总统用内战需要的理由将战争开支绕开国会拨款限制。至1912年，有超过一半的拨款脱离了拨款委员会的控制。① 无论是在地方一级还是联邦一级，政府的收支都是一个混乱且不透明的黑箱。

3.2.2.2.2 1900年至1940年的政府效率改革

在此背景下，一场区别于自由放任的新民主运动蓬勃兴起，一种加强权力、明确责任、向全体选民负责的学说深入人心。② 威尔逊等人提出要求一个更为负责任的政府，这使国民与政府之间的契约运行机制呈现出一种新的气象：在改善政府绩效的历史进程中，政府已由被动转为主动担当取信于民的角色。然而，这时政府的活动内容已变得日益繁杂，政府在履行责任方面的管理工具显得捉襟见肘。正如威尔逊所说，"与制定一部宪法比较，贯彻一部宪法变得越来越困难了。"所以科学管理理论被泰勒提出不久，便被美国政府管理的实践者与研究者运用到政府管理领域。这一时期科学管理理念在政府管理领域中的渗透作用，最直接体现在于政府绩效标准的提升。20世纪初，"善意的政府即是好政府"，而到1938年，"有效率的政府才是好政府"。

国民对绩效要求的提升与政府管理低效率的现实冲突导致社会上出现了一股追求经济性与效率性的政府改革热潮。主要表现是以解决政府机构的经济性与效率性为使命的各种活动的开展和各类机构的建立。发起者是社会上的两种人：一种是"耙粪者"（Muckrakers），即一批以揭露社会黑暗面为己任

① 王绍光.从税收国家到预算国家[J].读书，2007(10).

② 丁煌.西方公共行政管理理论精要[M].北京：中国人民大学出版社，2005.11～12.

的新闻记者、作家和批评家。他们通过写文章来制造改革舆论，唤醒民众和动员群众；另外一种人是改革者，他们不仅批评现状，还拿出替代方案，希望政府变得公开、透明、有效。[①] 当时研究改革建议的主力军是社会科学家与为他们提供资金援助的商人。作为公民，他们认为，监督政府用纳税人的钱做了些什么以及如何去做，是他们的权利与义务。这种公民责任感与参与意识，以及相伴而生的对政府履行公共受托责任提出要求的意识，与私人部门中的科学管理理念结合起来，构成了当时政府效率运动的思想基础。在这一思想基础中，最基本的动机是一股对更好政府的热切期望：即政府效率越高，则政府越民主。[②③] 可见，政府领域的效率运动，有着企业领域科学管理运动对政府领域的知识渗透，但它又不同于企业领域的科学管理运动，它是基于公共受托责任需要的政府绩效治理方法的科学性改进，是对前人绩效治理思想的补充。

这一热潮首先发起于市政府一级。1906 年成立的纽约市政研究所[④]是这一运动的重要组成部分。之后该所的成功经验成为各地政府效率研究的模板。效率运动向上蔓延，直到联邦政府这一级。1937 年，总统行政管理委员会(the President's Committee on Administrative Management)，即著名的布朗洛委员会(the Brownlow Committee)，发布公告称："政府效率在于两个因素：被统治者的同意与好的管理……政府管理的效率不仅仅是时间表和动作标准化等等。这些都是小物件。要想获得真正的效率必须更深入地改革。必须将效率嵌入到政府结构中，就像把它嵌入到一台机器里。"[⑤]这无疑是一个根据政府绩效治理的目标来改造政府管理系统的改革动议。

在强化的政府责任意识和科学管理理念的主导下，政府内出现了加强其预算支配权的内在要求。所以，这一时期美国在公共资金管理方面的改革体现出政府的预算控制职能与国会的立法监督职能双向加强的思路。1921 年的《预算和会计法案》便是这一思想精髓的浓缩。该法案的基本目的是在政府

---

① 王绍光. 从税收国家到预算国家[J]. 读书，2007(10).

② Mosher, F. *Democracy and the Public Service*[M]. New York: Oxford University Press, 1968.

③ Critchlow, D. *The Brookings Institution*, 1916—1952: *Expertise and the Public Interest in a Democratic Society*[M]. De Kalb: Northern Illinois University Press, 1985.

④ 即后来的美国国家公共行政研究所。

⑤ Report of President's Committee on Administrative Management[R]. 1937. 3.

部门建立一套统一的预算制度，但是，国会也认识到，要取得制衡的效果，立法部门就应牢牢保留对“钱袋”[①]的控制权。所以该法案成立了属于总统办公室的预算局（the Bureau of the Budget），并同时设立会计总署（the General Accounting Office）。预算局由总统任命一个局长领导。总统必须在国会每次正式会议开始时向国会提交一个统一预算报告，报告中必须说明上一个财政年度收支状况，新一年的计划收支和国债状况。会计总署独立于行政部门，向国会负责，其主要职责有：调查所有与公共资金的收入、支出和运用有关的事项；提出更经济、更有效地使用公共资金的立法建议；准备国会指定的各项调查和报告；事先决定所议各项支出的法律根据；制定各项会计格式、制度和程序。[②] 该法案使美国联邦政府第一次拥有了编制预算的主导权，从此政府预算成为美国联邦政府向公众负责和加强政府部门上下级之间责任关系的重要工具。

3.2.2.2.3 1940 年至 1960 年的政府预算改革

1929—1933 年的经济大危机暴露了自由放任市场经济的局限，1936 年，英国经济学家凯恩斯在其著作《就业、利息和货币通论》中提出了国家干预经济的思想，对资本主义世界产生了重大影响。各国政府纷纷启用了国家干预经济的政策，以促进经济的复苏。1937 年之后，美国进入其历史上第二个经济高速发展时期，政府基础设施投资也进入前所未有的高潮。环境的变化引起了政府项目成本的增长达到令人不得不警戒的速度。

这一时期，政府管理已从重视投入，发展到注重结果与目标的实现。经济性与效率性仍然是政府绩效标准，而效果性也开始受到关注。在公共资金管理机制中，一度作为资金投入控制工具的预算，其改善资源配置效率的功能受到重视。通过预算工具的创新，发挥预算在资源配置中的作用，成为这一时期政府绩效治理制度创新的重要内容。1949 年，第一胡佛委员会（The First Hoover Commission）建议联邦政府实行绩效预算。1950 年，国会通过《预算与会计程序法》（*Budgeting and Accounting Procedures Act*）要求联邦机构实行绩效预算。绩效预算又称为项目预算，它根据作业和项目来编制预算，并把

---

① 预算“budget”一词来源于“budjet”，后者是一个中古的英语单词，指国王用于公共支出的钱袋子。

② 文硕. 世界审计史[M]. 北京：企业管理出版社，1996. 98～105.

特定的预算数额与作业和项目的绩效水平联系在一起。因此，与原来的功能性预算相比，它不仅是一个加强公共资金控制的系统，而且是一个改善资源配置效率的系统。

3.2.2.2.4 这一时期美国政府绩效治理机制的重大缺陷

随着欧洲宪政思想在北美的传播，美国在独立战争后依据洛克、孟德斯鸠等人的思想建立民主共和国，赋予国会对公共资金的监督权。1921年《预算和会计法案》在保障国会立法监督权的同时，赋予了政府编制预算的主导权，从而预算成为政府管理和控制公共资金使用的工具。这提供了一种可能，即在政府绩效治理机制发展的历史进程中，政府由被动转为主动担当取信于民的角色。同时，这也标志着预算、会计与审计相结合的更具效力的政府绩效治理机制的建立。科学管理运动的启示将效率观念引入政府公共资金管理，预算制度的创新成为改善政府绩效的重要途径。这些都是政府绩效治理机制的重大发展。然而，这一时期美国政府绩效治理机制仍然存在重大缺陷。

首先，当时作为绩效标准的效率概念还只是机械性效率。它借用自工程领域的概念，指可以用具体数字表示的投入与产出比率，强调以最少的投入取得最大的产出。这一概念的使用源于政府资源相对于日益增长的公共服务需求的有限性，却不能表达出政府产出与机械产出的本质不同。政府产出不仅有经济后果，还有社会后果，而这两者都是政府在履行公共受托责任时需要考虑的重要内容。

其次，关于政府成本的会计信息支持不足，导致绩效预算等创新管理工具没有发挥应有的效力。1955年，第二胡佛委员会（The Second Hoover Commission）在报告中指出，绩效预算发挥的效力总是不确定的，尤其是没有将联邦项目和它们的真正成本联系在一起。并建议联邦政府编制预算、成本与管理报告。[①]

再次，绩效评估的技术开发还没有受到重视。虽然在预算、经济、统计、工程、管理等方面对绩效指标的信息有需求，但是直到1962年预算局才启动了一个绩效评估项目，在美国邮政局等五个部门内调查绩效评估的可行性与有

① Kull, D. Productivity Measurement and Studies[A]. J. Rabin and T. Lynch (eds.). *Handbook on Public Budgeting and Financial Management*[C]. New York: Marcel Dekker, 1983.

用性。但是，随着这个项目的职员被重新分配到其他的工作上，这个项目的进展也就无疾而终。①

3.2.3 政府绩效治理机制的强化：二十世纪六七十年代以来世界各国的公共管理改革

在自由资本主义发展到垄断资本主义之后，从维护资本主义生产关系和正常社会秩序的客观需要出发，西方国家不得不采用对社会公共事务的积极干预主义。政府的经济职能和社会服务职能均扩大和加强了。政府行政权力也在这种社会背景下日益强化。与之相对应的却是议会权力的削弱。政府管理的集权化和官僚主义化形成了政府垄断。推行"福利国家"、"人民社会主义"和"混合经济国家"的政策导致了政府管理失控、低效率、财政赤字，引致了公众对政府的不信任和民权运动高涨。②

面对这种社会现实，以美国、英国、澳大利亚、新西兰等为代表的西方国家掀起了一场公共管理改革运动。改革的内容主要包括两方面：一方面，各国纷纷建立并健全以绩效评估、绩效预算、绩效审计为主体的绩效管理系统；另一方面，各国关注到与绩效管理系统相配套的信息系统建设，并逐步实施了以报告公共受托责任和辅助政府管理决策为目的的政府会计与财务报告改革。所以，虽然这场公共管理改革运动是由政府主导的，其主旨在于加强政府绩效管理，但是它所实现的客观效果是不但加强了政府绩效管理，而且通过改善政府内部的透明度，强化了政府绩效治理机制，尤其是内部绩效治理环节。

在英国，撒切尔夫人上台以后，英国保守党政府围绕绩效改善推行了西欧最激进的政府改革计划。1979 年实行雷纳评审（Rayner Scrutiny Programmes），由出身于企业的 Rayner 在内阁中主持一个项目小组，负责对公共部门的绩效进行调查评估。部长管理信息系统（Management Information System for Ministers）则是 1980 年环境大臣 Michael Heseltine 在环境部内建立的管理机制和技术。它旨在建立一个有助于部长监测和控制政策执行过

① Kull, D. 1978. Productivity Programs in the Federal Government[J]. *Public Administration Review*, 38 (1): 5.

② 蔡立辉. 西方国家政府绩效评估的理念及其启示[J]. 清华大学学报(哲学社会科学版)，2003(1)。

程的信息收集和处理系统，是融合目标管理、绩效评估等方法与技术设计的绩效改善方案。[①] 为实现对中央政府财政资源的有效配置和监控，基于部长管理信息系统的经验，1982 年 5 月，英国财政部颁布了《财务管理新方案》(*Financial Management Initiative*)，正式推行公共部门绩效评估，并推进有助于改善政府绩效的管理信息系统建设。该方案要求各部门、各辖区的负责人都能：①明确本部门的目标以及评估绩效的标准与方法；②了解可利用的资源和在充分利用资源方面的责任；③获得有效履行职责所需要的信息(尤其是成本方面的)、技能训练和专家咨询。[②] 1983 年，英国卫生与社会保障部第一次提出了较为系统的绩效评估方案。这一方案包括 140 个绩效指标，应用于卫生管理部门和卫生与服务系统的绩效评估。《财务管理新方案》加强了政府管理信息系统建设，但是它注重以资源利用和管理者个人为特点的内部控制机制的建设，没有从根本上改变政府组织的动力机制。1986 年，针对该方案在实施中所出现的问题，撒切尔首相令 Rayner 的继任者 Sir Robin Ibbs 对这项方案做出评估并提出下一步行动方案。1988 年该小组在大量调研的基础上，提交了名为《改进政府管理：下一步行动》(*Improving Management in Government*：*The Next Steps*)的报告。该报告建议：设立执行机构将公共服务的提供和执行职能从掌管它们的集中决策部门中分离出来；给予这些决策机构在内部组织结构、财务管理、人力资源管理与开发等方面的自由权；各部部长通过与这些执行机构签订绩效合同使其对结果负责，并通过引入绩效预算，使部长与执行机构的责任关系更加明确。[③] 这些建议的进步性首先在于它们直接指向政府上下级之间的责任关系，即通过绩效合同、绩效预算将政府部门上下级之间的责任契约关系加以明确化和科学化，从而从根本上改造政府内部的绩效动力和压力机制。为了促使政府部门提高效率，改进公共服务质量，重塑政府的公众形象，1991 年 7 月，梅杰以政府白皮书的形式提出“公民宪章”，用宪章的形式把政府公共部门服务的内容、标准、责任等公之于众，接受公众的监督。“公民宪章”要求有关公共服务的信息必须公开、透明。[④] 该项改革通

---

① 周志忍.当代国家行政比较研究[M].北京：国家行政学院出版社，1999.84～85.

② 周志忍.当代国家行政比较研究[M].北京：国家行政学院出版社，1999.88～109

③ 周志忍.当代国家行政比较研究[M].北京：国家行政学院出版社，1999.112～114.

④ 张定淮.英国“公民宪章”运动的现状与前景[J].深圳大学学报，1996(1).

过引入公众对政府活动结果的监督，在缺乏竞争的垄断性公共服务部门中引入激励约束机制，其实质在于，在一定程度上将公众对政府活动结果的监督引入公共部门与公众之间的责任契约机制。

与此同时，英国国会与政府也相继推出了一系列法案与制度，旨在实施与绩效改善使命相配套的信息系统建设。英国财政部于 1993 年 11 月提出资源会计与预算制度（Resource Accounting and Budgeting，RAB）。2000 年，英国国会通过了《政府资源和会计法案（2000）》，以推行英国政府权责发生制会计与预算改革。改革者预期通过这一改革实现以下目标①：能够提供客观的资源与成本信息，为政府支出控制提供了更好的依据，为政府资本的处理建立更合理的基础；能够提供公共部门中的固定资产价值与使用、资本消耗方面的信息，有利于国家制定经济政策与编制国民收入报告；通过促进更好的资源使用，降低公共部门对于资金的需求；通过确认与清理未得到充分运用的固定资产，以及改善运营资本的使用而减少可能的借贷等等。

在美国，从 20 世纪 70 年代起，联邦政府赤字不断增加，人们对联邦政府的财政控制能力提出了质疑。在此期间，会计总署评估政府项目和运作时经常发现成本泛滥、舞弊、浪费等现象。这加剧了美国公众对政府的不信任。为了控制开支，美国政府继 20 世纪 60 年代施行的绩效预算之后，又相继推行了规划项目预算（the Planning Programming Budgeting System ，PPBS）、目标管理（Management by Objectives，MBO）、零基预算（Zero-base Budgeting，ZBB）等一系列预算改革。至里根政府时期，赤字压力仍然是政府急需解决的问题，因此里根政府把削减预算列为两大重要使命之一。②

为应对赤字的现实，里根政府一方面通过改革政府预算，如采用目标基准预算（Target-base Budgeting，TBB）等，控制政府支出；另一方面改革公共部门其他管理领域，以提高政府效率，其中一个重要举措便是成立了格鲁斯委员会（The Grace Commission），负责将私人部门成功的管理方法引入公共部门管理领域。该委员会对私营部门的成本控制进行调查，以汲取经验解决政府内部的浪费和滥用问题。

---

① 财政部会计司.欧洲政府会计与预算改革.大连：东北财经大学出版社[C]，2005. 737～800.

② 里根政府当时两大使命：削减预算和加强国防。

1993年，克林顿上台后实施了"政府再造"运动(Reinventing Government)。这一运动的背后推动力量来自20世纪最后20年里美国社会经济政治领域里所发生的变化：高绩效大公司的崛起；其他国家为减少财政赤字而进行的创新；美国城镇所发起的首创精神；科技的飞速发展；冷战的结束，导致参战国公民对国内事务的重新关注；美国人对政府的信任危机等等。[①] 这一运动的具体改革内容包括：精简政府机构、裁减政府雇员、放松管制、引入竞争机制、推行绩效管理等。这些改革内容形成了一个著名的纲领性文件，即《从繁文缛节到结果导向：创造一个少花钱多办事的政府》(*From Red Tape to Result：Creating A Government That Works Better and Cost Less*，简称"戈尔报告")。在同一年，在议会与总统的共同推动下，议会通过了《政府绩效与结果法案》(*the Government Performance and Results Act*，*GPRA*)，要求所有执行机构设定项目绩效的目标、评价结果，并准备跨年度战略规划、绩效计划、年度绩效报告。

结果法案不是强化联邦政府绩效管理的唯一法案。在此之外，国会在20世纪的最后10年通过了7部新法律，修订了7部旧法律，以加强联邦政府管理的三个关键领域：财务管理、信息技术以及财政控制。[②] 其中，建立更好的联邦会计体制成为90年代财务管理改革的一大目标。在这一改革中，联邦会计准则咨询委员会(FASAB)得以建立，负责制定联邦政府会计准则，并帮助执行《财务总监法案》。1999年，AICPA决定把FASAB的准则确认为GAAP。

美国州和地方政府从20世纪上半叶就致力于会计实践的改进，以支持有效的财政管理。然而70年代一系列的地方财政危机暴露出，在一些大城市里会计实践还是很薄弱。为了强化政府的公共责任，改革会计准则制定的制度结构和会计准则本身被提上了议事日程。1984年，政府会计准则委员会(Governmental Accounting Standards Board，GASB)得以建立，负责州和地

---

① (美)尼古拉斯·亨利．公共行政与公共事务管理[M]．北京：中国人民大学出版社，2002．297

② (美)尼古拉斯·亨利．公共行政与公共事务管理[M]．北京：中国人民大学出版社，2002．307

方政府会计准则的制定。1986 年，政府会计准则委员会被 AICPA 授权制定 GAAP。[①]

概括来说，在这一时期，政府绩效治理机制的缺陷在很多方面得以弥补。

首先，政府绩效的评价标准发生了演变，这体现了社会和政府对公共受托责任的认识不断加深。政府绩效评价标准的发展具体包括两个方面，一是社会性效率观对机械性效率观的修正，二是公平理论对效率原则的补充。政府履行公共受托责任应以促进人类幸福为目的，它是一种经济责任、社会责任和民主政治责任的结合体。机械性效率观强调非人性化和客观化的所谓理性效率，以此为政府管理的目标，会导致政府管理只专注于成本效益分析，而忽略了政府管理目标应体现出的社会价值和责任。社会性效率是以社会价值观念为目标，规范地予以衡量的效率，它是效率与公众利益、个人价值、平等自由等价值目标的结合。20 世纪六七十年代以来，随着公众越来越倾向于从社会价值方面评判政府受托责任的履行，社会性效率观逐渐替代了机械性效率观成为评判标准。与之相关联并具有同样重大意义的是公平理论对效率原则的补充。"公平理论"起初是 1965 年美国社会心理学家 J. S. Adams 从行为科学角度提出来的。他指出，人们不仅关心个人努力所得到的绝对报酬量，而且还关心自己的报酬量与别人的报酬量之间的关系，即相对报酬量。人的心理状态与工作动机的激发取决于这样一个关于责权利的社会比较的过程。随着心理学向公共管理领域的渗透，"公平"概念进一步获得了社会意义，即社会公平，并逐渐成为公共管理领域的核心价值。[②] 社会公平有着丰富的内涵。美国公共学者 Friderickson 指出，"社会公平包含着对包括组织设计和管理形态在内的一系列价值取向的选择。社会公平强调政府提供服务的平等性；社会公平强调公共管理者在决策和组织推行过程中的责任与义务；社会公平强调公共管理的变革；社会公平强调对公众要求做出积极的回应，而不是以追求政府部门自身需要满足为目的…… 总之，倡导公共管理的社会公平是要推动政治权

① 陈小悦、陈立齐．政府预算与会计改革——中国与西方国家模式[C]．中信出版社，2002．171～208．

② 丁煌．西方公共行政管理理论精要[M]．北京：中国人民大学出版社，2005．286～287．

力以及经济福利转向社会中那些缺乏政治、经济资源支持，处于劣势境地的人们。”[①]约翰·罗尔斯则指出，公平的社会是正义的社会，公平的自由高于一切。依据这一思想体系，一个公平的社会应秉承公平自由的原则。这要求“所有公民都应有了解政治事务的渠道”，“确保一种参与、影响政治过程的公平机会”，避免由于“资产和财富分布上的不均等”而导致“社会中的较不利者”“不能有效地行使他们那一份与别人相同的影响力”。[②] 因此，社会公平概念不仅指法律的公平，它是包括参与影响政治经济生活的机会公平、事实上的公平等等重要内容的一个复合概念。Friderickson 提出了社会公平复合理论，总结了五个类型的社会公平：①单纯的个人公平，系指一对一的个人公平关系，例如“一人一票，每票等值”；②分部化的公平，系指同一类别下的公平关系，如农夫与商人有不同的赋税标准与薪资水平，这是基本分工所造成的实际上的公平；③集团性的公平，指团体和次级团体所要求的公平，例如黑人要求与白人有公平的参政权，妇女和男人在就业市场上的公平等；④机会公平，每个人的天赋不一，后来的发展必然不同，但如果两个人都有相同的几率能够谋得某项职位，就是展望性的机会平等；⑤世代间的公平，公平不仅存在于同代人之间，而且存在于不同代之间。但由于子孙后代并非当下现存，因而在现实各种力量的博弈中，他们的利益往往被忽略，甚至被牺牲，尤其体现在环境保护、资源保护等问题上。[③] 社会公平成为公共管理的核心价值目标，作为对效率原则的重要补充，是现代民主社会区别于其他类型社会的典型特征。

其次，伴随社会经济环境的变化、社会科学各领域和信息技术的发展，公共管理改革不断推进，这在客观上也有利于政府绩效治理机制的发展。20 世纪 70 年代以来的公共管理改革，主要是由政府主导的，旨在提高政府绩效管理的水平，在引入公众的监督方面，也主要强调公众对政府活动和项目结果的监督，却回避公众对政府运行过程的监督。但是在这一过程中，政府为加强绩效管理而在政府会计、政府预算、绩效评价方面所推行的改革，有助于提高政府内部的透明度，从而强化了政府内部上下级责任关系，这对于改善政府对外

---

① 转引自丁煌.西方公共行政管理理论精要[M].北京：中国人民大学出版社，2005.288.

② [美]罗尔斯.正义论[M].北京：中国社会科学出版社，1988.213.

③ 转引自张泰峰.公共部门绩效管理[M].郑州：郑州大学出版社，2004.9.

透明度奠定了重要的基础。

3.2.4 小结

由以上论述可见，在漫长的公共管理发展史中贯穿着一条主线，即政府绩效治理机制的演进。政府绩效治理机制的发展历程是契约理念不断升华的过程，是对公共受托责任的认识不断深入的过程，是政府绩效标准不断演进的过程，是政府预算、政府审计、绩效评估、政府会计等制度安排不断创新发展以强化社会契约效力的过程。分析政府绩效治理的演进历程，可以得到以下三个启示。

第一，政府绩效治理机制的发展有其内在的驱动力量。伴随着社会政治经济状况的发展，社会对政府绩效的要求也随之得以发展，这相应产生了社会对政府透明度的要求，而正是这些要求权形成的力量推动着政府绩效治理机制的形成、发展和不断完善。

第二，政府绩效治理机制的发展分别是在两个层面上进行的，这两个层面分别对应着政府绩效治理的两大主体：国民及其代表机关、上级政府机构，本书分别称之为政府外部绩效治理主体与政府内部绩效治理主体。前者改善政府绩效的前提条件主要是不断改善的政府对外透明度，后者改善政府绩效的前提条件主要是不断改善的政府内部透明度。20 世纪 70 年代以来的公共管理改革，主要就是通过不断改善以政府会计为主体的政府财务信息系统，来解决政府内部上下级之间激励机制的信息支持问题，这提高了政府内部透明度，从而改善了政府内部的绩效治理，也间接为实现政府对外部的透明度打下了基础。

第三，政府会计作为政府绩效治理机制的重要构件，是保障其有效运行的基本信息基础。这是由政府绩效治理机制的基本作用原理决定的：在现代民主国家中，国民与政府之间社会契约的基本内容是政府代为行使公共权力的同时承担了公共受托责任。由于政府（或政府官员）的机会主义行为倾向，国家需要建立一套制度体系来保障政府对公共受托责任的履行，这一套制度体系就是政府绩效治理机制。政府绩效治理机制实质上是一个动力传输机制，它具有两个相辅相成的基本构成，一是以公民认可度或支持度为基本奖惩手段的约束机制，二是以信息传导为核心内容的反馈机制。正如 Karl W. Deutsch 所指出的，“履行责任的行为是一个反馈过程，责任的履行需要依靠一套沟通渠道。责任主体对责任受体负责，意味着：第一，存在一个沟通渠道，责任主体的行为信号能通过该渠道传输给控制者，即责任受体；第二，控制者（责任受体）接受并破解这些信号，用他们自己的记忆检查之，以便决定对责任人的行为给予奖惩；第三，控制者掌握一个渠道，通过该渠道对受他们控制的责任人实施奖惩。”①政府会计就是在这一反馈机制中发挥关键作用的沟通渠道，它负责把政府的行为信号传输给公众与公众代表。在较早时期，各国立法机构所推动的公共管理改革，着重点在于通过建立与改造预算、审计等约束机制来强化契约的效力。然而，当沟通渠道没有及时跟上发展的时候，这些约束机制所发挥的作用会越来越受到制约。20 世纪 70 年代以来政府会计与政府财务报告在研究与实践中取得了突飞猛进的发展，在很大程度上弥补了社会契约关系在沟通渠道方面的这一缺陷。那么，政府会计为什么能够具有这一重要的制度功能？这就是下文接下来所要讨论的内容。

3.3 政府绩效治理机制提高透明度改善政府绩效的运行机理与政府会计

3.3.1 政府活动与政府会计信息系统

从制度的视角来看，政府会计是政府绩效治理机制中的重要制度安排，而政府会计之所以具有这一地位，是由于会计作为信息系统的技术特性。会计信息系统是组织管理系统的重要组成部分，通过与管理系统的其他部分紧密联系，对组织的生产经营活动做出综合性的反映。在企业类组织中，会计信息系统所具有的这一反映性功能是显而易见的，正如美国纽约州立大学管理学院教授杰吉所指出的，会计“一直是企业唯一的信息系统。因为会计能够满足信息系统必不可少的三个特点：第一，以用户为信息需要的基础；第二，寻找为了产生有用信息所必需的数据；第三，把数据转换成信息并传送给用户。”②那么，对于政府机构这样的公共组织而言，会计信息系统是否仍然具有这种反映

① Karl W. Deutsch. *Politics and Government—How People Decide Their Fate*[M]. Boston: Houghton Mifflin Company, 1980. 194～195.

② 转引自葛家澍、余绪缨. 会计学[M]. 成都：四川人民出版社，1992.

性？

事实上，在政府这样的复杂公共组织中，会计信息系统作为组织活动中枢神经系统的作用仍然没有发生变化，公共组织活动的核心数据同样可以被纳入到会计信息系统中。原因在于，政府活动的实质是公共权力的运行与公共资金的运行，公共权力运行与公共资金运行分别是基于政治视角与经济视角对政府活动轨迹的概括，类似一枚硬币两个面之间的关系。尽管政府活动的目标不同于企业，必须兼顾公平与效率，不可能完全由货币计量来表达，但是如图 3-1 所示，公共资金是供给公共组织机体活动能量的血液，对一国或地区的政府总体来说，关键与核心的政府活动总是与公共资金的运行相对应。正如国际货币基金组织所指出的，政府的所有活动都是财政活动。财政活动表现为公共资金的运动，公共资金具有可货币计量的特点，但是公共资金运行的信息往往是货币性信息与非货币性信息相对应且并行存在，政府会计信息系统可以通过捕捉公共资金运行中可货币计量的信息，而将与之并行的非货币性信息纳入会计信息系统，从而实现对核心与关键政府活动的追踪。主要可列举如下：①政府征税活动对应着公共资金以税金的形式（政府收入增加）由纳税人流向政府；②政府提供公共物品的活动对应着公共资金以雇员补偿金的形式（政府成本增加）由政府流向雇员，以及公共资金以货款的形式（政府成本增加）由政府流向供应商，有时还可能对应着公共资金以使用费的形式（政府收入增加）由公共物品消费者流向政府；③政府融资活动一方面对应着公共资金以借款的形式（政府负债增加）由借款人流向政府，另一方面对应着公共资金以偿付借款本金与利息的形式（政府负债减少）由政府流入借款人；④政府投资活动对应着公共资金以形成国有资产投资的形式（政府权益基金的增加）由政府流入国家投资的企业；⑤政府内部资金营运活动对应着公共资金由货币资金向固定资产等非货币资金的转换；⑥政府保管国有资产的活动对应着公共资金以国有资产的形式表现出价值增加或减少；等等。

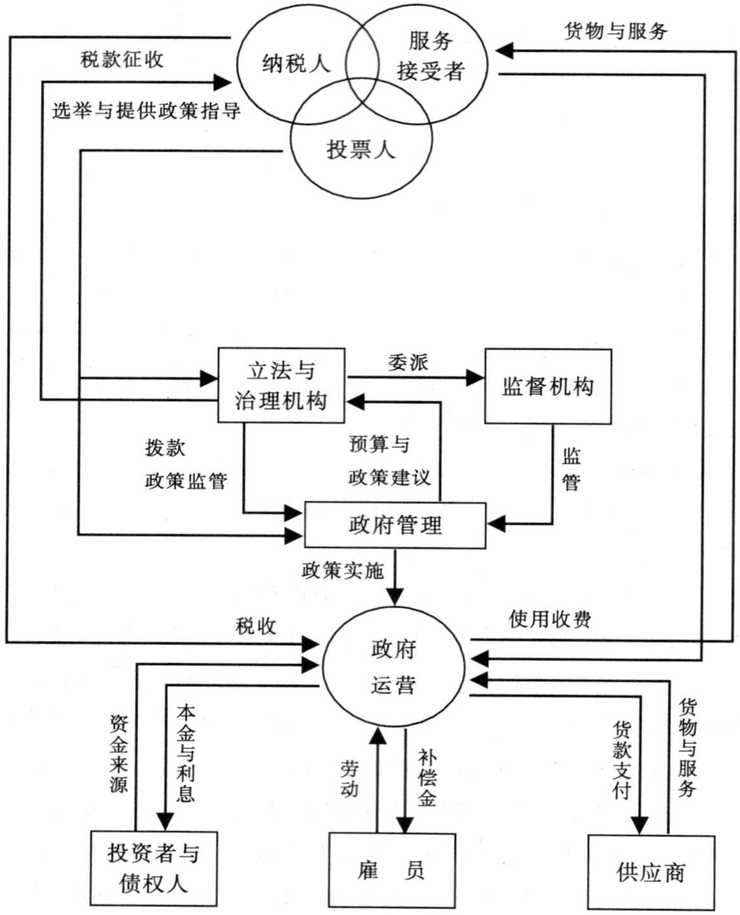

图 3-1 **政府活动与公共资金运行**①

换言之，政府会计信息系统运行的基本方法是货币性计量或者说是经济性的，但是政府会计信息系统所加工或输出的信息则不只是货币性、经济性信息，还包括非货币性乃至非经济性或者社会性信息。所以，在认识政府会计信

① Drebin Allan R. , Chan James L. , and Ferguson Lorna C. Decisions and Information Needs of Governmental Accounting Information Users.

息系统功能的问题上，需要明确数据与信息的区别。埃尔登·S.亨德里克森(Eldon S. Hendriksen)指出，“数据(Data)可以解释为各种事物的计量或描述。如果这些数据已为收受的人们所知道或与他们没关系，它们就不能成为信息。信息(information)可以解释为对收受者起意外影响的数据。此外，它们要能减少不确定性，向决策制定者传送价值大于成本的信息，并可能引起决策制定者的反应。”①可见，数据可以生成信息，但数据与信息并不是一个概念，具有货币性特征的数据既可以反映货币性信息，也可以反映非货币性信息。

3.3.2 以政府会计为信息基础的政府绩效治理框架

政府会计信息系统可以捕捉公共资金运行的信息，从而利用这一优势，实现对核心与关键政府活动的追踪，因为核心与关键的政府活动总是与公共资金运行相对应。那么，政府活动的信息是如何纳入到政府会计信息系统的？政府会计信息系统又是如何在政府绩效治理机制中发挥作用的？

首先分析会计信息系统对数据的加工机理。传统会计是单纯的财务会计，强调对货币性信息的加工能力。随着会计理论的发展，会计已由单独的财务会计，发展为财务会计与管理会计并进。财务会计信息系统与管理会计信息系统的根本区别在于进行数据加工时所遵循的规则与惯例不同。财务会计信息的主体部分是财务报表信息。纳入财务报表的信息必须遵循一定的规则与惯例，这可为政府活动信息的质量提供可靠性保障：①输入财务报表系统的数据应具有可验证性的特点；②输出财务报表系统的数据要接受审计机构的独立检查，以保障会计信息质量；③会计信息系统加工会计数据生成财务报表的每一步骤都是通过借贷平衡的会计分录形式进行的，可以完整记录会计数据的加工流程与来龙去脉。这种数据加工机理决定了财务会计信息系统所采集、加工的数据主要是那些直接改变资产负债或政府收支结余的数据，这些数据通常具有货币性特征。管理会计信息系统通过多种管理会计工具对组织活动数据进行加工与应用，系统输入的原始信息与输出的信息并不局限为货币性数据，所以组织活动的非货币性数据主要是作为管理会计信息系统的加工

① (美)埃尔登·S.亨德里克森.会计理论[M].上海：立信会计图书用品社，1987.81.

对象或者是作为财务报告的附表、附注或说明被纳入会计信息系统。

财务会计与管理会计在数据加工机理方面的差异,决定了二者的功能范围不同。管理会计信息系统为政府内部管理提供所需要的信息,财务会计信息系统不但可以为组织内部管理提供信息,还可以更好地为外部信息使用者提供有质量保障的信息供给。

接下来分析政府会计信息系统在政府绩效治理框架中的功能与定位。如本章上一节所论述,政府绩效治理机制是历经数百年的演变才发展成形的。它的实质是在公共管理系统中嵌套一个保障公众利益的绩效目标导向系统。

较早的努力是自英国光荣革命之后将政府预算引入社会契约机制中。所以,较早的公共管理框架是由公共决策与支持系统、政府活动系统与政府预算系统构成的。预算对于政府绩效治理的意义在于它可以实现绩效目标导向系统中确定目标与传达目标的作用,即以公共资金收支计划的形式,将社会契约机制中委托人的意愿通过公共决策与支持系统(目标控制系统设计)转化为政府绩效(政府整体绩效与政府活动绩效)目标,并通过政权结构与官僚体系,将其传达给政府活动的执行者,从而这一系列目标便成为政府活动与委托人利益之间偏差的控制依据。

有效的目标导向控制系统要求,实现了系统目标的确定与传达之后,必须对系统运行的过程与结果进行追踪,并评价系统运行情况以发现目标与现实的偏差,然后把这一信息及时反馈给决策与支持系统(目标控制系统设计),如图 3-2 所示。如果没有政府活动(预算执行情况)的评价系统,就不能实现关于控制效果的反馈,公共决策与支持系统也就无法了解政府活动现实与目标的偏差(预算执行情况与预算目标的偏差)并对此偏差采取相关措施进行纠正。

政府活动的评价系统主要是一种事后评价,衡量政府活动的绩效结果并不是最终目的,真正意图在于发现偏差,寻找导致偏差的原因,实施有力措施对偏差进行纠正,从而最终保障目标的实现,这就需要对政府活动过程(预算执行过程)的信息进行追溯。评价系统所输入信息主要是政府活动的记录,评价系统的效率取决于评价所依据的信息的质量,而政府会计信息系统的运作机理决定了政府会计可以提供具有质量保障的政府活动信息。

可见,如果没有政府会计系统与政府绩效评价系统,绩效目标导向系统不可能有效地发挥作用。所以,在政府绩效治理机制随后的发展历程中,政府绩效评价被作为寻找目标与现实偏差的评价系统引入到政府绩效治理机理框架中①，而政府会计则由于其所特有的反映性，承担了计量与报告政府绩效的功能。

政府绩效评价系统与政府会计系统被引入到政府绩效治理框架之后，不仅在信息支持与纠偏机制方面强化了政府预算的功能，而且还具有解决预算范围之外政府活动绩效问题的独立功能。由于各种可能原因没有纳入政府预算系统的政府活动，政府绩效评价与政府会计同样可对其发挥作用。政府预算、政府绩效评价与政府会计成为政府绩效治理机制中相互支持又可独立发挥功能的“三驾马车”，这实质上强化了社会契约机制中委托人对代理人的监督，从而为政府绩效提供更好的保障。

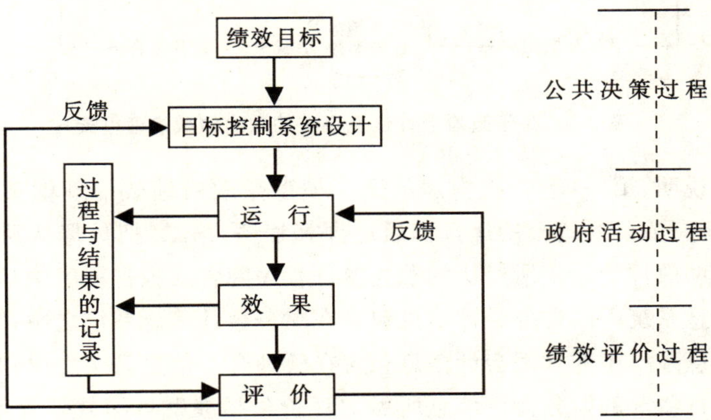

图 3-2 绩效目标控制系统流程分析

基于政府会计信息系统对关键与核心政府活动的反映性功能，政府绩效治理机制经过数百年的发展，逐渐演变成为以政府会计信息系统为信息基础的治理框架，如图 3-3 所示。

① 绩效评价以授权或委托的形式，让独立的机构和个人来进行就是绩效审计。绩效自评可以授权内部审计人员进行，外部评价可以由政府审计部门或由中介机构进行。

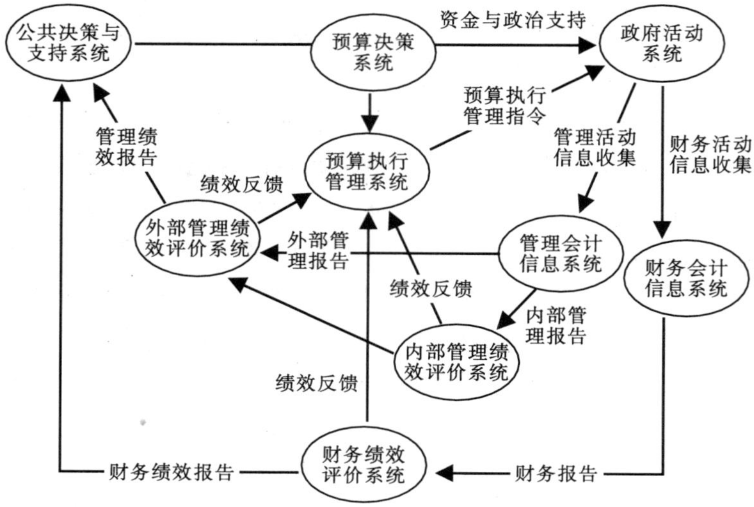

图 3-3　基于政府会计信息系统的政府绩效治理框架

图表说明：第一，笔者所构建的这一模型是政府绩效治理框架的简化模型，假设所有的公共资金的运行都通过预算程序；第二，把数据从财务会计系统到财务绩效评价系统所经历的独立鉴证程序隐含在报告程序中；第三，把预算执行信息系统中的财务会计信息包含在财务会计信息系统之中；第四，把预算执行信息系统中的管理会计信息包含在管理会计信息系统之中；第五，把根据预算执行情况的财务会计信息所做的评价包括在财务绩效评价系统之中，把根据预算执行情况的管理会计信息所做的评价包括在管理绩效评价系统之中。

这一模型的构建是基于以下一些认识：第一，笔者认为，传统的预算会计系统，作为预算执行的信息支持系统，应属于广义的会计信息系统的一部分，既要服务于公众及其代表机构对政府预算执行情况的需要，又要服务于政府本身的管理需要，所以预算会计系统一方面要提供对外公开披露的信息，另一方面又要为满足预算管理的需要提供信息，两种信息的质量要求不同，决定了预算会计系统需要运用两种加工机理来加工会计信息，这就导致了预算会计系统既对应于财务会计信息系统，又对应于管理会计信息系统。第二，基于第一点的认识，笔者认为，预算执行情况的评价（通常由国家审计执行），既涉及管理绩效的评价，也涉及财务绩效的评价，这与预算执行情况通常既要接受财务审计，又要接受管理绩效审计的情况也是相吻合的。

3.3.3 政府绩效评价对政府会计信息的应用

政府会计信息在政府绩效治理机制中发挥作用的一个重要环节是政府绩效评价。根据绩效评价信息的不同来源，绩效评价系统可分为财务绩效评价系统与管理绩效评价系统。前者所依据的信息来源主要是财务会计信息系统，后者所依据的信息来源是财务会计信息系统与管理会计信息系统所构成的整个政府会计信息系统。在全部政府活动都纳入预算系统的理想状况下，不论是财务绩效评价还是管理绩效评价，其评价结果都要反馈到公共决策与支持系统和政府预算系统，以便公共决策与支持系统随时采取措施对政府活动与委托人利益之间的偏差进行纠正，或者优化下一个预算周期的政府活动安排。

但是对于政府外部主体来说，由于绩效评价所依据的信息质量保障不同，通过财务绩效评价与管理绩效评价所获得的绩效治理效果保障并不相同。财务绩效评价系统的输入信息主要来源于财务会计信息系统形成的财务报告。财务报告须经过外部独立鉴证机构的审计，这有助于确保绩效评价结果的可靠性。财务报告还应对外公开披露，这可以确保政府外部利益相关各方能够获得实施绩效评价所需要的基础信息。

在管理绩效评价方面，组织内部具有相对信息优势。成本效益原则决定了组织外部主体不可能通过管理绩效评价对组织运营过程进行直接控制。因此，更具现实性的安排是，组织内部绩效评价主体通过内部管理绩效评价系统，对组织活动进行从过程到结果，从事前、事中到事后的全方位控制，而组织外部绩效评价主体则通过外部管理绩效评价系统，重点对组织活动进行事前与事后的控制，事前控制主要体现在对组织内部控制系统（组织内部管理绩效评价系统应是组织内部控制系统的一个重要组成部分）的健全性、有效性进行引导、评价与监督，事后控制则主要体现在对组织重点项目的实施结果进行抽查。

可见，对政府外部主体来说，能够直接获得有信息质量保障的政府绩效评价结果的可行方式，主要是依据政府公开披露的财务报告进行政府财务绩效评价。

政府财务绩效评价与政府财务报告在政府绩效治理中的特殊地位还可以

在关于公共受托责任的一些观点中得到印证。关于公共受托责任的具体内容有以下几种代表性的观点：

最高审计机关亚洲组织认为，公共受托责任是指受托管理公共资源的个人或当局报告资源管理情况和说明其履行所承担的财务、运营和计划责任的义务。

美国会计总署[①]认为，政府的受托责任是指受托管理并有权使用公共资源的政府和机构向公众说明其全部活动的义务。

按照1985年5月在日本东京举行的最高审计机关亚洲组织第三次大会发布的《关于公共受托经济责任指导方针》所下的定义是：公共受托经济责任是指受托运营公共财产的机构或人员有责任汇报对这些财产的运营情况，并负有财政管理和计划项目方面的责任。

1991年5月，在北京举行的最高审计亚洲组织第五届大会发布的《北京宣言——促进公共财务与投资有效管理的指导原则》中指出，公共受托经济责任是受托管理公共资源的人对那些资源所负有的责任。

可见，公共受托责任所指向的对象主要是公共资源（或公共财产），所委托的内容是对公共资源（或公共财产）的管理责任与使用责任。受托管理责任要求公共部门应负责公共资源（或公共财产）的安全与完整，实现保值与增值，这本身就是一种财务责任。受托使用责任要求公共部门对公共资源（或公共财产）的使用应从公众利益出发。在宪政的背景下，按照社会契约思想，公共资源（公共财产）的使用方向应由公众通过民意代表机构（或广义政府的立法机关）做出审批。虽然这并不排除在审批之前，政府机构（或广义政府的行政机关）所提出的建议会对公共资源（公共财产）使用方向的决策发挥重要影响，但是审批与决定一旦做出，政府机构（或广义政府的行政机关）在公共资源使用方面的职责主要就不在于确定其使用方向而在于执行，其要务是保证以最低的成本费用达到所要求的效果，这实际上也是一种财务责任。

因而，不论是在公共资源（或公共财产）的受托管理责任，还是受托使用责

---

① 根据2004年美国会计总署人力资源改革法案修正案，自2004年7月7日，美国会计总署(General Accounting Office，GAO)正式更名为政府责任办公室(Government Accountability Office，GAO)。具有83年历史的GAO改变了其机构名称，这一变化说明GAO已经把审计范围从政府财务收支合法性责任扩大到政府项目/政策的经济性、效率性与效果性等更全面意义上的政府责任。

任中，财务受托责任都是重要而基本的内容。因此，政府财务绩效评价是政府绩效评价中重要而基本的内容，为政府财务绩效评价提供信息支持的政府财务报告也是政府绩效治理机制中的重要工具。

第四章

权责发生制政府会计改革的技术原则分析:从改革立足点到系统结构和报告模式

基于前三章的论述,本章将从分析政府会计改革立足点出发,探讨权责发生制政府会计改革的必要性,并据以探讨权责发生制政府会计的系统结构、权责发生制政府会计的概念框架、权责发生制政府会计的信息披露等技术原则问题。

4.1 政府会计改革立足点分析——政府绩效治理的范式变迁①

从前几章论述可见,基于现代政府所具有的社会契约性质,政府会计的核心角色是政府绩效治理机制中的重要制度安排。政府会计改革,应是围绕着完善政府绩效治理机制为最终目标而进行的。所以本书认为,虽然政府会计改革受到改革环境中诸多因素和诸多立场的影响,但是从维护公众利益的角

① "范式"是著名科学哲学家托马斯·库恩最早提出的一个学术概念。"范式"代表某一学科领域中普遍认同的假设以及基本法则。有了一个基本的范式,才能判断某项研究是不是符合基本原则,是不是能将本领域向前推进一步。相反,如果一项研究违背了本领域的基本原则,则可能导致谬误。所谓"范式变迁",是指一个领域里出现了新的学术成果,打破了原有的假设或者法则,从而迫使人们对本学科的很多基本理论做出根本性的修正。从根本上来说,范式变迁就是冲出原有的束缚和限制,为人们的思想和行动开创了新的可能性。

度探讨改革框架时，应基于为绩效治理服务的立场来分析这些影响因素并提出解决方案，这样有助于避免政府会计改革中常常因为没有一个基本统一的立场而争论不休的局面。

从现代科学性的角度研究政府会计改革的背景，要从科学管理时代开始。从科学管理时代开始，按照理念来划分，政府绩效治理主要经历了三种范式变迁：官僚政府范式、新公共管理范式、公共治理范式。官僚政府范式体现了探索政府科学管理之路的尝试，新公共管理范式体现了用企业家精神改革政府的渴望，而政府绩效治理由新公共管理范式发展到公共治理范式，体现了社会契约理念的回归。

4.1.1 工具理性与古典官僚制

官僚制最早可追溯到 18 世纪中期的普鲁士，在 19 世纪末 20 世纪初期成为英国和美国政府绩效治理的基本范式。当时的背景是，一方面，工业革命以来，随着西方经济发展与社会事务的增多，政府行政职能的扩张成为社会的现实需要；然而另一方面，英、美等西方国家以选举为依托的政党政治盛行，"政党分肥"所带来的党派争斗、特殊利益集团游说，导致西方政府管理的混乱和绩效危机。为了改变这种局面，西方各国纷纷兴起了以政治—行政二分法为主导思想的政府绩效治理运动，而官僚制思想正是适应了这一需要。

被誉为"组织理论之父"的德国学者马克斯·韦伯，创立了官僚制理论并倡导官僚制组织结构，称其为与工业化大生产相适应的最为理想的组织结构。韦伯对理想型官僚体制的分析，是在检视社会组织形式这一更大的背景下进行的。他认为，不同类型的政治权威与不同类型的社会组织形式或社会秩序形式相联系，因为，每一个权威体制都必须让人相信其合法性，所宣称的合法性不同，行使权威的方式就不同，从而维护合法性的方法也就不同。韦伯将合法性权威划分为三种类型：传统型权威（traditional authority）、感召型权威、法理型权威。法理型权威以人们相信某种形式或规则的合法性和相信具有法律权威的那些人有权发布命令为基础。传统型权威以人们相信持久传统的重要性和以这些传统统治的人为基础。感召型权威以人们对某人的情感依赖或忠诚为基础。韦伯认为，现代官僚机构是以法理型权威为基础而建立起来的。这一基础是在群体之中建立法律规范和群体成员共同遵守法律体制。官僚组织的中心特征就是雇用官僚行政人员实施法理型权威。[①]

韦伯认为，社会秩序是建立在以主观意愿为根本的社会行动之上的，并将法理性权威社会组织形式相比于其他类型社会组织形式的优势确定为社会行动的工具合理性。[②] 工具合理性涉及“合理地考虑达到目的所使用的手段，考虑目的和使用某种手段可能引起的其他结果之间的关系，最后考虑各种可能的目的的相对重要性。”[③]可见，工具合理性是对目的以及达到目的的手段、后果都做出筹划、思考和选择而采取的社会行动的概括。工具合理性类型的社会行动是直接指向某种经过衡量和挑选的利益目标的社会行动，为了实现利益目标，行动者要对有可能实现目标的多种手段进行选择，并且选择过程及用被选手段开展实际操作时，都应当按照某种可计量的规则进行系统的计划和调控，而且对第一次行动的结果，不仅要预测，还要检测是否达到了预期目的。

韦伯认为官僚制是工具合理性得以最充分体现的最典型的社会组织形式。他声称，“精确性、工作的速度、任务的明确性、对文件的熟悉程度、活动的连续性、权限的划分、指挥的统一、严格的上下级关系、人员摩擦的控制，以及在物质和人员方面的成本的减少，这一切在严格的官僚制机构中将达到最佳的状态。”[④]美国学者唐斯在韦伯论述的基础上，归纳出了官僚组织的特征：①必须是大型组织；②组织的绝大多数成员都是全职人员，并且他们的大部分收入都依靠在组织中的工作；③初期雇用人员的提升、留用和评估的方式，至少都是基于他们在组织中的职责而定的，而不是按照个人的特征（例如宗教、种族社会阶级、家庭关系、年龄）或者由官僚组织的外部选民选出的官员来评定；④它（官僚组织）产出的主要部分并不是直接或间接地由组织外部的市场通过权衡机制来评估。[⑤] 可见，通过官僚制结构治理政府绩效的着眼点在于内部激励，即由上级官员根据一定的标准、规则，对下级官员的职责履行进行评

---

① (美)罗伯特·B. 丹哈特. 公共组织理论[M]. 北京：中国人民大学出版社，2002. 31～32.

② 韦伯认为合理性存在着两种形式，即工具合理性和价值合理性。价值合理性类型的社会行动是指超现实、超功利、指向某种不可选择目的的社会行动，如宗教活动。

③ Weber, M. *The Theory of Social and Economic Organization* [M]. New York: Free Press, 1947. 117.

④ (英)D. S. 皮尤. 组织理论精粹[M]. 北京：中国人民大学出版社，1990. 12～13.

⑤ (美)安东尼·唐斯. 官僚制内幕[M]. 北京：中国人民大学出版社，2006. 28.

定，并据此给予升迁留用等职务方面的激励。职务激励的深层效果在于预算与声望，而这些是通过建立非人格化的等级结构进行的。

韦伯对这种组织模式能够获得最大化的效率深信不疑。他指出，“从纯技术的观点来看，经验无一例外地倾向于显示，纯粹的行政官僚模型能够实现最高的效率，因而也是形式上已知的对人进行控制的最理性的方式。”① 自 18 世纪以来，通过建立与完善官僚体制治理政府绩效逐渐成为现代政府绩效治理的典型范式。然而，20 世纪六七十年代以来，面对官僚制下政府失效的社会现实，这一范式在政府绩效治理方面的功能却越来越受到来自各方面的质疑。

曾经被韦伯称之为最有效率组织形式的官僚制，为什么越来越成为低效率组织活动特点的代名词？虽然理论界有很多探讨，但本书认为，认识这一问题必须首先分析韦伯关于官僚组织结构效率最大化的观点所隐含的前提预设。韦伯认为官僚组织达成任务的要件，只是让成员认同其组织的目标和行事手段，在合理化这些目标和手段之后，官僚组织成员会全力以赴。这样，官僚组织就成为一架精确的机器，恰当地目标定位，将目标准确输入，经过一系列精确计划的生产流程，有效率的结果就生产出来。然而，这种理想状况的实现需要至少三个前提条件：①社会行动者是完全理性的，这包括立法机构与官僚机构上级官员的完全理性，他们必须在事前拥有完全充分的信息，制定正确的目标与实现手段、程序，也必须在事中拥有完全充分的信息，以便对下级官员的行为实行充分监督；②政府与社会、政府上级对下级的委托代理契约是一种完全性的契约，可以对契约双方的责任与责任履行方式等内容做出完备的规定，并且可以实现自动履行；③作为官僚组织成员的行为主体，只需要接受组织的理性并用这一理性来指导自身行为，而其自身的社会和心理因素不需要被考虑，或者说这些因素对个人行为的影响不会超过组织理性对组织绩效的正面作用。只有具备至少这三个前提预设，才可能得出结论：官僚制是最有效率的组织形式。从这里可见，韦伯的官僚制完全是一个理想模式。可社会现实中，构建这一模式的时候，这些前提预设就不存在了，如果没有适当补救措施，现实中的官僚制模式必然会出现效率问题。

在关于权威合法性的论述中，韦伯指出，社会组织中权威的合法性来自社会成员的认可。继而在确定合法性基础时，韦伯提出了社会行动的工具合理

---

① (德)马克斯·韦伯．经济与社会[M]．北京：商务印书馆，1998．333．

性。然而，在设计实现工具合理性的组织模式时，韦伯忽略了社会成员对于实现社会行动工具合理性的意义，将具有理想化特点、注重内部控制的官僚制作为实现社会行动工具合理性的组织支撑。这一理想化模式，将官僚组织装进一个“铁皮外套”里，回避了官僚组织关于目标定位与目标实现过程中的有限理性问题、公共政策制定与执行中的委托代理问题，排斥了政府与公众之间的信息传递。这一方面隔绝了公民对公共权力运行情况的监督，另一方面又会导致政府面临被特殊利益集团“俘虏”的危险，成为特殊利益集团借“民主”之名侵犯公众利益的工具。所以，如果没有正确认识韦伯官僚制模型所隐含的预设前提与现实的差距，将官僚制理想模式生搬到现实中，所造成的后果会是更深层的危害，即对公众利益的背弃，从而产生政府权威合法性的危机。

4.1.2 企业家精神与新公共管理

新公共管理是20世纪70年代中期以后公共管理领域中出现的一种显著的国际性趋势。它起源于英国、美国、澳大利亚和新西兰，并逐步扩展到全世界。新公共管理的兴起，有其深刻的政治、经济、社会背景。在政治方面，二战后西方民主政治出现一些畸形变化，国家权力日益向行政部门集中，同时，一些大利益集团的政治影响力日益增加，普通民众的知情权、参政权受到侵害；在经济方面，凯恩斯主义力图通过国家干预刺激有效需求来缓解经济危机的努力遇到严重挫折，70年代后西方国家先后出现了经济滞胀；在社会政策方面，财政危机使西欧各福利国家推行的社会福利政策难以为继，并导致其国家陷入危机。面对严峻的现实，一些学者对通过官僚体制建设解决政府绩效问题的成效产生了质疑，甚至把官僚体制看成是政府绩效问题的根源，从而兴起了对“新”公共管理的探索。

新公共管理运动有关治理政府绩效的主导思想是用企业家精神改造官僚体制。1800年法国经济学家萨伊创造了“企业家”概念，他指出，企业家是指能“把经济资源从生产率和产出较低的地方转移到较高的地方”的人，即能运用新的形式创造最大限度的生产率和实效的人。奥斯本和盖布勒认为萨伊的这个企业家定义不仅适用于私营部门，也适用于公共部门。他们倡导具有企业家精神的政府应具有下面一些属性：①起催化剂作用的政府：政府是掌舵而不是划桨，关注的中心并不单纯是提供公共服务，而是促使公营、私营和志愿服务各部门行动起来解决自己社区的问题。②社区拥有的政府：授权而不是服务，把控制权从官僚机构那里转移到社区，从而授权给公民。③竞争性的政府：引入竞争机制到服务提供者中，促进服务提供者之间的竞争，使政府成为竞争性政府。④有强烈使命感的政府：行为的动力不是来自规章条文，而是来自自己的目标和使命。⑤讲究效果的政府：衡量各部门的业绩和拨款是根据效果而非投入。⑥顾客取向的政府：把服务的对象重新界定为顾客，让顾客们有所选择，满足顾客而非官僚政治的需要。⑦有预见的政府：防患于未然，而不是在问题成堆以后才来提供各种服务。⑧分权的政府：从等级制管理到参与协作式管理。⑨市场导向的政府：通过市场力量来进行变革。①

在企业家精神的倡导下，各国的新公共管理运动主要以注重结果、顾客导向、市场化与引入竞争等为核心价值取向。经合组织公共管理委员会对新公共管理作了如下界定：①它更关注从效率、有效性和服务质量等方面来关注结果。②高度集权的科层结构已经为分权式的管理环境所取代。在分权体制下，关于资源配置和服务供给的决定更接近于供给的核心内容；分权式的管理环境也为顾客和其他利益集团的反馈限定了范围。③它能够灵活地探求替代直接的公共供给和管制的可行方案，这些方案可能带来以成本为基础的更有效的政策成果。④极为关注由公共部门直接提供服务的效率，它包括建立生产率目标、在公共部门内部和公共部门之间营造竞争环境。⑤强化核心部门的战略能力，以指导政府的变革，并允许政府自动地、有弹性地、以最低成本对外部变化和不同的利益做出反应。②

“新公共管理主义”对传统的政府管理理念提出了挑战，那么，这种政府绩效治理范式，是否是治理政府绩效的最优模式？本书认为，在公共管理领域通过倡导企业家精神来改善政府绩效，这是无可厚非的。然而，值得探讨的是，公共管理在借鉴私人部门经验的时候，是应借鉴私人部门治理管理者与所有者之间解决委托代理问题的方法，还是单纯把厂商与顾客、市场之间的关系模式运用到政府与社会民众之间的关系中来？下面通过几个问题的解析，试探寻答案。

首先，公民权利可否通过顾客行使消费权的方式得到实现或保障？分析如下：①公共权力的运行特点不同于市场机制。市场机制建立在市场主体之

① (美)戴维·奥斯本，特德·盖布勒. 改革政府[M]. 上海：上海人民出版社，1996.

② David G. Mathiasen. The New Public Management and Its Critics[J]. *International Public Management Journal*. Elsevier Science Inc. 1999(1).

间自愿选择和充分竞争的基础上。顾客不仅对消费品有选择权，而且顾客对消费品的生产厂商也有选择权。对某一厂商提供的商品，顾客可以选择购买或不购买，所以顾客对厂商产品的满意度直接影响厂商的利润，从而决定该厂商的生存。政府的合法性在于社会契约，社会契约是契约主体自愿达成的，然而，一旦将公共权力委托给政府，公共权力的运行便具有强制性。公民对公共物品的选择必须经过公共选择程序。由于信息的限制与公共选择本身复杂性的特点，公民个人对公共选择程序的影响力往往没有顾客对厂商的影响力那么大。②公民权不只是对公共物品的消费权。如前文所述，现代政府是基于社会契约建立的政府。政府受托行使公共权力，而公民是公共权力的初始委托人。公民不仅是公共物品的付费者和消费者，而且是公共财产或公共资源的终极所有者。在公共物品消费方面，公民权利不仅体现在对公共物品的选择权，而且还对公共物品提供方的合法性具有决定权。在公共资源或公共财产的管理方面，公民不仅有权要求政府在公共资源流量管理方面遵循经济性、效率性、效果性与公平性，还有权利要求政府在公共资源存量管理方面实现保值增值。这些权利都与市场中顾客所拥有的消费权不可同日而语。从一定意义上讲，公民不仅是政府产品的消费者，而且是政府的股东。所以，从公民对公共物品的消费权入手来改造政府，并不能从根本上解决公民权问题。

那么第二个问题，市场化改革可否从根本上解决政府绩效问题？新公共管理的倡导者认识到政府绩效问题的一个重要原因在于非市场化所导致的垄断，因为垄断所带来的是约束机制的弱化。所以各国新公共管理改革的一个主要方向就是通过市场化改革打破公共部门的垄断，比如，采用合同外包，即用招标的形式，把政府所从事的服务和业务推向市场，推动公共部门和私营部门之间的竞争；或者在政府的公共服务部门引入内部市场机制，通过模拟市场价格机制和核算机制，推动部门之间的竞争。笔者质疑单纯市场化改革从根本上解决政府绩效问题的可能性，主要基于以下分析：①市场化改革的理论基础——公共选择理论关于“政府失灵”的解释存在局限性。新公共管理运动市场化改革的重要理论基础是公共选择理论。如前所述，公共选择学派将其理论建立在政府官员“理性经济人”行为假设的基础上。他们认为，“政治家和官僚的个人利益是理解非市场过程的一个重要因素。”[①]然而，公共选择学派的解释在理论上存在局限性。凯尔曼等人从公益精神的角度对公共选择理论进行了批判。他指出，“利己主义理论不仅在解释过去20年美国政治中大多数重要事件时遇到了困难，它们充其量也只为政治过程本身提供一种不完全的感觉。……一个人如果天真到指望政治的运作会出于公心，不沾染狭隘的观点甚至肮脏的诡计，这样的人是不配到华盛顿任职的。但是，一个铁石心肠的玩世不恭者或学术界与他相似的公共选择论者，同样也不配……一旦我们证明了同一些人可能在经济事务中给个人利益优先地位，而在政治事务中给公共精神优先地位，那么许多似乎互相矛盾的行为就变得容易理解了。”[②]②公共事务不可能全部通过市场化进行运作。如本书2.4契约政府的功能分析中所指出，市场在提供公共物品与公共产权保护方面存在缺陷，政府存在的意义就在于在这些市场失灵之处发挥作用。不论是在提供国防治安等公共物品方面，还是在公共产权的保护方面，都很难通过完全市场化实现有效运作，因而必要的非市场领域总是存在的。如果将这一领域作为政府绩效治理的盲点，那么，政府绩效问题不可能根本得到解决。③市场机制并不是解决绩效问题的万能药，市场竞争中的企业也存在绩效问题。企业控制权与所有权的分离为企业所带来的委托代理问题，一直是企业绩效治理领域中的热点和难点。④如本书2.5的分析可见，从根本上造成政府绩效问题的约束机制软化，是由于信息垄断所导致的，而非生产的垄断。市场化改革有助于解决生产的垄断，却不能从根本上解决信息的垄断，从而无法从根本上解决政府绩效问题。

第三个问题，分权加结果评价是不是就等于高绩效？分权可以改变原有的等级制管理，促进参与式协作的积极性，从而提高政府应对公众利益需求的灵活性和反应能力，但也会加剧公共权力被滥用的风险。所以分权管理与绩效评价必须配套使用。结果评价在企业绩效评价中取得了显著的成效，然而，这一工具在政府公共部门的适应性还值得探讨。分析如下：①政府公共部门产出的特点导致应用结果评价的困难。政府公共部门的产出属于非市场产出，与市场产出相比，其产品缺乏价格信号和消费者的自由选择，从而缺乏检

---

① (美)查尔斯·沃尔夫.市场或政府——权衡两种不完善的选择[M].北京：中国发展出版社，1994.4.

② (美)史蒂文·凯尔曼.制定公共政策[M].北京：商务印书馆，1990.212.

验和传递质量信息的机制和渠道，因此通常很难找到评价的标准。此外，政府公共部门的产出效果通常是社会效果，这决定了效果的显现往往会滞后于产出的时间，这给衡量一段时间内的业绩带来了不便。②公共部门组织效率具有多维度特征。研究组织效率的学者通常认为，与企业不同，公共部门的组织效率无法用一个评价指标表达出来。尽管企业绩效评价指标有越来越多的趋势，但在特定目的下，只用股价（与股价变化）这个指标就可以说明一些问题。[①] 股价（或投资回报以及其他财务底线评价指标）的优势在于，它们可以超越公司间各种形式差别的可比问题。由于衡量公共部门的活动需要从社会价值的角度，所以难以提出类似利润这样的衡量指标。Ostrander and Schervish 的研究指出，公共组织体现了一类特殊的社会（交易）关系，应将其与商业关系区别开来。商业关系中的信息媒介是货币，而公共事务的信息媒介属于社会、政治、经济与文化等具有综合性的概念范畴。[②] 所以，不应只从货币与经济价值方面评估公共部门的组织效率，这加剧了公共部门绩效评价尤其是结果评价的困难。③对政府的绩效评价采用结果控制导向模式存在局限性。组织绩效评价存在两种模式——结果控制导向模式与程序控制导向模式。绩效评价以受托责任的存在为前提。一般意义上的受托责任有程序性受托责任(procedural accountability)与结果性受托责任(consequential accountability)两种形式。其中，程序性受托责任是指，“根据事先确立好的标准来编制财务报表，并由审计证明其公允性，……以解除其受托责任。这种受托责任强调遵守各种法律、规章、制度等。”结果性受托责任是指，“对各种资源是否得到经济而有效的利用结果而确立的责任。这种责任不以合法性为根本，而以合法性为基础，强调资源动用的结果或管理业绩的好坏。”[③]组织绩效评价的两种模式——结果控制导向模式与程序控制导向模式，分别是基于结果性受

---

① Meyer, M. W. & Gupta, V. The Performance Paradox[A]. In B. W. Staw & L. L. Cummings (Eds.). *Research in Organizational Behavior*[C], 1994. 309～369.

② Ostrander, Susan, and Paul Schervish. Giving and Getting: Philanthropy as Social Relations[A]. In Critical Issues in American Philanthropy: Strengthening Theory and Practice[C]. edited by Jon Van Til and Associates. San Francisco: Jossey－Bass. 1990.

③ Ostrander, Susan, and Paul Schervish. Giving and Getting: Philanthropy as Social Relations[A]. In Critical Issues in American Philanthropy: Strengthening Theory and Practice[C]. edited by Jon Van Til and Associates. San Francisco: Jossey－Bass. 1990.

托责任与程序性受托责任。两种模式的目标相同，但基于受托责任的不同形式，所选择的方法、指标各不相同。在当前"新公共管理主义"所倡导的政府绩效治理模式中，结果评价越来越受到重视。然而，已有学者表示忧虑，"人们有可能高估了它（结果评价）单独所能发挥的作用，而且其使用方式可能导致不公平与其他危险。"[①]主要理由是：第一，结果评价存在着逻辑缺陷。结果评价的逻辑是："如果A发生，那么B就发生。看到B发生了，那么一定是A导致了B。"在这里，成功的管理，先于结果B。然而实际上，B发生可能是由于A之外的因素所导致。所以说，根据结果对绩效成功与否的推导，并没有考虑到非绩效因素对成果的影响，这会影响评价结果的客观性，并可能会对评价主体的决策产生误导。第二，结果评价的前提假设存在问题。结果评价有一个隐含的前提假设，即结果在评价时具有可衡量性。然而，政府组织活动结果通常表现为社会、政治与文化效益，不像经济效益那么容易衡量，而且有时这种结果的显现滞后于评价时点。所以，如果该假设不成立，就会影响结果评价的有效性。第三，结果评价对结果与程序关注的失衡，可能会产生误导被评价者行为的危险。由于评价者对结果的关注，在产出与结果难以完全清晰划分的情况下，被评价者可能会为了表明一种期望的结果，刻意收集一些对自己有利的数据，或从事组织活动时，只注重产出，忽视了程序公平，从而阻碍了应有结果的获得。因此，本书认为，只有将结果控制模式与程序控制模式结合使用，才能更好地保证绩效评价的有效实施。当然，至于具体选择何种结合方式，则要根据具体情况并考虑成本效益原则。

根据以上分析，笔者认为，按照新公共管理范式治理政府绩效，不能从根本上解决政府绩效问题。政府既不是终极掌舵人也不是划桨人，决定国家社会生活这艘大船运行方向的指针是国家或社会的公众利益，政府是公共权力委托代理契约中的代理人，是公共产权的受托管理人。政府绩效问题的根源在于政府对公共权力运行信息与公共产权相关信息的垄断，治理政府绩效问题的根本途径在于打破这一垄断。虽然在第三章所论述的政府绩效治理机制演进中可见，在新公共管理改革的进程中，各国政府已经把政府会计与政府信

① Robert D. Herman and David O. Renz. Thesis on Nonprofit Organization Effectiveness[R]. http://www.jhu.edu/~istr/conferences/geneva/confpapers/bob.herman.&.david.renz.html

息公开作为改革的一个重要着眼点，但是由于前述认识上的局限，各国学术与实践领域关于政府会计改革的立足点与改革内容存在众多争议。本书认为，基于绩效治理的政府会计改革，首要而根本的任务就是，在社会成本与社会效益原则许可的范围内解决满足公共权力的初始委托人与公共产权的终极所有者信息需求的问题。

4.1.3 社会契约理念与公共治理

根据上文对新公共管理范式缺陷的分析，政府既不是终极掌舵人也不是划桨人，决定国家社会生活这艘大船运行方向的指针是国家或社会的公众利益。为了确保这艘大船的航行不偏离方向，需要政府与公民在平等基础上的共同努力，这正是社会契约思想的应有之义。而所谓的平等基础，就是解决官僚范式与新公共管理范式下委托人与代理人之间信息不对称所造成的知情权不平等问题。在寻找一种真正体现社会契约思想的政府绩效治理范式的努力中，理论界与实务界提出了一个新的概念，即公共治理。

治理(governance)一词具有丰富的内涵。它可用于政府、企业、项目，乃至单个人体系统。罗伯特·罗茨列举了治理至少有六种不同的用法：①作为最小国家的治理；②作为公司治理的治理；③作为新公共管理的治理；④作为“善治”；⑤作为社会—控制系统；⑥作为自组织网络的治理。[①] 正如本书以下部分将讨论到的，新公共管理与治理在根本上就是基于完全不同的理念，所以，单从“作为新公共管理的治理”这一提法来看，就可见这一词在当前理论与实务界的使用中出现了混乱。为了避免这种使用上的混乱，必须从“治理”所出现的不同语境中去归纳这一词汇所代表的思想内涵。

治理概念最早被引入到政治发展研究，是 1989 年世界银行首次用“治理危机”一词来概括非洲国家在现代化进程中面临的主要问题。世界银行指出，治理是指“为了发展而在一个国家的经济与社会资源的管理中运用权力的方式”。[②]此后，经合组织发展援助委员会扩展了世界银行的观点，认为治理就是

---

① (英)罗伯特·罗茨.新的治理[A].俞可平主编,治理与善治[C].北京:社会科学文献出版社,2000.86.

② World Bank. Governance and Development [R]. Washington DC: World Bank, 1992.3.

"一个社会在管理经济和社会发展中政治权威的运用和控制的行使。"①联合国全球治理委员会于1995年发表了一份题为"我们的全球伙伴关系"的研究报告，对治理进行了更为详细的界定。它提出，"治理是各种公共的或私人的个人和机构管理其共同事务的诸多方式的总和。它是使相互冲突的或不同的利益得以调和并且采取联合行动的持续的过程。这既包括有权迫使人们服从的正式制度和规则，也包括各种人们同意或以为符合其利益的非正式的制度安排。它有四个特征：治理不是一整套规则，也不是一种活动，而是一个过程；治理过程的基础不是控制，而是协调；治理既涉及公共部门，也包括私人部门；治理不是一种正式的制度，而是持续的互动。"②

根据这些定义，可以看到治理与统治在内涵上的联系和区别。二者都是可以用于表示政治管理过程，其目的都是为了维持一种正常的社会秩序。不同的是，统治体现了以政府为主导、通过政府自上而下的支配力而实现的秩序，而治理体现了一种平等互动的秩序，这种秩序不是由外力强加的，而是通过治理的内部环境中的各参与主体互动中所实现的合意。这正符合了社会契约的思想。可见，治理概念被引入到政治领域，并不是理论与实践发展中的偶然，而是恰恰反映了社会契约思想对官僚体制与新公共管理范式的反思。

治理的最终目的就是通过维持一种互动的秩序来解决组织的功能实现或绩效问题。公共治理在强化社会契约机制维护公众利益方面主要有以下优势：①公共治理有助于正确处理社会契约机制中公民权利与公共权力的关系，从而更好地保障公民权利的实现。根据社会契约论的思想，公共权力来源于公民所自愿让渡或委托的部分权利，公共权力运行的唯一合法性在于维护公民权利。可见，公民权利在逻辑顺序上先于公共权力，在价值顺序上优于公共权力。官僚制范式倾向于通过严密的"铁皮外套"把原本复杂的国家权力结构简单化处理，这在很大程度上隔绝了公民与公共权力运行过程，难以真正保障公民的权利。新公共管理范式把"政府—公民"的关系类比于"供应商—顾客"关系，试图通过结果评价引入公民对公共权力运行结果的监督，但是正如4.1.2所分析，对公共权力运行结果的评价无法真正取得应有的监督效果，公民

① 转引自朱德米.网络状公共治理：合作与共治[J].华中师范大学学报，2004(2).

② Commission on Global Governance. *Our Global Neighbourhood*. Oxford: Oxford University Press, 1995. 23.

权利往往也难以得到真正保障。而公共治理强调公民、社会第三部门与政府之间公共决策权的分享，强调政府为公民参与公共决策过程以及对公共权力运行过程与结果的监督提供条件，这样，公民可以通过参与决策更便利地获得关于公共权力运行过程与结果的信息，从而公民权利有可能得到更好的保障。②公共治理有助于提高公民行使对公共权力运行监督权的积极性。根据社会契约思想，公共财产的委托代理关系中，公民是公共财产的所有者、政府的受托管理者，公民的所有者利益是通过参与公共选择程序与监督政府受托管理者来实现的。然而如4.1.1和4.1.2所分析，在官僚制与新公共管理范式下的政治生活现实中，公民被排斥在公共财产的运用与管理的决策过程之外，公民由于没有足够的信息支持来行使其所有者权利，往往倾向于选择“理性的无知”。而在有效的公共治理模式下，按照社会契约思想的宗旨，作为公共决策权与公共监督权的享有者，公民行使公共决策权与公共监督权的信息需求应较好地得到满足，公民在公共权力运行信息方面必须享有公平的待遇，政府有责任为处于信息劣势的公民提供信息支持，这样的条件下，公民参与政治生活所承担的信息成本较低，从而公民有可能获得更多的激励参与政治生活。③公共治理有助于弥补政府有限理性所造成的效率损失。官僚制与新公共管理范式下，政府是公共事务的唯一管理主体和权力中心，然而政府是有限理性的，难以保障公共决策的科学与公正。公共治理强调，虽然政府仍然在整个社会中扮演重要角色，但政府不再是公共事务管理的唯一主体，政府、公民个人、非政府组织等都可以成为公共事务管理的主体，它们在共同的目标下以参与的形式决定公共政策和提供公共服务，共同承担公共事务的治理。这样，在政府因有限理性而达不到科学公正决策的领域，通过引入与其他力量的合作，可以有效地避免政府有限理性所可能造成的效率损失。④公共治理赋予程序的基本原则（为维护对话机制）与实质的基本原则（为公众利益进行某种活动）同等的重要性。格里·斯托克（Gerry Stoker）在《作为理论的治理：五个论点》一文中论证了这一点。他指出，公共治理明确肯定了在涉及集体行动的各个社会公共机构之间存在权力依赖。进一步说，致力于集体行动的组织必须依靠其他组织，为达到目的，各个组织必须交换资源、谈判共同的目标；交换的结果不仅取决于各参与者的资源，而且也取决于游戏规则以及进行交换的环境。[①] 可见，公共治理包括参与、谈判和协调，是治理主体通过自我反思式的检查、互动式学习达到逐步改进的过程。这样一种互动的有效实现，不仅需要确立实现公众利益这一实质性的基本原则，而且需要在程序上确立维护对话机制的基本原则，而有效信息沟通机制是后者的重要内容。

4.1.4 小结

综上所述，社会对政府绩效治理机制效能的要求推动着政府绩效治理的范式发生着变迁。从官僚制到新公共管理，从新公共管理到公共治理，政府绩效治理的范式变迁，意味着社会契约主体之间的信息传递方式、激励各不相同。总的趋势是，通过实现公民权利与信息支持更好地配比，来降低社会契约机制中的信息不对称，降低社会契约运行中的信息成本，从而提高政府绩效治理的效果。

4.2 权责发生制政府会计改革必要性分析 1：绩效治理范式变迁对政府会计目标模式的变革要求

4.2.1 会计目标的重要性

会计目标在会计理论与会计实务中都具有重要地位。理论是指“某一探究领域的通用观点所构成的一套前后一贯的假设性、概念性和实用性原则。”因此，会计理论可以解释为一套以原则为形式的逻辑推理。这些原则用来提供评价会计实务所依据的通用观点，并指导新程序的开拓。[②] 亨德里克森在其著作《会计理论》中指出，“任何研究领域都要以阐明范围和确定目标为其出发点。在会计领域中，目标可以视为形式结构中假设的一部分，或者视为超过或同于假设水准的一组建议。……为了确定什么假设与会计相关，以及对基

① (英)格里·斯托克. 作为理论的治理：五个论点[J]. 国际社会科学(中文版)，1999(2).

② (美)埃尔登·S. 亨德里克森. 会计理论[M]. 上海：立信会计图书用品社，1987. 1.

于假设的各种原则和规则进行评价，以便确定它们是否达到其体系的要求，就需要在目标上取得某些一致。那就是各种原则和规则都应逻辑地引自各种假设，并达到与会计的基本目标相一致的要求。"[①]

基于对会计目标这一重要地位的认识，美国全国政府会计理事会（NCGA）在其第1号概念公告《政府部门会计和财务报告的目标》中指出，研究以目标为最高层次的的概念，提供一个概念框架，对于建立政府部门会计与财务报告原则，以使其符合逻辑、首尾一贯以及回应使用者的需求是必要的。[②] 国际会计师联合会公共部门委员会在1991年公布的第1号研究报告《中央政府的财务报告》中也指出，政府财务报告的目标可以解释应予报告的信息的目的和性质。它们之所以重要，是因为它们为决定哪些会计原则用于计量和报告需求的信息最为合适提供了基础，并且为建立一套适用于政府的会计原则提供了基础。[③]

可见，将会计定义为一个信息系统，不但对会计现实具有解释力，而且对会计未来具有指导意义。有生命力的系统应具有目标导向性、整体性与权变性（contingency）。这意味着随着历史的发展演进，会计应始终把会计目标作为会计信息系统内部运行与会计外部环境的接合点：一方面，会计目标应保持与会计信息系统环境的适应性，这决定了会计信息系统在环境中存在的意义；另一方面，会计信息系统应以会计目标作为确立内部运行规则的出发点，以确保在未来一段时间内产出符合环境需要的信息。

根据本书3.3节所述，政府会计是政府绩效治理机制中具有基础与关键地位的信息支持系统。政府会计功能的发挥，对政府绩效治理的效果具有至关重要的影响。因此，研究政府绩效治理的一个基本逻辑推理，就是研究政府会计如何更好为政府绩效治理服务。政府会计信息系统是开放的发展中的系统，随着政府绩效治理范式的变迁，新的政府会计环境对政府会计信息系统的功能要求，必然形成一种动力或压力，促使政府会计信息系统进行变革。考虑到会计目标的重要地位，本书认为，基于政府绩效治理探讨政府会计改革的基本问题，首先应探讨基于绩效治理的政府会计目标模式的变革，然后以此为

① （美）埃尔登·S.亨德里克森.会计理论[M].上海：立信会计图书用品社，1987.78.
② 转引自李建发.政府会计论[M].厦门：厦门大学出版社，1999.127.
③ 转引自李建发.政府会计论[M].厦门：厦门大学出版社，1999.127.

纲，讨论基于绩效治理的政府会计改革的其他问题。

4.2.2 会计目标之使用者观及其拓展性

从历史的发展来看，会计目标已经历了几十年的演变。1941 年，美国注册会计师协会术语委员会(Committee on Terminology of the American Institute of Certified Public Accountants)提出了最早的会计定义："会计是一门艺术，它通过一种特殊的方式并使用货币性计量对至少部分具有财务性质的交易和事项进行记录、分类和汇总，并解释其结果。"[①]当时会计界对会计的概念强调操作与技能，还没有把它看作是一个系统。

1966 年，美国会计学会执行委员会在其重要的工作成果《基本会计理论说明书》中对会计进行了重新定义，指出会计是"确认、计量、传输经济信息的过程，以满足信息使用者进行判断和决策的信息需要。"[②]这一定义将会计信息与会计信息使用者联系起来，从而为会计研究人员寻求适应社会发展的需要扩展会计学科的范围奠定了基础。会计目标使用者观的确定，为会计目标随着环境的需要而拓展提供了可能。

基于此，《基本会计理论说明书》列出了四个会计目标：①对有限资源的使用作出决策，包括识别重要的决策领域，并确定目标与方向。②有效地管理和控制一个组织内的人力和物质资源。③记录(保存)与报告资源的受托责任。④有利于履行社会职能和社会控制。[③] 根据这一理论说明，会计目标不仅在时间维度上而且在社会维度上发生了拓展。"计量与传输有关过去、现在、未来社会经济活动的数据"成为会计的一个目标。[④]

---

① American Institute of Certified Public Accountants, Committee on Terminology. Accounting Terminology Bulletin No. 1[S]. New York: AICPA, 1953. 3.

② American Accounting Association. Committee to Prepare a Statement of Basic Accounting Theory, A Statement of Basic Accounting Theory[S]. Evanston, Illinios: AAA, 1966. 4.

③ American Accounting Association. Committee to Prepare a Statement of Basic Accounting Theory, A Statement of Basic Accounting Theory[S]. Evanston, Illinios: AAA, 1966. 4.

④ American Accounting Association. Committee to Prepare a Statement of Basic Accounting Theory, A Statement of Basic Accounting Theory[S]. Evanston, Illinios: AAA, 1966. 4.

1973 年，Langenderfer 正式将会计的社会维度纳入会计定义。他指出，“会计是一个提供有关可识别实体的经济与社会信息的计量与传输系统，以满足信息使用者在资源优化配置与组织目标实现方面进行判断与决策的信息需求。”①在 Langenderfer 所提出的定义中，为评估社会组织目标实现情况提供信息支持成为会计的一大目标。

1973 年美国注册会计师协会财务报表目标研究小组（特鲁布莱德委员会，Trueblood）指出，“政府与非营利组织财务报表的目标是提供评估各组织在完成组织目标过程中资源管理效率的信息。业绩计量应该按可识别的目标予以量化。”②

可见，随着会计学科的发展，会计目标的功能范围分别在横向与纵向两个维度上呈现出不断扩大的趋势：一是会计核算对象的扩大，由纯经济性活动扩大到具有社会性的非经济活动，从营利组织的活动扩大到政府与非营利组织的活动；二是会计目标功能认识的深化，从对使用者的信息需求做出反应，到对组织目标实现程度进行评估的工具。评估组织目标实现程度是信息使用者的一个重要行为目标。关于会计作为评估组织目标实现程度工具的认识，是对会计目标之使用者观的进一步深化，是在对信息使用者的行为进一步分析后的成果。会计目标的这些发展为后文所述政府会计目标的绩效治理观奠定了基础。

4.2.3 会计目标之使用者观到政府会计目标之绩效治理观

1966 年《基本会计理论说明书》是第一个强调会计目标之使用者观的文件，但是没有对使用者目标作进一步详细的解释。1971 年，AICPA 成立了特鲁布莱德委员会。在该小组开展研究工作之前，AICPA 理事会曾就其研究内容围绕着信息使用者行为分析提出四个参考性课题：①谁需要财务报表？②需要财务报表的人士要求什么信息？③财务报表的使用者所要求的信息，会计人员能提供多少？④为了提供使用者所要求的信息，需要一个什么样的财

① Langenderfer Harold Q.，1973. A Conceptual Framework for Financial Accounting [J]. *The Journal of Accountancy*，136 July：50.

② American Institute of Certified Public Accountants. Study Group on the Objectives of Financial Statements，Objectives of Financial Statements [S]. New York：AICPA，1973. 66.

务报表框架?[①] 该委员会在1973年10月提交了特鲁布莱德报告——《财务报表的目标》。该报告第一次在会计目标使用者观的基础上对使用者及其使用信息行为的目标进行了系统、全面的阐述。

该报告把财务报表所服务的主要对象界定为“那些获得信息的权利、能力或渠道受到限制的使用者”。这一观点表明了一个立场，即虽然信息使用者具有多样性，但是不同信息使用者群体的经济决策本质是具有相似性的，所以不同信息使用者群体具有共同的信息需求，财务报表不能服务于特定使用者的特殊需求，而应该服务于所有使用者的一般需求。这一立场为充分披露原则和一般目的财务报表确立了合理性前提。

该报告把众多财务报表信息使用者使用信息行为的目标界定为主要两大目标：一是预测企业的盈利能力，二是评价管理层的受托责任。一般来说，前一目标与估计未来前景的数据有关，后一目标与已完成活动的业绩评价有关。然而，越来越多的观点认为，评价受托责任的目标可以作为预测盈利能力目标的替代。Ijiri就指出应该制定针对受托责任的概念框架，当然，这一观点建立在明确界定受托责任概念内涵的基础上。根据Ijiri的定义，受托责任（accountability）是指管理层有责任报告关于对企业资源利用的效率与效益的目标完成情况。它是对传统的受托保管责任（stewardship）概念的延伸，但又超越了受托保管责任。受托保管责任主要是指管理层在企业资源保管与维护方面的职责，受托责任概念则在此之外还要求，在特定风险水平下，为了达到未来现金流量最大化的企业目标，有效率有效益地使用这些资源。

Ijiri关于受托责任概念内涵的认识被美国财务会计准则委员会FASB接纳，并在1978年FASB发布的第1号财务会计概念公告（SFAC）《企业财务报告的目标》中得到反映。公告在第50段强调了受托责任的概念，指出“企业管理层有责任报告关于其解除按照投资者目的使用企业资源的责任的信息。企业管理者在会计周期内所承担的受托责任，不仅包括对企业资源的保管与维护，还包括有效率有效益地使用这些资源，以及保护它们免受经济环境中不利经济因素的影响，如通货膨胀或通货紧缩和技术与社会的变革。”公告在51段还指出了预测盈利能力目标与评价受托责任目标之间具有一致性——“盈利信息通常是评价管理层受托责任的焦点。管理层、所有者等各方，通过描述管

① 李建发. 政府会计论[M]. 厦门：厦门大学出版社，1999. 128.

理层已经解除其受托责任来强调企业业绩与盈利能力。对所有者、管理层、潜在投资人、公众以及政府来说，一个中心问题是，企业与其所有者如何持续经营。既然一段时期内的盈利及其构成常常不足以构成评价管理层受托责任的基础，那么所有者以及其他各方可以估计“盈利能力”或他们认为可以反映长期业绩的其他指标。”企业的盈利能力是以长期观点评价管理层受托责任的最好依据，这进一步证明了决策有用（预测企业的盈利能力）与评价受托责任这两大目标的重合性。

1987年美国政府会计准则委员会（GASB）发布了第1号概念公告《财务报告的目标》，把受托责任作为政府财务报告的基石。该公告指出，财务报告的主要作用在于将有关政府履行受托责任情况的财务信息提供给使用者。政府财务报告的使用者主要分为三类：①政府负有受托责任的市民；②那些直接代表居民的立法和监管机构；③那些提供资金的投资者、债权人。政府间拨款者和其他使用者的需求包括在这三类主要使用者的需求内。①

GASB以公共受托责任为纲，提出政府财务报告应提供三大类共九个方面的政府会计信息。详见李建发教授的概括（图4-1）。

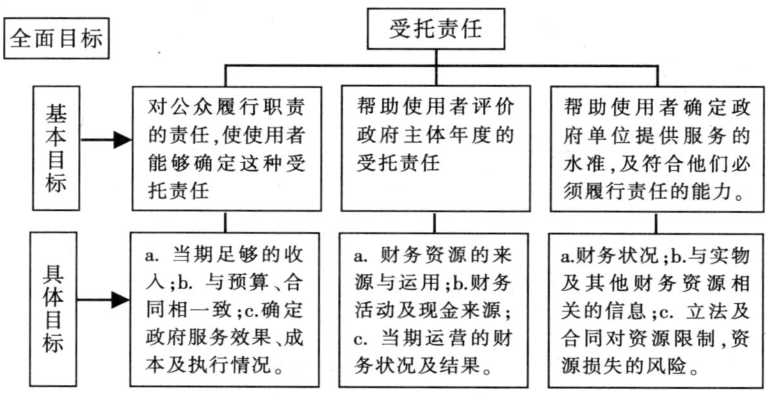

图4-1　GASB财务报告目标结构②

GASB第1号概念公告把政府财务报告的使用者目标定位于评价公共受

① GASB Concepts Statement No. 1, Objectives of Financial Reporting[S]. May 1987. para. 30.

② 李建发. 政府会计论[M]. 厦门：厦门大学出版社，1999. 151.

托责任，这正式确立了政府会计目标的绩效治理观，即政府会计的目标在于满足政府绩效治理主体治理政府绩效的信息需求。事实上，评价受托责任，往往不是最终目标，而评价结果的运用即强化受托责任才是最终目标，或者说，评价绩效的最终目的就是为了治理绩效。GASB 第 1 号概念公告根据绩效治理观的政府会计目标，把外部绩效治理的主体作为政府财务报告的使用者，他们在社会契约机制中处于委托人的地位。按照他们为政府提供公共资金的方式不同，这些绩效治理主体主要分为三类：①市民（以纳税为主要方式提供公共资金）；②市民代表机构（以预算拨款为主要方式提供公共资金）；③投资者、债权人（以投资或借款为主要方式提供公共资金）。

可见，GASB 第 1 号概念公告尤其强调为外部绩效治理主体提供信息，正如该公告所指出，财务报告的主要作用在于将有关政府履行受托责任情况的财务信息提供给使用者，特别是这样一些使用者：他们没有权利、能力或财务取得信息，只好依赖报告作为其取得信息的重要来源。相比之下，美国联邦政府会计准则委员会（FASAB）则同时关注内部绩效治理主体与外部绩效治理主体的信息需求。1993 年，美国联邦政府会计准则委员会发布第 1 号联邦财务会计概念公告（SFFAC）《联邦财务报告的目标》。公告指出，"'受托责任'及其推论——'决策有用性'构成了政府会计和财务报告的两大根本价值"，并把联邦政府财务报告使用者划分为四大类：公民、国会、高级官员和项目经理，强调制定关于成本会计、服务投入、绩效评价以及对外财务报告的准则。这样，政府会计目标的绩效治理观在内部绩效治理维度上进一步得到了丰富。

4.2.4 政府会计目标模式的变迁：政府内部控制导向模式到公共治理导向模式

绩效治理观将政府会计目标定位于为评价与实现公共受托责任或者说治理政府绩效提供信息支持，这将政府会计信息系统定位于政府绩效治理机制这一系统环境之中（见图 4-2），而政府绩效治理机制存在于一个更大的社会环境中。政治、经济、社会、文化等社会环境因素变化的影响集中体现为政府绩效治理范式的变迁。随之，政府会计信息系统必然要对其系统运行的目标进行调整，以实现与绩效治理机制中其他系统的协调，从而适应整个绩效治理环境的需要。

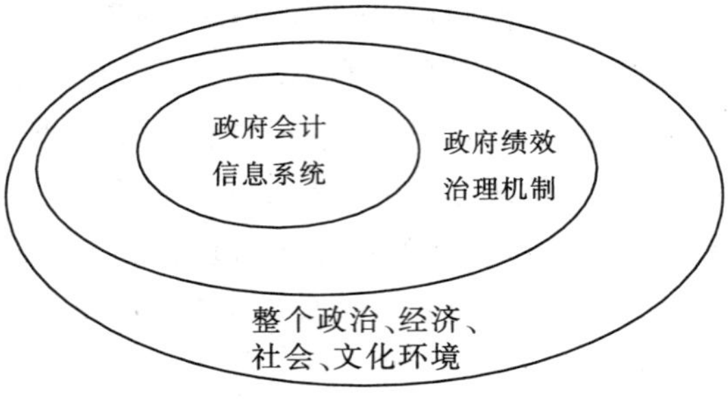

图 4-2　政府会计信息系统与环境

不同的政府绩效治理范式，强调政府会计信息系统不同的功能导向。官僚制范式的绩效治理机制主要有以下特点：①强调社会契约机制委托代理链条中政府内部(决策与执行之间，上级与下级之间)的委托代理。②绩效治理的主体主要是上级政府。③对于这一委托代理环节政府绩效的治理主要关注一段时期内短期绩效，主要表现为年度预算收支的完成情况。④预算系统由一种短期责任的预算观所主导，即只关注对预算期内的公共资金流量进行计划与控制，不关注预算系统对政府长期绩效的治理。⑤绩效评价关注政府在一定期间内的受托责任履行情况，或者说注重政府短期契约责任，绩效评价的依据主要是政府对预算的遵循性。

适应这种绩效治理特点的政府会计目标模式表现出以服务于政府内部控制为导向的特点，即政府会计主要以满足政府内部控制的信息需求为目标。在这种目标模式下，政府会计信息系统侧重反映政府短期绩效，核算对象主要是政府预算执行情况，政府会计信息主要由政府垄断，不强调公开披露一般目的的政府财务报告。在此要强调的一点是，片面关注短期绩效的现象是年度周期预算在忽视长期绩效的激励结构中所产生的一个副产品。然而排除激励结构的影响来看，年度周期预算本身是一种有益的制度安排。它的作用是在一定程度上把长期性的社会契约关系修正为阶段性的预算契约关系，实际上也是为应对社会契约不完全性所带来的不确定性而采取的治理对策。这便于委托人能够阶段性地根据代理人执行年度预算的情况，对代理人履行受托责任的情况做出评价，有利于公民委托人权利的行使。因而，年度周期预算是政府绩效治理的一个重要制度支持。但是在官僚制范式下，由于政府绩效治理主要是一种政府内部的治理，所以年度周期预算往往又会导致政府注重短期绩效，忽视能够更确切反映公共受托责任的长期绩效。

公共治理范式的政府绩效治理机制，主要有以下特点：①关注社会契约机制整个委托代理链条的各个环节，尤其是政府与公民之间的委托代理链条上公共资金的管理。②绩效治理不仅关注一段时期内公共资金流量的管理，还强调公共资金存量的管理。③不仅强调政府内部的绩效控制，还强调公众、民意代表机构以及其他公共资金提供方在绩效治理中的主体地位。④预算系统由一种长期责任的预算观所主导，即不仅关注对预算期内的公共资金流量进行计划与控制，而且关注预算系统对政府长期绩效的治理。⑤绩效评价关注政府在受托行使公共权力与保护公共产权方面的长期绩效所反映的公共受托责任。⑥不仅把政府对预算的遵循性作为绩效评价的依据，还强调在绩效评价中引入反映政府活动经济性、效率性与效果性的指标。

适应这种治理范式的政府会计目标模式表现出以服务于公共治理为导向的特点，强调满足公众、公民代表、投资人、债权人、国际组织、上级政府等绩效治理主体各方的信息需求。在这种目标模式下，政府会计信息系统侧重反映长期契约责任，核算对象不仅限于政府预算执行情况，而是反映公共受托责任履行情况的全部公共资金运行情况，包括流量与存量，同时强调公开披露一般目的的政府财务报告。

官僚制范式与公共治理范式的绩效治理机制具有截然不同的特性，因此相应的政府会计目标模式也是截然不同的。那么，对于适应新公共管理范式的政府会计目标模式，又该如何看待呢？

仅从“新公共管理”这一绩效治理范式来看，新公共管理主张产出/结果导向的管理模式替代投入导向的管理模式。虽然有众多文献论述了两种管理模式在功能上的区别，但笔者认为，这两种模式的真正区别不在于所追求的绩效目标(因为二者的目标都是以最少的公共资金投入实现最大的效果)，二者的真正区别在于两种管理模式中公民监督权实现程度与政府集权程度的区别。公众从公共投入的环节行使监督权利需要遵循一定的公共选择程序，但作为政府产出的服务对象，每一个公民都直接感受政府产出的效果。因此，产出/结果导向管理模式可以达到这样一个效果，把公民以公共物品消费者的角色纳入政府绩效治理机制之中，但是公民仍然被排斥在公共选择程序之外。此外，新公共管理强调政府通过分权等方式逐渐对官僚体制范式下所建立起来的集权等级结构进行改造。然而，我们必须看到，这种分权的运作更多的是在政府部门内部的分权，而不是为牵制政府整体行政力量而产生的分权。

但是观察“新公共管理”运动中政府会计的发展可以发现，这一时期，政府在应对信任危机的情况下，往往出台了一些有助于扩大公民知情权的措施。所以，在政府会计领域的政治生活实践中，新公共管理的政府会计目标，与官僚制范式和公共治理范式下的政府会计目标之间没有一个界限清晰的现实模式，而是更多地体现出从政府内部控制导向模式向公共治理导向模式变迁的特点。

1982 年美国全国政府会计理事会 NCGA 发布了第 1 号概念公告《政府部门会计和财务报告的目标》。这份公告指出政府部门会计及财务报告的财务目标是：①为确定和预测政府部门短期财务资源的流动、余额及其需要提供有用的财务信息；②为确定和预测政府部门财务状况及其变动情况提供有用的财务信息；③为检查按照法律、合同和信托协议要求的业绩提供有用的财务信息；④为计划和预算、预测实现运营目标对资源取得和配置的影响提供有用的财务信息；⑤为评价管理和组织的业绩提供有用的财务信息；⑥按最便利使用的方式提供相关的信息。[①] 显然，这一公告表明了一种以服务于政府内部控制为导向注重反映短期绩效的政府会计目标模式。

1987 年美国政府会计准则委员会 GASB 发布的第 1 号概念公告《财务报告的目标》所强调的受托责任则具有更丰富的内涵。GASB 指出，受托责任要求政府对居民负责，说明公共资源的筹集和使用。政府受托责任的依据是“居民有了解的权利”。GASB 特别把公平尤其是跨期公平作为受托责任的重要组成部分。GASB 指出，“财务报告应当有助于使用者评估当年的收入是否足以支付当年所提供的服务，未来纳税人是否需要负担政府以前提供的服务。”为了达到年度间、部门主体间和年代之间的公平，政府应遵守平衡预算与债务限额法规。平衡预算是要求政府主体在收支活动中能避免财政困难，达到“以收定支”，债务限额法规则要求政府债务的清偿期不超过这些债务资金所获得资产的可能的使用期。委员会认为平衡预算和债务限额法规的目的是当代公民不应把为提供当年公共服务所需的支付负担转移到未来年度的纳税人，所谓代际公平。因为一代定义为约 30 年，并且财务报告无法表达代际公平的术

---

① NCGA. Concepts Statement No. 1, Objectives of Accounting and Financial Reporting for Governmental Units[S]. 1982. para 9.

语的含义，所以委员会认为用年度平衡的概念表述跨期公平可能更加合适。①

继而 1993 年，美国联邦政府会计准则委员会在其第 1 号联邦财务会计概念公告(SFFAC)《联邦财务报告的目标》中，引用了 J. D. Stewart 的观点，对受托责任概念的内涵进一步扩展，指出公共受托责任可以有五个层次或类型：①第一层是政策责任——或抛弃某政策的选择(价值)；②第二层是项目责任——确立及实现目标(结果)；③第三层是绩效责任——有效率地运作(效率性和经济性)；④第四层是过程责任——在执行需要的活动时采用足够的过程、程序或方法(计划、分配和管理)；⑤第五层是廉洁、守法的责任——按照批准的预算和/或批准的项目使用资金(符合性)。在此基础上，公告指出，"'廉洁、守法'的责任是一种最通常通过会计来向公众进行反映的受托责任。然而，会计职业界很早就认识到会计能够并且应该为实现和反映其他某些类型的受托责任作出贡献，例如：①对财务资源的责任；②遵守或坚持法律要求和行政政策的责任；③以高效、经济方式运营的责任；④对政府项目和活动的结果的责任，在其完成情况、效益及效果中反映。"可见，在这 11 年的时间里，美国政府会计出现了向注重反映长期契约责任的公共治理导向目标模式发展的趋势。

政府绩效治理范式的变迁及其所引起的政府会计目标模式的变革，主要是社会契约机制运行中各方关于知情权的谈判力量强弱对比的结果。知情权是公民权利的基本内容，也是公民权利的基本保障。然而，如第三章政府绩效治理机制的演进历史所述，公民知情权是在历史发展中通过各种形式的争取才逐渐得以实现。尤其需要指出的是，在这一过程中，民意代表机构(立法机构)相对于政府机构的力量往往发挥着重要作用。如果立法机构在与政府的关系中处于弱势地位，那么在政府绩效治理机构中可能发挥的作用就较小，政府垄断会计信息的可能性就较大。如果立法机构在与政府的关系中处于可以制衡或相对独立的地位，那么在政府绩效治理机制中可能发挥的作用就较大，从而有可能导致政府会计目标向外部治理导向发展。此外，社会契约机制运行中各方关于知情权的谈判力量强弱对比的不同，还可以解释，同一时期内各国在政府会计目标模式选择及其变迁进程上的差异。

---

① GASB Concepts Statement No. 1, Objectives of Financial Reporting[S]. May 1987, para. 56～61.

4.3 权责发生制政府会计改革必要性分析2：政府会计目标模式变迁对政府会计基础的改革要求

不同的政府会计目标模式选择，必然导致整个政府会计信息系统的变革。其中一个基础的变革内容是政府会计基础的改革。

4.3.1 收付实现制会计与传统绩效治理机制中的透明度障碍①

4.3.1.1 收付实现制会计系统下的机会主义会计行为——"创造性会计"

收付实现制会计系统，易于被机会主义会计行为利用，这也为客观评价政府绩效造成了障碍。Jack Diamond 列举了收付实现制会计系统下"创造性会计"的种种实践(见表 4-1)。

表 4-1　收付实现制会计系统下的"创造性会计"②

1. 暂记账户	
正当使用： 包括三类过渡性账户：支出账户、收入账户和其他收支账户(筹资项目)。当发票或付款命令没有充分的信息说明应将该支出归属何方(将该支出借记哪个预算账户)时，就使用暂记支出账户，在发票支付时将其作为纠正错误分类的一种机制，如果发票未付而货物已发出，可以在获取进一步信息前将金额先记在暂记账户中。一旦取得了充分的信息，支出必须进行调整，即从暂记账户转到正确的预算账户中。	典型问题： 没有取得进一步的信息，暂记账户的金额一直保留到年末，可能永远都不调整。如果账户已付，而相应的预算和会计账户未减记，就会在预算中显示为一个未曾使用的余额，这是支出机构能够实际超支的一种方式。如果账户未付，那么就有欠款，这种机制就常被用来绕过支出控制。另一个问题是，当中央银行代表政府支付，采用了暂记账户而延迟了政府账户的调整时，合并，尤其是预算和预算外账户的合并将变得非常困难。

① 这里所称的传统的政府绩效治理机制，是指这种机制把收付实现制会计作为具有主导性的会计信息支撑甚至是唯一会计信息支撑。研究表明，这种政府绩效治理机制普遍存在着透明度障碍，难以充分保障政府运行透明度的实现。

② 戴蒙德.绩效预算需要权责发生制会计吗？[A].财政部会计司，政府会计研究报告[C].大连：东北财经大学出版社，2005.327.

续表

2.预付款或备用金账户	
正当使用： 为可获补偿的支出提供资金的一种方式。为特定目的（如差旅费、出国公干官员的薪资、合同款、支持正在进行的工作等）而预付的款项，其最终的数字要到成本发生后才知道，一旦成本已知，将从这类账户恰当的科目中补偿并转出。因为或有事项无法预见，有时也使用预付款账户，同样在年末对或有事项拨款时也要结清该账户。通常，预付款的金额应该是较小的，但因为时滞和付款凭证的延误呈送，预付款常常要堆积到会计期间结束后的几个月。	典型问题： 与暂记账户相同。即使预付款返还到预算，扭曲也已经发生了：产品在本期间取得，而付款在下一个期间才记录。这样，本期间的经济结果影响的却只是下一个期间的财务状况。当支出机构担心预算不够用时，就有动机把这些费用作为预付款，使用预付款账户作为一种准备基金，不在年末进行结转。
3.结算账户	
正当使用 暂记应付各类（为政府提供了服务的）机构的金额的账户，与暂记账户相似，等到资金结算后就注销该账户。而且在年度结束前，这类账户的金额也必须全部结转到适当的账户中，因为年度预算有一个前提假设，就是当年的拨款必须当年使用。	典型问题： 该类账户中有许多项目属于经常性支出，由于现金的限制不可能短期内清算完毕。这些项目应该要么通过准备金确认并支付，要么通过补充预算进行确认和支付，但经常是没有这么做，结果这些项目成为拖欠款。同样，这也可以成为记录"不正常"支出的一种渠道。
4.交易账户	
正当使用 像在商业环境下一样运作，把国库作为银行。通常用于一个部门以成本补偿的方式为另一个部门或个人提供服务（如研究机构、复印中心、车库等）。	典型问题： 原则上这是一种很好的实务，因为各部门都有一套记录与其他部门交易的机制。但有时也会被滥用，如通过交易账户记录一些拨款未涉及的不正常支出。
5.存款账户	
正当使用 记录非收入又非资本投入的存款。存款应计的利息贷记收入。例如，政府可能代其雇员收取保险费，在转交给保险公司之前先放在这些账户里。这类账户也可用于返还款（如货物通关时海关预留的款项）。	典型问题： 在现金短缺时，会有诱惑将存款挪作他用，或推迟返还。这类账户的一种非法使用是在财政年度末通过借记政府的主账户，贷记存款账户，来绕过拨款，以便用于以后的支出。

通过如表 4-1 所列示的种种"创造性会计"实践，收付实现制会计系统的数字可以很容易被操纵，这为机会主义会计行为利用收付实现制会计系统固有缺陷提供误导性的会计信息提供了便利。

4.3.1.2 收付实现制核算基础下的财政机会主义——财政调整的"假象"

收付实现制政府会计系统还可能会为政府财政机会主义行为通过虚假的财政调整制造绩效假象提供便利。在政府绩效治理机制发展的历史沿革中可以看到，预算的约束力是公众利益的重要保障，所以预算赤字与负债率往往是国民与其代表机关以及金融市场评价政府绩效的重要指标。比如，欧盟的《马斯特里赫特条约》对其成员国的财政状况进行了规定：财政赤字不应超过本国 GDP 的 3%；累积债务不应超过本国年度 GDP 的 60%。然而，需要强调的是，以不同的政府会计系统作为信息支撑，赤字率的内涵并不完全相同。以常规的赤字计量方法把收付实现制政府会计系统作为信息支撑，这样赤字率主要能够追踪政府显性债务的变化，而通常无法追踪政府资产以及政府隐性负债的变化。

一些学者调查发现，当赤字率按收付实现制核算时，如果政府面临赤字压力，往往会选择降低其资产积累或者提高其隐性债务积累等财政机会主义行为来解决。[①] 具体措施通常包括三大类。第一类，减少公共资产的积累，具体做法有：①通过私有化等方式减少公共资产，以偿还显性负债，从而保持符合要求的赤字率水平；[②]②通过减少公共投资等必要的资本性支出，以弥补财政赤字。[③] 第二类，通过把支出与收入跨期转移以满足今天的现金赤字目标同时保护当前公共消费，具体做法有：①减少当期运营与维护开支，不惜这些资产状况发生恶化而会对政府的税收潜力造成的损害；[④]②跨期转移税收，许多

---

① William Easterly, 1999. When is Fiscal Adjustment an Illusion? [J]. *Economic Policy*, CEPR, CES, MSH, 14(28): 55～86.

② Niskanen, William. *Reaganomics*[M]. Oxford University Press, 1988. 59.

③ Roubini, N. and J. Sachs, 1989. Government spending and budget deficits in the industrial countries[J]. *Economic Policy* 8: 99～132.

④ Gyamfi, Peter. Infrastructure Maintenance in LAC: The Costs of Neglect and Options for Improvement. Volume 4: The Road Sector, World Bank Latin America and The Caribbean Technical Department Regional Studies Program[R]. Report No. 17, June 1992.

发展中国家常常通过提前收税来满足 IMF 项目的赤字目标；[①]③推迟宣布政府拥有存款担保的银行的财务危机，推迟关闭银行或冲销贷款损失，导致银行有动机继续制造坏账，从而加重政府将来的负担。[②] 第三类，通过隐性负债来满足资金需求，从而规避赤字率水平的要求，具体做法有：①通过政府担保等方式，为国内私有部门提供资金支持，使其承担一部分公共部门的职责，提供公共物品或服务，但是相关成本并不纳入政府成本或支出；②对存在缺口的年金计划与福利方案等不设偿债准备金，甚至要求年金基金把早期结余按负的利率借给政府，从而降低政府当期赤字率。[③]

Polackova 研究了 20 世纪末一些争取加入欧盟的国家为了规避财政赤字率与累积债务率的约束所采取的财政机会主义行为，列举了财政机会主义的一些具体实施手段和表现形式（见表 4-2）。

---

① Kopits, George and Jon Craig. Transparency in Government Operations[A]. International Monetary Fund Occasional Paper 158, Washington D. C., January 1998.

② Kotlikoff, Laurence J. *Generational Accounting*[M]. New York: The Free Press, 1993.

③ World Bank. The Old-Age Crisis[R]. Policy Research Report, Oxford University Press, 1994. 128.

表 4-2 政府为满足赤字或债务规定而可能采取的机会主义行为[①]

行为	增加政府未来应付项目和负债	减少政府未来应收项目	稀释资产价值
政府收入方	• 开征特定的未来需要偿还的税种。 • 承诺未来提供救济金而收取的现金。 • 记录总收入，而不是记录扣除未来需要支付金额后的净值。 • 将一些现有的公共债务工具转换为溢价发行的指数债券。 * 将担负债务的政府机构转为合法的独立实体，并由政府为其提供担保。 * 签订公共债务的回购协议。	• 保留将在未来财政年度到期的收入。 • 以豁免未来税金为条件收取现金。	• 记录财产出售的资本利得，可能随后附带租赁或回租合同。 • 从中央银行黄金储备价值重估中收取股息。 • 对公众持有的财产收取较高的股息。 • 出售中央银行的黄金及国有资产。
政府支出方	• 推迟难以摆脱的支出，如基础设施投资和维护。 • 采取与直接提供融资相对的预算外政府支持。 • 推迟政府采购和转移支付的法定确认和融资。 • 记录从公司和银行以面值购入的(不良）资产的补偿金。 • 记录国家和地方机构的赤字，在政府数字之外提供非市场性的公共服务。 * 忽略存在于政府范围之外，但是从政府担保中受益的公共企业和机构的负债净值。 * 提供贸易信贷，将其作为一种支持形式。 * 从债务报告中剔除或有负债。		• 消减运营和维护支出。 • 减少对提供服务的资产的辅助性投入。

表注："•"标志政府为满足赤字规定而采取的机会主义行为，"*"标志政府为满足债务的规定而采取的机会主义行为。

① Hana Polackova, Hafez, Ghanem and Roumeen, Islam. 1999, Fiscal Adjustment and Contingent Liabilities :Case Studies of the Czech Republic and Macedonia[A]. Working Paper. No. 2177. World Bank，转引自马恩涛. 财政调整、机会主义与政府或有负债[M]. 财经论丛，2006(7).

Easterly 指出，如果一项财政调整在降低预算赤字或公共债务的同时保持政府净值未变，那么这项财政调整就不是一个实质性的财政调整，而是一个财政调整的"假象"(illusion)。衡量赤字的一个更恰当的方法是，公共部门资产减去所有负债所发生的变化，换言之，公共部门净值(net worth)所发生的变化。①

其他一些经济学家如 Ott and Yoo (1980)②, Buiter (1983, 1985, 1993)③④⑤, Blejer and Cheasty(1991)⑥, Bohn(1992)⑦, Eisner(1986, 1984, 1984)等，也都指出，把赤字界定为"净值的变动"(change in net worth)，才是正确的概念性计量。以"净值的变动"作为评价指标衡量政府绩效，才有助于将政府的注意力从关注资产、显性负债以及隐性负债之间构成关系的调整，转移到真正能够提升净值的各项努力。⑧⑨⑩

---

① William Easterly, 1999. When is fiscal adjustment an illusion? [J]. *Economic Policy*, CEPR, CES, MSH, 14(28): 55～86.

② Ott, Attiat F. and Jang H. Yoo. The Measurement of Government Saving[A]. in George M. Von Furstenburg, ed., *The Government and Capital Formation*[C]. Ballinger Publishing Company, Cambridge MA, 1980.

③ Buiter, Willem, 1983. Measurement of the Public Sector and Its Implications for Policy Evaluation and Design[A]. IMF Staff Papers, Vol. 30(June): 306～349. (updated and reprinted in Mario Blejer and Adrienne Cheasty, eds., *How to Measure the Public Deficit: Analytical and Methodological Issues*[C]. IMF, 1993).

④ Buiter, Willem, 1985. A Guide to Public Sector Debt and Deficits[J]. *Economic Policy*, November: 14～79.

⑤ Buiter, Willem, Giancarlo Corsetti, and Nouriel Roubini, 1993. Excessive Deficits: Sense and Nonsense in the Treaty of Maastricht[J]. *Economic Policy*, April: 58～100.

⑥ Blejer, Mario I. and Adrienne Cheasty, 1991. The Measurement of Fiscal Deficits: Analytical and Methodological Issues[J]. *Journal of Economic Literature*, December: 1644～1678.

⑦ Bohn, Henning, 1992. Budget Deficits and Government Accounting[A]. Carnegie—Rochester Conference Series on Public Policy, 37: 1～84.

⑧ Eisner, Robert. *How Real is the Federal Deficit?* [M]. The Free Press: New York, 1986.

⑨ Eisner, Robert. 1984. Which Budget Deficit? Some Issues of Measurement and Their Implications [J]. *The American Economic Review* 74(May): 138～143.

⑩ Eisner, Robert and Paul J. Pieper, 1984. A New View of the Federal Debt and Budget Deficits. *The American Economic Review*, 74(March): 11～29.

当前经济学家主要从财政政策分析的角度提出将净值引入资产负债表。Bob Traa and Alina Carare 指出，反映净值的资产负债表（见表 4-3）有助于评价财政政策对净值的影响，也有助于在评价净价值变动趋势的基础上，确定财政政策的可持续性。① 中国学者张春霖也指出，要评估政府的偿债能力与财政可持续性，有必要把财政、银行、企业三个部门作为一个整体，编制政府或公共部门的资产负债表（见表 4-4），并计算政府净值和测算其变化趋势。②

表 4-3　引入净值概念的资产负债表举例一③

（概念上的）公共部门资产负债表	
按占 GDP 的百分比	
公共资产	120
财务资产	30
其中：现金	5
储备金	25
非财务资产	90
其中：净资本存量	55
公共企业	35
公共债务与政府净值	120
负债	105
其中：借款总额	70
其他负债④	35
政府净值	15

① Bob Traa and Alina Carare, A Government's Net Worth[J], Finance & Development, 2007(6). Available in . http://www.imf.org/external/pubs/ft/fandd/2007/06/traa.htm.

② 张春霖. 如何评估我国政府债务的可持续性[J]. 经济研究，2000(2).

③ Bob Traa and Alina Carare, A Government's Net Worth[J], Finance & Development, 2007(6). Available in . http://www.imf.org/external/pubs/ft/fandd/2007/06/traa.htm.

④ 包括或有负债/隐性债务。

表 4-4 引入净值概念的资产负债表举例二①

公共资产	公共债务与政府净值
1.非债务收入的筹资能力(税收等未来收入流折现)	1.非债务支出义务(包括未来年份为解决失业、环境等问题所需用的开支)
2.国有企业的净值(国家在国有企业的所有者权益的市场价值)	2.国有金融机构不良资产市场价值与面值的差额
3.国有金融机构的净值(不良资产按账面价值计算)	3.隐性养老金债务
4.国有非生产性资产的市场价值	4.国债余额
5.国有土地使用权的市场价值	5.外债余额
6.国有部门对非国有部门的其他索取权	6.非国有部门对国有部门的其他索取权
	7.政府净值(＝资产－债务)

为了确保数据质量，政府的财政统计必须以政府会计信息系统为基础。那么，从会计的角度来看，“净值”这一概念具有什么意义呢？本书认为，净值是政府跨期行为表现的概念，是表明政府长期绩效的指标，其实质是某一时点政府受托管理的公共资源的价值结余。比如，Eisner and Pieper 估计美国合并政府债务从 1946 年到 1980 年增加了 10 亿美元，而美国总的合并政府资产提高了 30 亿美元，这样就可以得出美国政府的净值(实质是美国国民所拥有的公共产权净价值)提高了 20 亿美元。② 净价值在意义上相当于企业的所有者权益，它是所有公共资产(包括财务资产与非财务资产)减去所有公共负债(包括显性负债与其他债务)的余额。“净值的变化”可以表明一定时期政府受托管理公共资源的结果。这样，将净值概念引入政府资产负债表，便意味着政府资产负债表成为一张政府作为受托人向所有者(国民)报告公共产权运营成果与财务状况的报表。

① 张春霖.如何评估我国政府债务的可持续性[J].经济研究，2000(2).

② Eisner，Robert and Paul J. Pieper，1984. A New View of the Federal Debt and Budget Deficits[J]. *The American Economic Review*，74(March)：11～29.

由以上分析可见，在评价政府绩效时引入“净值”概念，把赤字界定为“净值的变化”，有助于客观揭示政府的长期绩效，从而有助于抑制财政机会主义行为。然而，收付实现制政府会计在核算非财务资源、积欠的长期债务（包括积欠的长期借款与相关利息、或有负债、隐性负债等）、公共物品与服务的完全成本等方面存在盲区，无法提供相关的数据支持。

4.3.2 公共治理导向会计目标模式下引入权责发生制会计基础的必要性

20 世纪 80 年代以来，经济国际化、全球化的发展以及民主政治的发展使公共管理环境发生了重要的变化。政府会计信息的主要使用者不再只是政府内部控制的主体，而是扩大到广大的社会公众、公民代表机构、政府债券投资者和其他债权人、国内国际资本市场的评估机构、财务分析师以及私营部门。他们对政府会计信息系统提出了新的要求：要求提供完整、全面的资产负债与成本信息，以评价政府财务状况与运营绩效。面对新的信息需求，收付实现制基础的政府会计却无能为力：①中央和地方政府财务状况信息被扭曲。公民作为公共产权的所有者，却无法获得有关公共资源保值增值的完整信息，无法评价政府受托保护公共产权的情况。政府财政预决算信息的使用者无法了解政府行政能力方面的各种资源，政府拥有的资产（固定资产、无形资产等）和承担的负债（积欠的长期债务、拖欠的费用等）在收付实现制报表中无从体现。②完全成本信息的失真和成本波动。政府运营既需要现金流量支持，同样也要利用以往的资源。收付实现制不核算长期资产的耗损，不能充分反映政府公共服务的相关成本。因而，收付实现制下的成本信息用于评价政府工作效率和服务质量将产生偏差。此外，跨期资产的使用和耗费，使按收付实现制确认的产品和服务成本，在不同期间内忽高忽低，呈现不应有的波动。成本信息的失真，使得接受产品或服务的公众对政府的信任度降低，同时也不利于政府部门内部合理的激励机制的架设。③收益性支出和资本性支出的混淆。对跨期资本性支出，收付实现制在现付日即作为费用核销，因而预算报表就不包括此类支出的使用价值和服务年限信息。这种做法导致国有资产规模和数量信息失真，对这些资产的管理和监督也可能失控。同时一定程度上也为挪用预算经费开了方便之门。④隐性负债问题。因为收付实现制只有在用现金实际清偿负债时，才对其确认，而根本不提前考虑未来的许诺、担保和其他或有因素，事实上形成了隐性负债问题。最常见的是，对贷款、养老金、社会保险计划等，政府按原定利率或精算方法确定的承诺，可能导致若干年后的巨额现金流出。这类预算资源分配的重大问题，在收付实现制下往往被忽视了。⑤不适应新的预算管理的要求。对政府财政预算信息的使用者而言，因无法全方位地把握固定资产、无形资产等影响政府行政能力的各种资源信息，不利于正确地对政府部门使用公共资源的效率、效果和经济性进行决策和管理，不利于政府采购、部门预算和国库集中支付等预算管理活动的落实。同样，对政府累计形成的负债不能合理地制定偿还计划，对未来的各种或有风险也不能做到防患于未然。

4.3.3 公共治理导向政府会计目标模式下引入权责发生制会计基础表现出的优越性

权责发生制会计基础为使用者提供了有关由主体控制的资源、运作成本（提供商品和服务的成本）信息、改进的现金流动信息和其他有助于评价财务状况及其变动、报告主体运作的经济性和效率性的财务信息。具体展开来说，权责发生制基础政府会计的优势主要表现在以下几个方面：

①权责发生制有利于对资产的持续管理，对使用年限长的基础建设尤其如此。在权责发生制基础下，政府面临的不仅是增购资产问题，而更应重视如何对现有资产进行养护、改良以及使用年限的延长。通过确认持有资产的成本并将其与使用情况进行比较，可以更好地认识持有资本的成本。

②在促进资产持续性管理的同时，负债管理也得到了加强。权责发生制避免了隐性负债藏而不露的问题，机构管理者也难以将他自身应承担的当期成本转嫁给继任者。此外，对雇员养老金、社会保险和贷款等长期承诺，若以政府负债的形式加以揭示，既有利于今后的预算制定，也在真正意义上增加了信息的透明度。

③权责发生制揭示的政府负债情况，有利于政府正确地进行融资决策。如在融资租赁情形下，权责发生制会计向所有权人和债权人提供判断性信息，如果设备的主干部分已经废弃不用，或累计了长期负债，所有权人和债权人就需要知道设备废弃计划、债务到期时间。这样的压力促使公共部门加强设备管理，合理安排偿债计划。

④权责发生制下的资产减负债的净值，体现了政府公共部门代理公众所

拥有的净财富，净财富数额及其变动支持政府长期的决策。政府将随时关注当前和今后的财务状况（特别是对国债的把握）、各届政府权益，以及在实物、人力和研究开发资本的结构方面对现在和未来福利的贡献。

⑤权责发生制方法在配比基础上确定产品或服务的“真实完全成本”，且这是一种既具有期间可比性，又可与外部竞争者作比较的成本。由于有完整、可比的成本信息，可以鼓励竞争，便于决定内部收费或定价问题。同时基于真实成本基础，管理上就可以要求公共部门以产量（产品或者服务）或经营成果来衡量其工作绩效。同时，真实、准确的完全成本指标增强了决策的相关性，进而强化了受托责任，管理者必然把视野从现金控制转向资源优化配置层面。

从以上分析可见，在政府会计中引入权责发生制会计基础，不仅有助于增强政府运行对外部绩效治理主体的透明度，也有助于增强政府内部的透明度。对外透明度的增强有助于提高外部绩效治理的效果，内部透明度的增强有助于提高政府内部绩效治理的效果。

4.4 权责发生制政府会计的系统结构分析：基于绩效治理的权责发生制会计系统设置与会计基础的选择

由上一节分析可见，政府会计中引入权责发生制会计基础是绩效治理范式变迁到一定阶段的必然要求。那么，为了满足绩效治理的信息需求，应如何进行权责发生制政府会计系统的结构建设？权责发生制政府会计改革在世界范围内兴起以来，许多国家在这方面积累了一定的经验。

4.4.1 权责发生制政府会计系统结构建设的国际经验

4.4.1.1 英国中央政府的权责发生制政府会计系统结构建设

英国中央政府传统的政府会计系统的主要构成是收付实现制的预算会计。英国中央政府主要是基于强化公共支出控制的需要而推行权责发生制政府会计改革的。在英国权责发生制政府会计系统结构的建设历程中，最突出的成就之一就是在保留传统预算会计系统的同时建立了资源会计系统。

在 1993 年 11 月的预算公告中，英国财政大臣宣布实施资源会计。1994 年 7 月，英国财政部发表了一份意见征询文件，题为《对纳税人的钱做更好的会计核算：在政府中实施资源会计与预算》。该文件对资源会计的主要特点、预期效益等方面进行了介绍①：

· 资源会计的概念包括用于报告英国中央政府支出的一整套的权责发生制会计技术，以及一整套针对各个部的目标，并且在可能的情况下将其与各个部的产出相挂钩的支出分析框架。中央政府是指内部各部与其所属的包括商业基金在内的执行机构。

· 资源会计应遵循的会计准则与会计惯例都应依据英国公认会计实务(UK GAAP)，并且要符合经过调整适用于中央政府与国会控制的 1985 年《公司法》(*Companies Act*)中关于核算与披露的要求以及会计标准等规范。

· 资源会计旨在允许各个部的管理者在相同的基础上评估使用资本与各种资源的成本。预计这样可以使各个部加强现金管理，并且有利于各个部根据所使用的资源的情况确定部门目标。

· 资源会计预期会为政府部门和整个经济带来效益。其中包括：为政府各部门提供更加准确、相关的管理和决策信息；有助于强化对整个公共支出的控制；为制定经济政策和编制国民收入报告提供有关公共部门中固定资产的价值与使用情况，以及资本消耗情况的信息等等。

在英国中央政府权责发生制政府会计改革中，资源会计系统是对 19 世纪中期以来就存在的预算会计系统的补充而不是替代。传统预算会计系统是现金管理系统，作为现金管理工具的用途是不可替代的。这两类政府会计系统的报告主体截然不同。在传统预算会计系统中，主要有统一基金、国家贷款基金和或有基金等三个报告主体。在权责发生制的资源会计系统中，报告主体是政府各部门。此外，英国中央政府还拥有为政府内部管理提供信息服务的会计系统，即管理会计信息系统。相比之下，管理会计一般不需要遵循官方机构制定的会计准则，实务处理也可以多种多样。

① 转引自陈小悦、陈立齐. 政府预算与会计改革——中国与西方国家模式[C]. 中信出版社，2002. 108～117.

4.4.1.2 美国州与地方政府的权责发生制政府会计系统结构建设

美国州与地方政府传统的政府会计系统是收付实现制的基金会计。历史上，美国的政府为了分别追踪应用于专门项目的资金而创立各种基金。这种基金会计概念也经常在政府预算过程中采用。美国州与地方政府推行权责发生制政府会计系统结构建设的核心内容是，在保留这一基金会计系统的同时，引入权责发生制政府会计基础，根据计量财务绩效的需要，对不同基金采用各自适当的计量基础，并在此基础上形成政府整体财务报表。在建设权责发生制政府会计系统的过程中，GASB 第 34 号准则公告发挥着重大的作用和影响，这一准则对基金会计系统的修正详见表 4-5。

表 4-5 GASB 第 34 号准则对美国州和地方政府传统基金会计系统的修正[①]

项目	修正前的做法	GASB 第 34 号准则公告要求
报告结构	金字塔模型，基金联立报表汇总为按基金类别列示的联合财务报表。	双重视角：政府整体视角；主要基金和其他基金
MD&A	不做要求；管理当局对传递的内容和方式有广泛的自主选择权。	属于必要的补充信息，并且对其内容有明确规定。
会计基础	取决于基金性质和筹资活动；企业类基金采用完全权责发生制；政务基金采用修正的权责发生制。	取决于财务报告视角；政府整体报告采用完全的权责发生制；基金财务报表没有变动。
强调重点	更强调当期的运营(运营表)。	更加强调财务状况(净资产表)。
运营表	列示可用资源的使用	列示由一般收入提供资金的服务的净费用。
预算比较	以预算为基础，实际与最近修订的预算相比较。	同样以预算为基础，实际与原始预算和修订的预算相比较。
固定资产	如果属于个别基金就记录在基金中；如果属于政府，就报告在账户组中；不包括基础设施。	将其报告在政府整体财务报表中，由程序表支持；不包括在政务类基金中。

① 陈小悦、陈立齐. 政府预算与会计改革——中国与西方国家模式[C]. 中信出版社，2002. 25.

续表

项目	修正前的做法	GASB 第 34 号准则公告要求
固定资产折旧	个别基金类的固定资产报告折旧费用和账面净值；一般固定资产不报告折旧费用。	除某些例外情况以外，所有的固定资产都要报告折旧费用和账面净值。
长期负债	如果是按个别基金发生的就记录在基金中；如果属于整个政府，就记录在账户组中。	报告在政府整体财务报表中，由程序表支持。
账户组	要求有一般固定资产账户组和一般长期负债账户组。	不允许有账户组；通过一览表和附注披露大量信息。

4.4.1.3 国际领域政府会计体系的新内容——成本会计系统建设

为了配合权责发生制会计有效地追踪产出成本，在将成本会计引入政府会计体系方面，国际领域也有了一些进展。美国联邦会计准则咨询委员会于1998 年发布的第 4 号准则公告《管理成本会计概念和准则》，旨在为联邦计划活动与产出成本提供及时可靠的财务信息，为国会及联邦行政管理部门做出配置联邦资源、授权及修正计划内容、评估计划绩效等决策提供相关的成本信息，为计划或项目主管人提供管理决策的相关信息以提高运营效率和效益，从而满足国会、联邦政府各部门内部管理的需要。国际会计师联合会公共部门委员会于 2000 年发布了第 12 号专题研究报告《政府成本会计的前景》，旨在帮助政府财务官员与其他政府会计人员开展并实施成本会计。

4.4.2 对权责发生制政府会计系统结构的思考

综观世界各国建设权责发生制政府会计系统的经验，可以看到，各国的权责发生制政府会计改革有一个基本共同点，即都不是新的政府会计系统对传统政府会计系统的替代，而是在改善传统政府会计系统功能实现的同时，引入权责发生制会计基础，补充政府绩效治理所需要的其他政府会计系统，以实现政府会计系统功能的完善和提升。

当前世界各国正在运行中的政府会计系统主要有以下几种：资源会计系统、基金会计系统、预算会计系统和成本会计系统。广义会计信息系统的传统分类方法主要是把会计信息系统分为财务会计信息系统和管理会计信息系统两类。这两类系统的划分主要依据信息加工规范要求的差异。财务会计信息系统产出的信息要符合对外公开披露的质量要求，所以要遵循一般公认的或官方指定的会计准则和惯例；而管理会计信息系统所产出的信息主要是为了满足政府内部管理的需要，所以并不要求遵循这种准则和惯例。

按照这一分类，资源会计系统、基金会计系统都要服务于公开披露会计信息的需要，所以可归类于财务会计系统，成本会计系统和预算会计系统的归类则出现困难。预算会计系统既要服务于公众及其代表机构评价政府预算执行情况的需要，又要服务于政府本身的管理需要，所以预算会计系统一方面要提供对外公开披露的信息，另一方面又要为满足预算管理的需要提供信息，两种信息的质量要求不同，决定了预算会计系统需要运用两种加工机理来加工会计信息，这样，预算会计系统有对应于财务会计信息系统的部分，又有对应于管理会计信息系统的部分，那么预算会计系统属于财务会计信息系统，还是属于管理会计信息系统？

对成本会计系统的归类也出现类似的困难。成本会计系统既要服务于社会公众与立法部门对政府活动成本的信息需求，又要服务于政府管理者实行成本管理的信息需求。所以成本会计系统既有对应于财务会计系统的部分，又有对应于管理会计信息系统的部分。

所以本书认为，在进行权责发生制政府会计的系统构建时，应超越一般会计信息系统的传统分类方法，根据政府和政府会计运行的自身特点和需要，构建权责发生制政府会计的系统结构。

4.4.3 基于绩效治理的权责发生制会计系统设置与会计基础的选择

那么，根据政府和政府会计运行的自身特点和需要，政府会计系统应设置哪些核算子系统？为了满足不同子系统的核算需要，应如何对会计基础进行选择？现代政府环境下，政府会计的首要任务是满足政府绩效治理的需要。从政府绩效计量与报告的需求出发，本书提出权责发生制政府会计系统设置与会计基础选择的建议如下。

4.4.3.1 资源会计系统与会计基础选择

资源会计系统，用于核算政府在公共资源管理方面的绩效。政府受托管理和使用公共资源，必须遵循经济性、效率性、效果性、公平性（包括代际公平）的标准。衡量政府的资源管理绩效，必须考查这些标准的遵循情况。净值是衡量政府资源管理绩效的一个重要参考性指标。它是政府受托管理的社会资源存量的结余，它的实质是某一时点国民所共同拥有的公共财富的价值结余。当然，由于人类繁衍的必然性和社会契约的持续性假设①，这里的国民应具有世代的概念，既包括当前的国民，也包括未来年代的国民。检视净值的增减变化及其构成，有助于分析政府运营和管理公共资源的经济性、效率性、效果性与公平性，尤其可用于分析政府运营公共资源是否遵循了代际公平的原则。

净值的重要性，往往也通过预算平衡法律精神体现出来。法律经常要求政府的预算要实现收支平衡，或对政府用于弥补预算赤字的债务进行限制。这些法律的总目标就是跨期公平，即限制政府把支付当代人福利的负担转移给未来的纳税人。

所以，计量与报告政府的资源管理绩效，应以追踪净值的变化为侧重点，这就要求会计系统要把经济资源的流动作为计量焦点。经济资源包括所有货币性和非货币性资源。据此，会计核算具有以下特点：

①会计主体的资产负债表中应反映所有的经济资源和经济资源的来源。这样，资产就包括流动资产与长期资产，负债包括短期负债与长期负债，总资产减去总负债为净资产。

②会计主体的营运表中反映会计期间业务运营活动赚得的和法律许可的各项收入，但不包括发行债券和举债的现金流入。

③会计主体的营运表中应反映各期间提供物品与服务的完全成本。完全成本中包括固定资产折旧与其他应计支出，但不包括购置长期资产的支出和偿还债务的支出。

可见，为了对经济资源流动进行确认和计量，资源会计系统必须以完全的权责发生制作为会计基础。

4.4.3.2 基金会计系统与会计基础选择

政府对国民所承担的公共受托责任是通过政府开展具体的运营活动而实现的。不同类型的政府运营活动具有不同的使命和不同的运营特点。

---

① 社会契约一旦建立，往往假设它是具有持续性的。

一般而言，政府开展三种类型的运营活动：①政务类活动（governmental activities）。这类活动是政府的核心业务。这类活动的特点是，不以追求利润为目标，而以为公民提供私人机构无法提供的公共物品为使命。为了完成这一使命，政务类活动需要耗用公共资源。这些资源的来源主要是税收等非交换交易，这些资源的耗用一部分属于提供公共物品的直接成本，一部分属于政府日常运营的行政开支。②商务类活动（business-type activities）。这些活动的资金主要来源于使用收费，主要由交换性交易组成。③信托活动（fiduciary activities）。在这类活动中，政府作为代理人而持有其他个人、组织或其他政府单位的资产。

不同类型的政府活动，所担负的使命不同。为了确保特定金额的公共资金能够被用于特定的政府活动以实现特定目标，并符合特定制度、限制或约束，对公共资金的管理与使用必须按基金制进行管理。用于核算这些基金的会计系统称为基金会计。基金（fund）是一组具有特定用途、要求专款专用、专项核算和报告的财务资源。

在基金会计系统中，基金可以被解释为会计主体，即政府及非营利组织为了达成特定目的或从事特定活动而按照法律法规及其他限定分开设立、自求平衡的一组财务资源及其相关的负债和剩余权益或余额。但是，基金不是一个法律实体，也并不等同于银行账户余额，它包含了各种资产、负债以及基金余额，并且基金余额也不代表可供支用的现金。由某个基金记录的资产，在实物上并不一定与其他基金所记录的资产分开。设置基金的重要意义在于，有利于保证公共财政资源或其他资源真正用于限定的用途，以体现资源的专用性。政府公共部门应当根据国家法律、法规、行政法令、合同协议的规定设立基金。

所以，从落实受托责任的角度而言，政府会计系统中使用基金会计模式有其客观依据：由于政府运营的多样性，使单一的会计主体不可能记录和概括所有政府财务交易及其绩效结果。

某一基金类型总是与一定类型的政府活动相对应，不同类型政府活动具有不同的绩效目标，这就要求用基金会计来计量与报告不同类型政府活动的绩效时具有不同的侧重点。下文便以美国政府会计准则委员会（GASB）的基金分类为例，对这一问题进行探讨。

第一大类，政府基金。政府基金为政务类活动而设置，具有三个特点：一是这些基金主要来源于税收或债券收入；二是这些基金的财务资源收支必须遵守严格的政府预算程序；三是这些基金对财务资源的消耗用于非营利性的公益目的。政府基金又可细分为普通基金、特种收入基金、资本项目基金、偿债基金、永久基金等五大类。

第二大类，权益基金。权益基金为商务类活动而设置，这些活动提供服务所耗费的资源要通过向服务对象收取服务费来弥补。权益基金又可细分为企业基金与内部服务基金。企业基金的设置主要用于处理如下营业活动：一是筹资、经营方式与私营企业相类似的活动，目的在于向公众持续地提供商品或服务，且成本主要是通过向使用者收费予以补偿；二是由管理机构决定分期确定收入、成本费用和净收益，以便实现资本保全、公共政策、管理控制和受托责任等目的。内部服务基金是为处理在成本补偿的基础上政府单位的一个部门机构向另一个部门机构或其他政府单位提供商品或服务的活动而设置的基金。

第三大类，信托基金。信托基金为信托活动而设置，用于处理政府或政府单位以信托人或代理人的身份接受个人、私人机构、其他政府单位或其他政府基金资产的保管或监督。信托基金依据其信托本金可否支用可分为可支用信托基金与不可支用信托基金。可支用信托基金的信托本金可以根据信托人指定的用途支用。不可支用信托基金的信托本金不能支用，而必须用于投资，其投资收益可按信托人指定的用途支用。

政府基金关注的重点是法定拨款或法定授权的支出与可用于筹措支出的收入相配合，其核算目的不在于确定应该收取多少税收，而在于收取多少在当期可支用的税收，实现“收支平衡，略有节余”。所以，计量与报告这一类活动的绩效，应以当期财务资源流动为计量重点。按照这一计量侧重点，收入应当在其可使用和可计量的会计期间予以确认，支出应当在基金负债发生并可计量的会计期间予以确认，这要求会计基础应采用修正的权责发生制。

权益基金关注的重点是确定使用收费对成本的补偿，所以计量与报告这一类活动的绩效，应以经济资源流动为计量重点。按照这一计量侧重点，收入应当在已赚得并可计量的会计期间确认，成本应当在已消耗并可计量的会计期间确认，这要求会计基础应采用完全的权责发生制。

对于信托基金中的可支用信托基金，类似于政府基金，应以当期财务资源流动为计量侧重点，采用修正的权责发生制作为会计基础，对于信托基金中的不可支用信托基金，类似于权益基金，应以经济资源流动为计量侧重点，采用完全的权责发生制作为会计基础。

4.4.3.3 预算会计系统与会计基础选择

为了保障公共受托责任的履行，政府管理和运用公共资金应依据立法程序确定和批准预算。预算不仅是管理与控制公共资金的工具，而且是体现政府绩效要求的公共政策。所以计量与报告政府预算的遵循性是政府绩效计量与报告的重要内容，这就要求建立预算会计系统，对预算的批准、划拨及执行程序的会计处理，追踪预算周期（尤其是预算支出周期）各阶段预算资金的流动。预算支出周期包括拨款（appropriations）、承诺（commitments）、核实（verification）与付款（payment）四个阶段。支出周期始于拨款，在拨款阶段，立法机关通过法案授权某个特定目的或某个政府单位在特定期间内可以开支的法定数额。在承诺阶段，政府支出机构做出导致“政府支出义务”发生并且需要在未来某个时间履行的决策或决定。在核实阶段，政府机构对供应商交付的商品与服务进行核实。在付款阶段，政府机构向商品与服务供应者支付款项。

为了追踪预算周期各阶段的预算资金流动，预算会计应将政府预算与政府会计结合，通过预算与实际的比较，来获得关于预算遵循情况的信息。预算会计系统包括三类账户：第一类账户是预算账户，用于记录立法审批所通过的预算额度，是对立法所设立的标准进行记录。第二类账户是会计账户，用于追踪预算资金的实际流动情况。第三类账户是保留数会计账户，用于记录和反映政府及政府单位履行对外签订合同义务的情况。

预算账户主要有三个：①预计收入账户，按预算基础反映财政年度总的预计收入，用于全面控制预算收入，为预算执行过程中将当期预计收入与实际收入的比较提供基础。②核定经费账户，按预算基础反映财政年度批准的总支出，用于控制支出，并为预算支出与实际支出的比较提供资料。③基金余额账户，用于记录预计收入与核定经费之间的差额，以反映预算年度预计的运营结余或赤字。预算年度结束时，应将预算账户记录的年度运营预算予以结清。预算账户的记录是根据立法审批下来的年度预算文件中所确定的数字，并不涉及会计期间实际收入和实际支出的会计确认。

会计期间实际收入和实际支出要通过会计账户进行确认。其中，对于实际支出，要分别在核实与付款两个阶段设置会计账户进行确认与计量。

政府单位通常要对外签发各种消耗性物品或服务采购单或合同，为了使预算责任的确认与记录不受商业信用等方面的影响，预算会计系统中还需要设置一套保留数会计账户。保留数会计账户的功能主要是对预算资金在承诺阶段的流动进行追踪。保留数会计账户包括“保留支出”和“保留支出储备”两个账户。保留支出不是某个会计期间的实际支出，它表示将来财务资源耗费的一种许诺。同样，保留支出储备也不是一种负债，它仅仅表示对财务资源的一种预算安排。当签发合同时，应借记“保留支出”、贷记“保留支出储备”。若一份有效的合同得到履行或该交易实质上已经完成，应立即消除此账户记录，并记录实际的支出和相关的负债，即一方面作借记“保留支出储备”、贷记“保留支出”，另一方面作借记“保留支出”、贷记“应付凭单”。

通过以上三类账户，预算会计可对预算周期各阶段的预算资金流动进行追踪。所以，实际上预算会计是以预算授权与预算责任的发生为计量和确认的基础。需要强调一点的是，预算授权与预算责任的发生并不等同于完全的权责发生制，也不等同于完全的收付实现制。在以现金为预算拨付基础的情况下，预算授权与预算责任的发生，与现金的流动是密切相关的。但是预算会计为了追踪预算执行情况，必须还要考虑到未涉及现金流动但涉及预算责任发生的因素，比如，“承诺”会导致政府支出义务的发生但暂时未涉及现金流出。又如由于商业信用期的存在，“核实”会导致应计支出的发生，但不一定立即导致现金流出。所以，可以将预算会计的基础视为一种修正的收付实现制，但是从预算执行的范畴来看，这种修正的收付实现制仍然体现了预算上的权利与责任的发生。

4.4.3.4 成本会计系统与会计基础选择

成本是反映政府绩效的重要指标。美国联邦政府会计准则第4号公告(SFFAS NO. 4)《管理成本会计准则》中所列举的成本信息五个关键领域，对于认识成本信息在政府绩效治理机制中的主要作用领域具有重要的参考价值。[①] ①成本信息对预算成本控制的支持。成本信息有助于提高预算机制在成本控制方面的有效性。一方面，在编制预算时，以项目作用的成本信息为基

① 美国联邦财务会计准则第4号。

础估计预算的未来成本，可以提高预算的科学性；另一方面，在执行预算时，成本信息可以作为预算执行情况的反馈，有助于加强对预算执行的控制。②成本信息对绩效评价的支持。绩效评价涉及对项目的效率与效果进行评价。效率是产出与成本之比，意味着单位成本的产出。效果是效果（有效产出）与成本之比，意味着单位成本的效果（有效产出）。所以成本是绩效评价的基础要素。③成本信息对公共定价的支持。公共定价政策必须综合考虑相关的法规与管理政策的要求，但成本也是定价的一个重要考虑因素。预算管理机构的定价标准可分为三种情况：一是以弥补完全成本为基础的定价；二是不限于补偿完全成本的定价；三是由于政策和经济方面的约束，低于完全成本的定价。对于任何一种情况，商品和服务的成本信息都是公众、民意代表机构与政府管理者所关心的重要内容。④成本信息对项目评估决策的支持。与项目授权、修改或终止有关的项目评估决策通常需要对项目进行成本收益分析，而成本信息是进行这一决策分析的重要基础。⑤成本信息对经济选择决策的支持。在对众多措施进行经济选择决策时，往往需要比较不同选择的成本，所以成本信息是进行这些决策的重要支持。

为了确保成本会计在这些领域中切实发挥作用，应当选择恰当的会计基础对成本进行确认与计量。那么，如何进行选择？SFFAS NO. 4 认为，选择成本会计确认与计量基础的一个重要考虑因素，是要看成本会计信息是要为哪一类会计系统提供服务。①当成本会计用于为财务会计和财务报告提供成本信息支持时，应采用权责发生制会计与历史成本计量原则。②当成本会计是用于为预算编制和预算检查提供信息支持时，可以在采用权责发生制会计与历史成本计量原则的基础上，根据预算编制与检查的需要进行适当调整。③当成本会计是用于计划决策等其他特殊目的时，可以采用其他适当的会计基础以及重置成本等计量方法，但不应与项目的目标使命相违背。

4.4.3.5 不同会计基础在满足会计信息使用者信息需求方面的互补

由以上分析可见，权责发生制政府会计系统并不必然排斥收付实现制会计基础。比如，在资源会计系统中，资源会计系统的产出之一——现金流量表，就需要以收付实现制会计基础来编制。在预算会计系统中，如果预算授权是现金基础的，那么对于预算责任履行的追踪，则需要采用（修正的）收付实现制。在基金会计系统中，对于不同类型的基金，则需要采用完全的权责发生制与修正的权责发生制。所以说，不同的会计基础提供了会计信息使用者所需要的不同信息，且各有所重。表 4-6 归纳了不同会计基础在满足会计信息使用者信息需求方面的互补。

表 4-6　不同会计基础在满足会计信息使用者信息需求方面的互补①

会计信息使用者的不同信息需求	收付实现制		权责发生制	
	完全的收付实现制	修正的收付实现制	修正的权责发生制	完全的权责发生制
与法定预算的符合性	是	是	是	是
与法律、合同要求的开支限制的符合性	现金需要和限制	现金和现金等价物的需求和限制	现金和财务资源需求和限制	现金和经济资源需求和限制
资源、分配和财务资源的使用	现金资源	现金和现金等价物资源	现金和财务资源	现金和财务资源
提供基金和现金需求	现金资源	现金和现金等价物资源	现金和其他财务要求	现金和其他财务要求
为活动提供基金和偿付负债与责任的能力	来自于现金	来自于现金和现金等价物	来自于财务资源	来自于经济资源
财务状况及其变化	现金状况	现金和现金等价物状况	财务资源	财务和经济资源
根据服务成本确定的财务业绩	未报告信息	未报告信息	有限的信息报告	提供评价业绩的必要信息

4.4.3.6 权责发生制政府会计系统的协同

在商业领域，管理会计系统与财务会计系统往往被割裂开来分别研究，而且没有单独建立预算会计系统。在公共财务领域里，政府预算会计、政府基金会计、政府资源会计和政府成本会计在计量和报告公共受托责任的履行方面

① 楼继伟. 政府预算与会计的未来[C]. 中国财政经济出版社，2002. 144.

具有相互补充的协同作用。

第一,没有健全的预算会计系统和成本会计系统,政府内部就无法对预算执行情况、资源耗费情况进行跟踪控制,也就无法掌握客观真实的预算执行信息与成本信息。而政府自身对这些信息的掌握是满足政府会计系统外部信息需要的前提,否则将不仅导致政府内部绩效评价无法进行,也会制约政府会计系统在满足外部绩效评价信息需求方面效用的发挥。

第二,政府财务会计系统的改革,如基金会计模式的选择、应计制会计基础的引入,以及公共资金运动而非单独预算资金运动为会计对象等等,可以将政府财务会计系统扩展为基金会计与资源会计两个相互支持的核算子系统,不仅有利于满足外部公众绩效评价的信息需求,还可为政府公共财务管理提供相应的信息。

第三,基金会计系统与预算会计系统之间一直都存在着密切的关系。预算控制的需要是决定具体基金设置与设置基金数目的重要决定因素。权益基金和不可支用信托现金所核算管理的政府活动往往具有与企业活动类似的特点:对货物和所提供的服务的需求在很大程度上决定了收入和费用的相应水平。所以,通常为各种可能作业水平而编制的弹性预算往往更适宜于这些基金的计划、控制和考核目的。然则,政府基金与可支用信托基金所核算管理的政府活动,往往要受制于严格的固定金额预算,年度预算是考核这些基金运营活动情况的一个法律遵守标准。所以,对于政府基金与可支用的信托基金,预算会计系统与基金会计系统之间的对照,往往是一个非常重要的管理控制手段。

第四,基金会计系统、成本会计系统与资源会计系统之间的密切关系。基金会计系统的会计基础是修正的权责发生制,资源会计系统的会计基础是完全的权责发生制,这两个会计基础导致两个核算系统之间的差异主要包括未纳入基金会计系统的普通固定资产(与权益基金中所核算的基金固定资产相区别)、折旧费用与普通长期负债(与权益基金中所核算的基金长期负债相区别)等几大部分。折旧费用是成本会计系统的重要内容。因此,将基金会计系统、成本会计系统、普通固定资产账户、普通长期负债账户相联接,可以与资源会计系统的数据形成对照。

总之,政府预算会计系统、政府成本会计系统、政府基金会计系统、政府资源会计系统可以通过信息的协同,最终实现功能的协同,从而构建成一个完整、有效的应计制政府会计体系。关于这些核算子系统的协同基础、协同作用发挥的途径、协调效果实现条件等方面，还需要进一步研究。本书认为，一个可以尝试的途径是，建立一套统一的政府会计基础数据平台系统，并将这些核算子系统构建在这一平台系统之上（见图 4-3）。运行机理是，在政府会计基础数据平台系统与其他政府活动数据系统之间建立联接，将政府交易或事项的数据首先纳入到政府会计基础数据平台系统，然后按照各会计核算子系统的确认与计量规则对这些数据进行选择、收集，并纳入各会计核算子系统。同一个政府交易或事项，可能会被纳入到多个会计核算子系统中，但是由于信息加工过程的差异，最终将通过不同系统的产出——会计报告，满足信息需求者不同的信息需求。这些会计报告最终将组成一套政府责任报告体系，实现对公众与政府管理人员有关公共受托责任履行情况的信息披露。

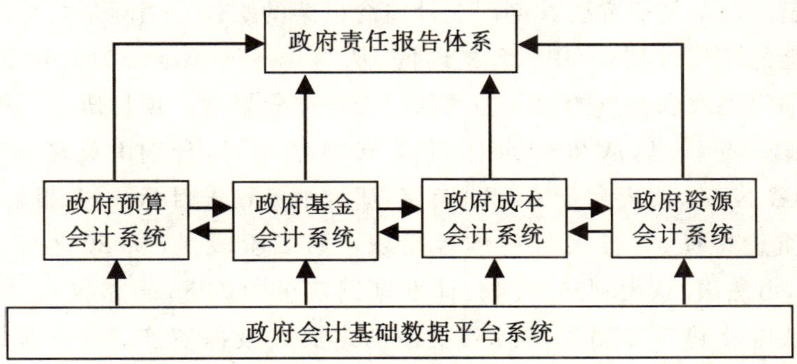

图 4-3　政府会计基础数据系统平台与各核算子系统

4.5　权责发生制政府会计的概念框架问题分析

4.5.1　政府会计概念框架的研究现状与当前研究中所面临的争议

自 20 世纪 70 年代以来，概念框架在企业财务会计领域中受到广泛重视。1976 年 12 月 2 日美国财务会计准则委员会 FASB 发表一份征求意见稿（ED），题为《概念框架项目的范围和含义》，第一次明确提出了概念框架的定义与作用："CF 是一部章程（constitution）。是由目标（objectives）和与之相互联系的基本概念(fundamentals)组成的一个连贯的理论体系。它能导致相互一致的准则,并对财务会计的性质、作用和局限性作出规定。目标用于识别财务会计的目的和宗旨(goals and purposes),基本概念是会计的基础概念(underlying concepts of accounting),……之所以说它们是基本概念,是因为其他的会计概念产生于这些概念,在制定、解释和应用准则时需要反复地参考这些概念。"[①]

从企业会计改革的实践经验来看,有没有一套科学合理的会计概念框架是会计改革成功与否的一个关键因素,这对政府会计改革具有重要的启示。2007 年 3 月 26 日,国际公共部门会计准则委员会(IPSASB)下设的公共部门会计概念框架委员会在香港召开会议,研讨公共部门财务报告目标、财务报告范围、报告主体和财务报告质量特征等内容,这标志着国际公共部门会计准则委员会已经启动了研究公共部门会计概念框架的工作。国际公共部门会计准则委员会的工作计划是,用六年的时间,从 2007 年开始到 2012 年,研发出体现公共部门需求和特点的国际公共部门会计概念框架。项目研究工作分四个阶段[②]:第一阶段是,从 2007 年 1 月到 2008 年 7 月,分别由英国 ASB、南非 ASB、挪威 NPA、澳大利亚 AASB 负责,研究财务报告目标、财务报告范围、财务报告质量特征、财务报告主体等问题。第二阶段是,从 2007 年 10 月到 2009 年,由法国、意大利和中国会计准则制定机构负责,研究收入、费用的定义和确认以及利得和损失,资产、负债的定义以及净资产。第三阶段是,从 2008 年 7 月至 2010 年,研究计量、财务报告列报。第四阶段,从 2010 年至 2012 年,研究应计制基础的概念框架、现金制基础的概念框架。

当前关于政府会计概念框架的研究中存在一个争议,即可否将企业财务会计概念框架直接适用于政府会计?

---

① FASB. Analysis of Issues Related to Conceptual Framework for Financial Accounting and Reporting: Elements of Financial Statements and Their Measurement[Z]. 1976. 转引自葛家澍. 实质重于形式　欲速则不达——分两步走制定中国的财务会计概念框架[J]. 会计研究,2005(6)。

② 财政部会计司制度一处. 会计国际趋同及国外相关组织近期动态[J]. 会计研究,2007(6)。

4.5.2 关于企业财务会计概念框架对政府会计适用性的讨论

关于政府会计概念框架的讨论中，有一个问题受到关注，即私人部门会计的概念框架不经过修正就引入到公共部门会计是否适当？这一讨论最早可追溯到20世纪70年代末期。

早在1977年，美国财务会计准则委员会（the Financial Accounting Standards Board，FASB）就委任 Robert N. Anthony 进行了一项研究，旨在探索“非商业组织的财务会计概念”（Financial Accounting Concepts in Nonbusiness Organizations）。这一研究报告于1978年5月完成并发表。按照其通常的做法，委员会于1978年10月12日、10月19日、11月3日安排了听证会，对研究报告进行了讨论，并于12月11日提交了书面评论。为了推动这一项研究，FASB于第二年的6月15日，公布了讨论备忘录（Discussion Memorandum，DM）。[①]

在这一项研究中，Anthony 提请人们关注，需要寻找一个统一的主题，根据这一主题，可以发展出既与商业组织又与非商业组织相关的概念。为了解决这一问题，Anthony 所提出的方案是，把“资本保全”（capital maintenance）作为这样一个出发点，根据它来构建既适用于商业组织又适用于非商业组织的概念框架。Anthony 提出这一观点的理由是：两类组织为了维持存续，都必须平衡流入与流出以避免资本被侵蚀。对于商业组织来说，“资本保全”要求收益能够补偿成本（包括资本成本）。对于非商业组织来说，“资本保全”要求组织运营遵循“预算收支平衡”。所以“资本保全”是商业组织与非商业组织的共同主题。

对上述的观点，本书的看法是，根据组织系统论，“流入与流出的平衡”是所有组织系统存续所必须遵守的规律，但是，对于不同类型的组织，“流入”、“流出”的概念本质并不相同。对于商业组织，“流入”与“流出”主要是指收益与成本，这种情况下，“流入与流出的平衡”意味着“资本保全”。相对照，非商业组织，尤其是中央政府，“流入”不但包括税金、使用收费的流入，还可以包括债务资本的流入。因为政治支持是决定政府存续的根本要素，在有足够政治

---

① William J. Vatter Source，1979. State of the Art—Non-Business Accounting[J]. *The Accounting Review*，54(3)：574～584.

支持的情况下，政府可以举债经营。所以，对政府组织来说，尽管稀缺性资源的节约使用也是政府运营的一个重要原则，但是“流入与流出的平衡”并不完全等同于“资本保全”。此外，Anthony 在界定研究范围时，把一些重要主题，如内部管理的核算、预算信息、计量概念等排除在研究范围之外。可见，Anthony 试图把企业会计的概念框架直接套用到政府会计上，但是由于没有充分考虑政府所特有的运营特点，这种概念框架对政府会计准则的指导意义是很有限的。随着政府会计准则委员会(GASB)的建立，FASB 不再负责政府与公办非营利组织会计准则的制定，有关企业财务会计概念框架对于政府会计适用性的讨论也就告一段落。

在权责发生制政府会计改革中，有一些国家用企业财务会计概念框架直接指导公共部门会计准则的制定。其中澳大利亚就是一个典型代表。20 世纪 90 年代中期以来，澳大利亚公共部门会计准则与其所依据的概念框架，受到会计学界的广泛争议。企业财务会计概念框架对于政府会计适用性问题再一次引起了会计学界的关注。大量文献对这一问题进行了探讨，出现了两个派别。一些学者，倾向于“部门中性”的观点，认为一套概念框架从而一套核心会计与报告原则应该能为私人部门与公共部门发挥同样的功能；另一派学者则持不同观点，他们认为，公共部门与私人部门存在着根本性的区别，以至于适用于公共部门的会计与财务报告准则应与私人部门截然不同。下面首先对这两方观点进行介绍。

澳大利亚公共部门会计准则委员会(the Public Sector Accounting Standards Board，PSASB)自 1983 年建立之后，就做出了一个重要的决定，即采用一个概念框架来指导公共部门会计准则的开发。公共部门会计准则委员会最初的努力主要是把为商业活动开发的概念框架与会计准则应用到公共部门。指导公共部门会计准则委员会进行准则开发的概念公告主要有：1990 年发布的会计概念公告(Statement of Accounting Concepts，SAC)第 1 号——会计主体的界定；1990 年发布的会计概念公告(SAC)第 2 号——一般目的财务报告的目标；1990 年发布的会计概念公告(SAC)第 3 号——财务会计信息的质量特征；1992 年发布的会计概念公告(SAC)第 4 号——财务报表要素的定义与确认。公共部门会计准则委员会依据这一概念框架主要开发了 3 个专门针对公共部门的会计准则：1995 年发布了澳大利亚会计准则(AAS)第 27 号——地方政府财务报告，1996 年发布了澳大利亚会计准则(AAS)第 29

号——政府部门财务报告，1996年发布了澳大利亚会计准则（AAS）第31号——政府财务报告。

澳大利亚公共部门会计准则委员会把企业会计准则与概念框架套用于政府部门的做法，是基于这样一个理由：委员会认为两大部门在一般目的财务报告使用者的信息需求方面基本上是相似的，而它们的运营环境也是基本相似的，所以私人部门会计准则只需做少量的改动就可以很容易地适用于公共部门。澳大利亚会计研究基金会（AARF）的执行总裁McGregor指出，委员会所开发的概念公告有一个重要特征，就是它们对于各种类型报告主体的财务报告具有广泛的适用性，并对这种广泛的适用性从概念框架的各个层次进行了解释。对于财务报告的目标层面，他指出，“在概念框架的最高层——财务报告的目标层面，这种广泛的适用性表现得尤为明显。在这一层，财务报告的目标被明确为向使用者提供资源配置决策有用性的信息（SAC 2第43段）。虽然，对于不同的报告主体以及不同的使用者来说，决策的确切性质各不相同，但是，在各种情况下，财务报告程序的侧重点都在于为使用者提供辅助于资源配置决策的适当的财务信息。”①

这一表述与澳大利亚概念公告第2号在第12段的解释相一致：“报告主体控制资源并通过提供物品与服务，征收价格、使用费与税金，获得与投资资源而对社会成员产生影响……社会成员制定资源配置决策关乎报告主体——也就是说，他们在不同稀缺资源的使用方面做出合理选择。比如，投资者为是否要在一个主体投资做出决策；债权人为是否将资源借给一个主体做出决策；政府与国会，代表国民的利益，为是否资助由某个主体实施的一些特别的项目做出决策；纳税人为谁将在政府中代表他们做出决策；捐赠人为是否捐资源给一个主体做出决策；个人为是否为一个年金计划交纳年金做出决策；雇员为是否将其服务出售给特定主体做出决策；所有者或报告主体的成员为是否要给这一主体贡献资源以及谁将代表他们的利益管理这些资源做出决策；纳税人要为是否支持他们地方政府的一些特别项目以及谁将在地方政府理事会中代

① McGregor Warren.，1999. Pivotal Role of Accounting Concepts in the Development of Public Sector Accounting Standards[J]. *Australian Accounting Review*，March.

表他们的利益做出决策。”①

澳大利亚公共部门会计准则委员会与 McGregor 的观点，引起了很多争议。这些争议分别从不同角度对上述观点进行了批判，但是拥有一个共同的主题，即不能忽视公共部门所特有的运营环境，否则，直接适用私人部门会计准则会导致很多问题。

在这些意见中，Barton 的观点较有代表性。Barton 基于公共物品与私人物品两大市场的辨析，对澳大利亚公共部门会计准则委员会与 McGregor 的观点进行了批驳。他指出，“委员会似乎没有观察公共物品与私人部门物品各自的市场，而是把资产作为整个概念与准则建筑大厦的基本建筑模块，并把两大部门资产物理特征的相似性被用来作为将私人部门会计应用于公共部门的理由。但是这种把注意力放在资产物理特征上的做法，转移了对两大部门真正差异的关注。”②

Barton 指出，两大部门的真正差异在于公共物品与私人物品两大市场的差异。商业市场存在的意义是提供私人物品与服务。Stiglitz 指出，竞争性市场的特点是高水平的知识、所有生产者和消费者的流动性、没有外部性，在这样一些条件下，公司要想生存必须追求效率，并生产出满足消费者需要的物品。在这样一些条件下，私人物品市场的运营具有效率性与有效性，从而经济与社会福利能够达到最优。在这一市场中，成功运营的公司可以实现自我融资，消费者愿意支付价格用以补偿产品的完全成本。③ 但如果这些条件不具备，市场失灵就可能发生。如果市场失灵是由垄断引起的，政府可以采取各种措施鼓励竞争。如果市场失灵是由外部性引起的，政府可以通过税收或规制干预私人物品市场，或由政府自己提供这些物品，并通过征收税金来满足相应的资金需求。公共物品具有消费上的非竞争性与非排他性，所以只能由政府提供。但是具体提供哪类公共物品，提供多少，如何提供往往要根据政府的具体政策目标而定。

根据物品与服务的属性不同，Barton 把政府所提供的物品与服务分为三

---

① Australian Accounting Research Foundation and Australian Accounting Standards Board，SAC 2 Objective of General Purpose Financial Reporting[S]. 1990.

② Barton，Carnegie，Wolnizer，Newberry，2002. Public Sector Accounting：A Common Reporting Framework? A Rejoinder[J]. *Australian Accounting Review*，November.

③ Stiglitz，J. *Economics of the Public Sector*[M]. 2nd edition，Norton，1988.

大类①：

第一大类是一般政府物品与服务，包括绝大多数的政府活动，这些活动需要使用资源作为生产性投入，任何多余的资源都可以被卖掉，并且这些资源的使用与私人物品行业对它的使用相类似。这一大类又可以分为两小类：①不收费或收费很低的公共物品。这些物品的提供由税金收入满足资金需求。②收费较重要的公共物品。考虑到这些物品对社会的正外部性，政府会对这些服务进行补贴。

第二大类是公开给公众使用的社区设施。这些设施主要为公众休闲娱乐服务，通常不收费或收费很低，即使有收费的话，这些费用也用于未来对自然环境、国家文化遗产的保护和维护以及代际公平的目的。这些设施不被用作生产过程的投入，不会在生产过程中被一次性耗用，而是会产生维护成本。这一大类又可分为两小类：①自然资本资产。这些资产主要由自然环境的若干部分组成，它们由国家拥有，并由政府保护。包括国家公园、国家森林、水利系统（江、河）等。这些资产的一部分可以被用于提供第一大类的物品与服务。②人工文化遗产资产。这些资产的性质与自然资本资产相类似，只是它们是由人工制造的，包括展览馆、图书馆、纪念碑、历史建筑等。

第三大类是由政府提供的私人物品与服务。这一类主要包括政府商业企业（GBEs），这些企业生产并销售它们的产品给公众。这些运营活动主要或者完全由收入来满足资金需求，但是它们的资本金主要是由政府提供的。这一大类又可分为两小类：①拥有重大外部性或自然垄断力量的政府商业企业。这些企业提供自来水、邮政、电信、电力、道路等服务，这些服务所特有的地区性使这些服务的生产具有巨大的规模经济，从而产生自然垄断。与自然资本资产不同，这些企业的资源被作为生产性投入而耗用，并在商业基础上，销售它们的产品给顾客。然而，由于它们所具有的外部性或自然垄断的力量，政府应对它们进行规制。②没有重大外部性或自然垄断力量的政府商业企业。这些企业在普通的商业市场中运营，并与私人公司相竞争。这些企业实行国有主要是出于历史政治方面的原因，而非经济方面的原因。这些企业包括商业银行、航空公司、保险公司等。

---

① Allan Barton，1999. Public and Private Sector Accounting — the Non-identical Twins[J]. *Australian Accounting Review*，July.

基于对以上物品与服务的分类，Barton 认为，政府商业企业（GBEs）的活动主要是商业性质，可以直接适用企业会计，但是第一、二大类政府活动，与商业活动具有本质上的区别，其会计核算无法直接套用企业会计的概念框架。

可见，Barton 关于企业财务会计概念框架对政府会计适用性问题的认识，主要是建立在对政府物品与服务的异质性及其与商业市场差异性进行分析的基础上。Barton 对政府物品与服务的分类对于进一步认识政府活动具有重要的启示意义。但是，这样所导出的结论是只能在第一、二大类政府活动方面否定企业财务会计概念框架对政府活动的适用性，尤其是财务报告的目标。

Barton 用“受托责任”驳斥了“资源配置决策有用性”财务报告目标对公共部门的适当性。他强调，虽然受托责任与资源配置决策具有密切联系，但是政府财务报告的目标应是受托责任。政府财务报告的目标必须包括非财务目标。在公共受托责任系统中，要想为资源管理、绩效衡量与评价提供信息支持，必须提供有关直接指向这些非财务目标的信息。所以，Barton 建议应将公共部门财务报告的基本目标表述为，“为评价政府在公共资金或其他资源使用方面的受托责任、促进政府在公共物品与服务提供中对资源利用的效率和有效性提供信息。”

单就 Barton 的这一结论，笔者是认同的，但需要指出的是，Barton 的这一结论是在撇开了国有商业企业之后，只讨论前两大类政府物品与商业市场的差异性而得出的，所以从逻辑上看，他忽视了国有商业企业的所有权归属对其会计核算的影响。

笔者的观点是，不论对于政府还是对于企业，考察财务报告的目标都必须建立在对财务报告使用者行为进行分析的基础上，这正是 1971 年美国注册会计师协会（AICPA）所委派的财务报告研究小组——特鲁布莱德委员会在开展财务报告目标研究时所遵循的原则。澳大利亚公共部门会计准则委员会与 McGregor 把政府财务报告的目标归纳为“资源配置决策有用性”，从而将政府会计准则与企业会计准则的发展纳入一套概念框架统驭之下的做法与观点，并没有真正考虑到政府财务报告使用者的会计信息使用行为，违背了财务报告目标研究应遵循的基本原则，并可能会对政府会计发挥其应有的制度功能产生不利影响，理由如下所述。

从一定意义上讲，任何信息，其根本意义都在于影响决策，所以决策有用性是信息所具有的概念性特征。作为信息系统，决策有用性自然也是会计所内含的概念性特征。但是，如果把财务报告目标归结为“决策有用性”，似乎无法反映出会计信息与其他信息的不同。那么会计信息具体是为哪方面的决策服务呢？

组织类型不同，会计信息使用者的决策目的与决策性质各不相同，从而信息使用行为也不相同。这种行为差异的结果是，导致信息需求的差异。这种差异性信息需求是通过纳入会计系统的数据内容的差异以及对原始数据加工分类方法的差异来满足的。并且会计信息使用者的决策过程往往不是通过一个环节来实现的，而是由不同环节所组成的。在每一个决策环节，会计信息使用者都有具体的决策子目标与相应的信息需求。

在商业市场中，一些企业（尤其是公众公司）必须公开披露财务报告，因为这些企业是所有权与控制权分离的产物，披露财务报告是私人产权委托代理契约有效运行的基础保障，主要用于解决股东与管理层之间的信息不对称问题。所以股东是这些企业最主要的财务报告使用者。分析股东的信息使用行为可以发现，他们的决策过程通常至少包括两个环节，一是对如何评价管理者当局的受托责任做出决策，二是对如何运用自己所拥有的资源做出决策。前一个环节所需的信息主要来源于财务报告，后一环节的决策是基于前一环节的评价结果，并综合考虑企业外部其他相关社会环境因素做出的，整个决策过程的最终目的是实现财富最大化，两个环节衡量的标准都可以归于企业盈利能力。可见，对商业企业来讲，虽然这两个决策环节是决策者基于两个不同的决策子目标来进行的，同时这两个子目标的追求都是决策者有意识的行为，但是因为这两大目标都可归于财富最大化的最终目标，同时评价受托责任与制定资源运用决策的决策标准也具有一致性，所以把商业企业财务报告目标归为“资源配置决策有用性”是可行的。

然而，在公共部门领域中，政府应该公开披露财务报告，是由于政府的合法性在于社会契约，社会契约的主要内容是公共权力与公共产权的委托代理，披露政府财务报告是公共权力与公共产权委托代理契约有效运行的基础保障，主要用于解决社会公众与政府之间的信息不对称问题。所以社会公众及其民意代表机构应是政府最主要的财务报告使用者。由于社会契约和公共权力运行的特殊性，同样处于委托代理契约中的委托人地位上，社会公众与商业企业股东的决策行为却并不相同。单从公共资源运用方面来看，公共资源运用的决策是一个复杂的社会工程，不是社会公众某个人决策者或利益集团决策者所能独自承担的。第一，从公共资源运用的决策程序来看，公共资源虽然归社会公众所有，但是公共资源的运用必须通过集体选择程序。第二，从公共资源运用的目标来看，公共资源属社会公众集体所有，而非个人所有，所以社会公众对资源运用的要求不只是财务价值上的最大化。对于不同类型的资源，公众的要求并不相同，对同一类型的资源，公众也可以有多种要求。比如，公共资产可分为经营性与非经营性资产，对于经营性资产，公众要求这些资产的运用要实现保值与增值，而对于非经营性资产的运用，公众则没有增值的要求，对于非经营性资产中的文化遗产等设施，公众要求其实现保值(这个值主要是非财务价值)，对于非经营性资产中的环境资产，公众要求其满足代际公平的原则。第三，社会契约一旦建立，社会公众就无法通过选择“退出”机制来重新选择代理人，以改善公共资源运用。

此外，政府所承担的受托责任涉及公共权力运行的各方面，也不能完全由公共资源运用来概括。在历史演进中，为了更好地保障公众利益，社会契约运行机制中逐渐设立了政府预算等程序，所以公共受托责任是一个综合框架，包括预算责任、基金管理责任、资源管理责任、成本管理责任等等，它包括公共资源运用方面的责任，但是并不仅限于这一责任。

综上所述，社会公众在使用会计信息进行决策时，首要而根本的目的是评价政府对公共受托责任的履行。把“资源配置决策有用性”作为财务报告目标而建立起来的企业概念框架对于政府会计具有很大的不适用性，实施权责发生制政府会计改革必须建立政府会计专门的会计概念框架。

这里要强调被 Barton 忽略的重要一点，即政府商业企业的会计核算。本书认为，对政府商业企业的会计核算应包括两个方面，一是政府商业企业投资方的会计核算，二是政府商业企业运营方的会计核算。从运营方来看，政府商业企业的运营与一般商业企业的运营类同，所以其会计核算与一般商业企业具有很大的相似性。然而，不同的是，政府商业企业的资本金往往来源于政府投入的公共资金，政府商业企业的所有者权益应归全体国民所有。所以政府在投资与管理政府商业企业方面，也承担着公共受托责任，必须在政府会计中记录与报告公众在政府商业企业中所拥有的权益与这些经营性资产实现保值增值的情况。

4.6 权责发生制政府会计信息披露的未来——政府责任报告

政府会计信息披露是政府会计发挥信息系统功能与制度功能的关键环节，是政府会计信息从会计信息生产者（或供应方）到会计信息消费者（或需求方）的过程。纵观世界各国政府会计信息披露机制的发展，本书认为，政府会计信息披露机制的发展，正在逐渐超越政府财务报告的范围，其方向是服务于更完整、更有效地评价公共受托责任的政府责任报告。所以，权责发生制政府会计改革的一个重要内容就是建立政府责任报告框架。

相比于政府财务报告，政府责任报告的实质是一套报告体系，直接指向政府受托责任的各个方面：对公共资源的责任；遵守或坚持法律要求和行政政策的责任；经济而有效地运作政府项目或活动的责任（过程责任）；有效率、有效果地完成政府项目或活动的责任（结果责任）等等。

4.6.1 资源责任与资源会计报告的发展

资源会计报告是评价政府在资源管理与运用方面履行受托责任的信息依据。随着权责发生制会计基础的引入，政府会计不再仅仅附属于政府预算程序，而是在为政府预算程序服务的同时，为政府内外部绩效评价提供成本信息与资源信息。在这方面的实践中，英国的改革成果表现得尤为显著。

英国在实行以资源为基础的权责发生制政府会计以来，逐渐发展出一套以GAAP为基础的资源会计报告框架。在中央政府层面，资源会计制度将报告目标确定为：表明公共资金按照国会设定的目标正确地使用；向国会提供有关服务成本的信息以支持公共支出的规划管理；证明授权使用公共资金的各机构充分履行其职责并有效地管理公共资金。为了实现这些目标，资源会计制度要求财政部分别按政府各部门和中央政府整体提供资源会计报告。

对外公布的部门财务报告包括[①]：①资源产出概要表。该表是部门资源会计中特殊的报表，该表受国会控制，主要提供有关国会授权的预算“资源要

① 财政部会计司. 政府会计研究报告[C]. 大连：东北财经大学出版社，2005. 246～249.

求”的数量与部门实际耗用资源和现金比较的信息；预计和实际产出的净现金需求量所耗资源的协调信息；有关已确认的差异解释等。②运营成本表(包括已确认的利得损失表)。该表表明部门的全部收入和支出项目。该表可进一步分为行政成本表和项目成本表。已确认的利得损失表只包括与资源估价相关的利得损失以及其他盈余报告的利得损失，一般不包括运营利得损失额。③资产负债表。该表为表明部门特定时点上财务状况的报表，包括部门的固定资产及流动资产、负债和盈余的信息。④现金流量表。该表表明部门现金流量及营运资本变动的信息。⑤基于部门宗旨和目标的资源表。该表是资源会计中另一张特殊的报表，表明部门如何运用资源为部门的宗旨和目标服务。⑥报表附注。解释上述各项报表中的信息，并对其加以补充。

1998 年 7 月，英国财政部发布了《政府整体会计报表》(Whole of Government Accounts，WGA)，宣告财政部将于 2005/06 年度发布整体公共部门经审计的合并会计报表。该套合并报表包括财务业绩表、资产负债表和现金流量表等。整体公共部门包括：中央政府部门和代理机构、非部门公共机构、统一基金、国家贷款基金、国家保险基金、或有基金等；地方政府；公共公司，交易基金等。

在过去的 30 年里，英国地方政府为了确保资源使用的经济性、效率性和效果性，一直致力于在政府服务方面增加私营部门的参与，以及增加对地方政府业绩评价信息的公布。目前，英国地方政府会计改革已经基本完成，包括省、市(县)、乡村三级政府部门和提供教育、卫生、社保等公共服务单位在内的约 10000 个预算单位都采用了权责发生制会计基础。此外，地方政府会计还要满足中央政府宏观经济管理的信息要求。从 2005/06 年度开始，整体政府会计报表的编制也将会要求地方政府提供合并有关的信息。根据《会计审计规范(1996)》的规定，地方政府需要编制和公布的年度财务报告包括以下内容[①]：①说明性介绍。②地方政府独立记账的各基金的收支概要表。③资本性支出概要表，反映当期资本性支出总额的资金来源。④会计政策说明表，主要披露那些政策改变对财务报告结果有重大影响的方面。⑤合并经营活动表。⑥合并资产负债表。⑦合并现金流量表。

---

① 财政部会计司. 政府会计研究报告[C]. 大连：东北财经大学出版社，2005. 255～259.

除英国以外，新西兰等国政府会计也发展出一套GAAP基础的资源会计报告框架，并已经尝试编制政府整体层面的合并报告。

权责发生制是实现报表合并的基础，所以为了确保政府整体层面资源会计报告的完整而有效，政府的各部门与各层面都必须全面实行权责发生制。此外，合并还必须解决几个方面的难题：①私人部门合并会计中所存在的难点仍然可能给政府整体层面资源会计报告带来困难。②在编制政府整体层面资源会计报告时所出现的概念与操作困难，比如合并边界的确定。

英国在20世纪30年代就开始在私人部门领域广泛采用合并会计。人们期望这可以超越报告实体的法律界限，从而更清晰地提供实体集团的经济状况。在过去的70年里，虽然，由于一些大公司的会计丑闻，人们对合并会计方法在多大程度上改善会计信息的质量与数量常常存在争议，但是合并会计的意义一直是被公认的。私人部门的合并会计技术对公共部门会计提供了宝贵的经验。

但是，界定经济控制与合并边界一直是私人部门会计合并所面临的难题。Enron事件之后对这一问题的讨论尤其激烈，许多职业团体建议并实施了一些措施以强化合并会计方法。比如，报告经济实质重于报告法律形式。然而，任何改善私人部门会计合并方法的尝试，当应用于公共部门背景下时，都会面临障碍，因为，公共部门报告不仅建立在经济实质的基础上，还基于政治实质，这相比于私人部门增加了额外的难度。[①]

可见，资源会计报告的发展与成熟还有一段路要走。正如英国政府财政部所声称的，以公共受托责任的观点来看，英国政府所面临的挑战是设计一个系统，能将所有财务责任反映在公共部门资产负债表上，并通过附注表明责任履行程度的不同水平。[②] Chow等几位学者指出，这个要求包括两个方面：一方面，所使用的任何一个会计准则都必须与公共部门背景相适应，另一方面，应用这些准则时必须保证精确性。

---

① Chow, D., Humphrey, C., Moll, J., 2007. Developing Whole of Government Accounting in the UK: Grand Claims, Practical Complexities and a Suggested Future Research Agenda[J]. *Financial Accountability and Management*, 23(1): 27～54.

② HM Treasury, 2004. Long-Term Public Finance Report: An Analysis of Fiscal Sustainability(R), December. (www.hm—treasury.gov.uk).

4.6.2 预算责任与预算报告的发展

过去,政府会计主要为预算服务,所以强调预算责任的预算报告一直是各国政府会计信息披露的重要内容。当今时代,政府会计已超越了只为预算程序服务的阶段,向反映更广泛的公共受托责任发展。但是,由于政府预算在社会契约机制的特殊地位,预算责任的报告,仍然应是各国政府会计信息披露的重要内容。比如,美国政府会计准则委员会(GASB)规定,预算报告是综合年度财务报告的重要组成部分。这个报表用于列示基本政府(包括与其合并编制财务报告的组成单位)的普通基金和特种收入基金以及已经采用年度预算的基本政府其他类型基金的预算和实际(按预算基础确认并可能包括支出保留数)比较的数据。此外,委员会还要求在预算报告中确认存在于一般公认会计原则报告模式和实际政府预算实务之间在基础、时间、观点和主体等方面的差异。①

出于对政府预算责任与预算透明度的重视,国际公共部门会计准则委员会(IPSASB)也已经把预算报告作为近期的一个重要研究内容。2004 年,国际会计师联合会公共部门委员会(国际公共部门会计准则委员会的前身)先后发布了《预算报告》的研究报告。Jesse Hughes 在研究报告中主要提出了以下建议②:①预算报告在公共部门委员会的宗旨和权限范围内,因此,公共部门委员会应当发布一个或几个有关预算报告的《国际公共部门会计准则》,从而要求政府向公众报告前瞻性财务信息并提供预算支持文件等;②可以通过采用预算会计程序来支持预算系统和会计系统的整合,拓展会计准则的范围;③将预算与实际比较报表作为通用目的财务报告的一部分;④政府应当编制协调预算基础和会计基础之间主要差异的报表;⑤预算报告应当满足财务报告的质量特征;⑥应当把预算报告纳入《国际公共部门会计准则》的概念框架中。

2006 年 12 月,委员会正式发布了国际公共部门会计准则第 24 号《财务

---

① 美国政府会计准则委员会.美国州和地方政府会计与财务报告准则汇编[S].北京:人民出版社,2004.146~151.

② Jesse Hughes. Research Report on Budget Reporting[R]. 2004. 转引自李建发、张国清.《公共财务与政府会计》课件。

报表中预算信息的呈报》，适用于以权责发生制作为会计基础的主体。此外，国际公共部门会计准则委员会还更新了以收付实现制作为会计基础的主体所适用的准则《现金基础的财务报告》。增加了适用于采用收付实现制会计的实体的规定披露项目和鼓励披露项目。上述两项准则都要求在财务报表中，对预算金额和实际金额进行比较，并在附注中解释预算金额和实际金额之间的重大差异或者单独发布一份报告予以说明。委员会指出，遵循准则的要求，将有助于公共部门实体通过表明对预算的遵循性，解除其公共受托责任，提高会计信息的透明度。①

4.6.3 更全面的项目/活动责任与服务绩效报告的发展

对于通过委托代理契约而建立起来的各类组织来说，组织绩效信息的披露一直被看作是其会计信息披露的重要内容，甚至可以说是核心内容。如何客观、真实、完整地披露组织绩效信息，是各会计准则制定机构所一直努力的方向。

为商业企业和私有非营利组织制定会计准则的美国财务会计准则委员会(FASB)，在为这两类组织确定财务报告目标时，研究了这两类组织的业绩信息需求及如何满足这一需求。FASB 在其概念公告第 1 号《商业企业财务报告的目标》中指出，商业企业财务报告应提供有关企业管理如何履行对所有者(股东)将资源托付其使用的责任信息，并指出，商业企业财务报告应首先关注由收益及其构成所计量的企业业绩的信息。此后，FASB 在其概念公告第 4 号《非营利组织财务报告目标》中指出，非营利组织财务报告应提供非营利组织业绩信息，并指出，定期计量非营利组织净资源在数量和质量上的变化与组织服务绩效的信息，对评价该组织业绩是非常有用的。

1982 年，美国全国政府会计委员会(NCGA)在概念公告第 1 号《政府部门会计和财务报告的目标》中指出，政府机构会计和财务报告应提供有助于评价管理和组织业绩的信息，并指出，这些信息对评价运作的有效性和经济性，评价项目、活动和职能的结果以及效果来说是必需的。1987 年，负责制定州

---

① International Public Sector Accounting Standards Board, International Public Sector Accounting Standard No. 24, Presentation of Budget Information in Financial Statements [S].

与地方政府会计准则的美国政府会计准则委员会(GASB)发布了概念公告第1号《财务报告的目标》,把帮助评价州与地方政府的受托责任作为通用外部财务报告的首要目标,并指出,为实现这一目标应该提供三个方面的信息:一是用以判定当年收入是否足以用于支付当年公共服务支出的信息;二是用以证实资源的获得和使用是否遵循法定预算的信息;三是用于评价政府主体的服务努力程度、成本与业绩的信息。1993年,美国联邦政府会计准则委员会在其第1号联邦财务会计概念公告《联邦财务报告的目标》中确定了联邦政府财务报告的四项目标:预算的真实性、运营绩效、财管责任、制度与管理是否得当,并指出,为了评价政府的运营绩效,联邦财务报告应提供三个方面的信息:提供具体项目和活动的成本以及这些成本的构成和变化;工作努力程度、工作的完成情况与联邦项目的关系,及其随着时间而发生的变化;政府管理其资产和负债的效率和效果。

相比于企业类组织,超越了财务绩效的服务绩效报告问题对于政府与非营利组织来讲尤为重要。这是由政府所承担的公共受托责任所特有的层次性所决定的。Stewart把公共受托责任按职能划分为五个层次①:第一层,政策责任,这一层责任涉及政策执行与否的选择(价值);第二层,项目责任,涉及目标的建立与取得(成果与效果);第三层,业绩责任,要求有效运作(效率性和经济性);第四层,过程责任,要求使用足够的过程、程序或计量以采取必要的行为(计划、分配和管理);第五层,忠实责任,要求根据已通过的预算与法规相适应的行为使用资金(遵循性)。每一层责任都代表受托责任的重要方面,层次排在越前面,衡量责任履行的难度越大。由后往前推,逐渐是财务责任向包括非财务责任的综合责任发展。

美国政府会计准则委员会认识到,为了使通用目的对外财务报告(GPEFR)提供有助于财务报告使用者评价受托责任的业绩和制定决策的信息,就必须要拓展它的范围,使服务绩效(在产出、成果和效率方面)的信息成为报告的一个重要内容。此外,美国联邦政府会计准则委员会、澳大利亚会计准则委员会等准则制定机构都在致力于政府绩效报告的研究。

当前政府服务绩效报告的研究还面临着一些问题需要解决,这些问题涉及服务绩效信息的计量、报告、使用等环节。早在1973年,Trueblood委员会

① 转引自美国政府会计准则委员会概念公告第1号——财务报告的目标[S].

在探讨各类组织会计目标时，就指出了计量政府与非营利组织绩效的困难：由于政府和非营利组织的目标首先是非货币性的，适用于商业企业的盈利能力的指标在评价政府业绩时受到了限制。许多有用的指标是那些基于非营利目标之上的，如防卫国家安全，减少贫困，鼓励研究等能力。但这些指标很难用货币化指标计量和传递，这些目标本身是定性的而非货币化的。目标范围变动很大，一旦确定通常很难计量。[①]，但是在陈述了这些困难之后，最终 Trueblood 委员会还是坚持，每个组织的业绩必须计量。

考虑到这些难度以及会计数据所要求的信息质量要求，美国政府会计准则委员会把公共受托责任第一层——政策责任的信息排除在绩效报告的要素之外。委员会指出，尽管政策责任代表了受托责任的重要方面，但在此层次的业绩评价中，要求分析不同服务的价值。关于评价政策责任所需的服务价值的信息，要求确定一项服务对社会或接受者的相对价值，或几个不同服务的比较价值，它超出了通用对外财务报告的范围。[②] 对于接下来的努力方向，委员会列出了四个方面[③]：①评价有用的服务绩效信息的类型；②开发有效的、公认的服务绩效计量；③收集服务绩效计量所需的信息；④建立、解释、核实服务绩效信息的方法。

---

① 美国政府会计准则委员会. 美国州和地方政府会计与财务报告准则汇编[S]. 北京：人民出版社，2004.632.

② 美国政府会计准则委员会. 美国州和地方政府会计与财务报告准则汇编[S]. 北京：人民出版社，2004.627.

③ 美国政府会计准则委员会. 美国州和地方政府会计与财务报告准则汇编[S]. 北京：人民出版社，2004.626.

第五章

权责发生制政府会计改革的制度实施分析：制度供给与制度成效

前文论述了权责发生制政府会计在保障政府受托责任履行、保护公民利益方面的重要功能，并基于社会契约理念和公共治理，对权责发生制政府会计改革的技术原则进行了分析，在此基础上，本章将对权责发生制政府会计改革制度实施层面的一些问题进行探讨。

政府会计改革是通过政府会计相关制度安排的变迁来实现的，其核心内容是政府会计规则的变迁，即用一套新的规则来规范和约束政府会计信息的加工与生产。政府会计规则是一种公共物品，所以政府会计规则的供给需要经过公共选择程序，这意味着政府会计改革的制度供给涉及社会契约各方。此外，权责发生制政府会计改革的制度实施，主要会受到两大类因素的影响：一类是影响政府会计改革制度供给的因素，它们决定着政府会计改革在一国（或一个地区）是否会发生；一类是影响政府会计改革制度成效的因素，它们决定着一国（或一个地区）的政府会计改革是否会具有成效。虽然这两大类因素之间可能存在着重合，但是二者发挥影响的时期、作用机理，以及影响的对象和范围存在着根本差异。影响政府会计改革制度供给的因素主要是通过影响政府会计改革制度供给的决策而发挥作用，主要作用于权责发生制政府会计改革之前，或者是整个改革过程（如果把改革看作是一个多阶段的过程，那么，对制度供给具有影响作用的主体会根据每一阶段的改革情况修正自己的预期和相关决策，从而影响下一阶段的改革）。影响改革制度成效的因素主要作用于权责发生制政府会计改革的过程中或改革之后，并且，其影响范围可涉及社会运行的各方面。

所以，本章所要探讨的主要问题包括：社会契约各方在权责发生制政府会计改革的制度供给中会分别担当什么角色？哪些因素会影响权责发生制政府会计改革的制度供给？哪些因素会影响权责发生制政府会计改革的成效？基于对这些成效影响因素的考虑，权责发生制政府会计改革的制度实施过程中应建立哪些成效保障机制？

5.1 社会契约各方在权责发生制政府会计改革制度供给中的角色分析

在现代政府合法性所依托的社会契约机制中，公众是公共权力的终极所有者，政府代为行使公共权力，政府会计是政府绩效治理机制的重要构件，所以，能够为确保政府绩效、保障公众利益提供适当的绩效计量与报告，应是政府会计的合法性所在，也应是政府会计改革制度供给决策的终极追求。那么，公众能否成为权责发生制政府会计改革（本节以下部分简称为政府会计改革）制度供给的主体？回答这一问题，需要对政府会计改革制度的供给机制进行分析。

政府会计改革制度是公共物品，如本书第二章的分析，公共物品具有消费上的非排他性与非竞争性，由于“搭便车”激励所导致的集体行动困境，政府会计改革制度不可能通过广泛的社会契约（没有政府参与的集体行动约定）达成自愿合作协议来提供。所以政府会计改革制度的供给问题必须由具有强制力的政府来解决。为了确保政府在供给政府会计改革制度时能够遵循社会契约精神保护公众利益，政府关于政府会计改革制度供给的决策必须通过特定的体现民意的政治程序来进行。所以，一般而言，公众并不是政府会计改革制度供给的直接决策者，政府会计改革制度供给的直接决策者主要是立法机关与行政机关。

在对政府会计改革制度供给做出决策时，立法机关与行政机关的决策目标往往各有侧重。立法机关的决策一般会注重改善政府运营活动对立法机关与社会公众的透明度，即外部透明度。行政机关的决策一般会注重改善下级政府机构的运营活动对上级政府机构的透明度，即内部透明度。所以立法机关与行政机关的决策立场并不完全一致。对立法机关来说，内部透明度是外部透明度的基础，所以为了改善政府运营活动对外部的透明度，立法机关一般会支持行政机关关于改善内部透明度的决策主张。然而，对行政机关来说，政府内部管理通常注重改善内部透明度，改善外部透明度则意味着政府运营活动会受到更多的立法、社会(公众)监督，所以行政机关对立法机关改善政府外部透明度的决策主张并不一定持接受和支持态度。在立法机关与行政机关的决策立场存在分歧的情况下，究竟哪一方会在政府会计改革制度供给的直接决策中占主导地位，取决于立法机关与行政机关的力量博弈和特定制度环境中诸多因素的影响。①

根据社会契约精神，公众利益应是政府会计改革制度供给决策的终极目标，所以公众始终应是政府会计改革制度供给决策的重要影响力量。根据影响方式的不同，公众对政府会计改革制度供给决策的影响可分为直接影响与间接影响。

公众对政府会计改革制度供给决策的直接影响是指公众的意见和主张直接作用于政府会计改革制度供给的决策过程。在官僚制范式下，公共权力运行的信息几乎完全被政府垄断，公众对政府官僚机构的监督几乎全部通过立法机关的代理来实现。新公共管理范式在一定程度上打破了政府对公共权力运行信息的完全垄断，在政府与公众之间建立起一定的信息通道，但是这种信息通道主要是强调公众对公共权力运行结果的监督和反馈，而公共权力运行过程的信息仍然主要由政府垄断。公共治理范式更进一步突破了这一信息封锁，使公众在很多情况下可以直接参与公共决策程序，从而更充分地保障了公众对公共权力运行的知情权。可见，随着政府绩效治理范式的变迁，公众对政府会计改革制度供给决策的直接影响呈现出越来越显著的趋势。

公众对政府会计改革制度供给决策的间接影响可能存在于任何一种绩效治理范式下。其影响的程度往往更多地取决于当时的政治经济文化环境。这种影响并不直接作用于政府会计改革制度供给的决策过程，而是通过对政府会计改革制度供给决策的相关方面产生影响来发挥作用。比如，当政府陷入

① 需要指出的是，不能绝对地排斥公众担当政府会计改革制度供给直接决策者的情况。因为，当立法机关与行政机关的力量对比基本均衡时，往往需要通过加大公共决策过程中直接民主的程度来解决。此外，根据公共治理范式，在一些情况下公众可以直接参与到公共决策过程中。

财政危机导致公信力下降时，为了获取政治支持，政府在做出制度供给决策时可能会更多地强调公共权力信息的公开。

在各国政府会计制度演变的历程中，满足公众的信息需求在政府会计目标中获得越来越重要的地位，这无疑是公众影响政府会计改革制度供给决策的一个重要成果体现。

5.2 权责发生制政府会计改革制度供给分析[①]

在确定了社会契约各方在权责发生制政府会计改革制度供给中的角色之后，要想了解在特定制度环境下，权责发生制政府会计改革是否会发生，还需要对制度环境中诸多影响因素进行分析，这些因素主要是通过影响社会契约各方的决策或预期而发挥作用的。

对政府会计改革制度供给影响因素的研究最早出现于 20 世纪 70 年代中期英美等国的文献中。这些文献对政府会计改革制度供给决策的研究主要限于美国州和地方政府关于编制政府财务报告是否遵循 GAAP 的决策过程。这些研究的目标主要是调查与决策有因果关系或对决策有决定性影响的因素。这些文献包括 Zimmerman 1977 年的论文、Baber & Sen 1984 年的论文、

① 本节主要参考 Lüder，Chan，Jaruga & Nowak，Godfrey，Devlin & Merrouche，Pollit & Bouckaert 等学者关于政府会计改革权变模型、财务管理改革进程模型、公共管理改革模型的研究成果。

Evans & Patton 1987年的论文、Ingram 1983年和1984年的论文等等。①②③④⑤

这些研究指出,制度环境中政治竞争的强度、选拔会计官员的方法、政府规模、资本市场和分析机构、会计系统参与主体和利益相关个体对政府会计系统(或财务报告)观念和态度的变化、会计信息使用者的社会经济地位、会计职业化水平等因素可能会对美国州和地方政府是否遵循GAAP编制财务报告产生影响。这些文献在研究这些因素的影响时所采用的研究方法主要是,一方面把是否采用GAAP作为因变量,另一方面把上述各因素看作相互独立的变量,分别考察这些因素与采用GAAP之间的单因果关系。

这种研究方法主要受到三方面的质疑⑥:①这些因素与采用GAAP的决策之间往往是复合因果关系,而非单因果关系。这些因素通常并不独立具有对决策的决定性影响,而是相互协同对这一决策发挥影响。②这些因素常常很难用统计方法直接计量。③是否采用GAAP是需要通过立法程序才能做出的决策,所以将其作为由以上影响因素所决定的因变量进行统计测试的方法是令人质疑的。

20世纪80年代后期以来,一些学者在分析评价这些研究方法缺陷的同时,借鉴这些文献的研究经验,并结合政治科学、系统科学与行为理论,致力于研究制度环境中诸多因素对政府会计改革的综合影响。政府会计改革权变模

---

① Zimmerman, J. L., 1977. The Municipal Accounting Maze: An Analysis of Political Incentives[J]. *Journal of Accounting Research* 15[Supplement]: 107～144.

② Baber, W. R., and P. K. Sen, 1984. The Role of Generally Accepted Reporting Methods in The Public Sector: An Empirical Test[J]. *Journal of Accounting and Public Policy* 3[Summer]: 91～106.

③ Evans J. H., III and J. M. Patton, 1987. Signaling and Monitoring in Public-sector Accounting[J]. *Journal of Accounting Research* 25[Supplement]: 130～158.

④ Ingram, R. W., 1983. The Importance of State Accounting Practices for Credit Decisions[J]. *Journal of Accounting and Public Policy* 2[Spring]: 5～19.

⑤ Ingram, R. W., 1984. Economic Incentives and the Choice of State Government Accounting Practice[J]. *Journal of Accounting Research*: 26～134.

⑥ Lüder, K. G. 1992. A Contingency Model of Governmental Accounting Innovations in the Political Administrative Environment[A]. In *Research in Governmental and Nonprofit Accounting*[C]. Vol. 7: 99～127. Greenwich, CT: JAI Press.

型就是这一研究领域的一个重要成果。它是由 Lüder 教授在 1990 年最早提出的[①]，并在此后十多年的时间里，由众多学者进行了一系列的发展和改进，为研究政府会计改革的制度供给提供了重要的分析框架。

5.2.1 政府会计改革权变模型的构建基础

政府会计改革权变模型是政府会计改革研究对权变理论的应用，并且通过引入行为构件对权变理论进行了扩展。权变理论在 20 世纪 70 年代兴起于美国，旨在为组织应对不确定的环境状况提供理论指导。"权变"，即权宜应变。该理论强调用系统科学的观点来考察管理问题，根据组织所处的内外部条件随机应变，针对不同的具体条件寻求相应适当的管理模式、方案或方法。其思想内核是通过组织的各子系统内部和各子系统之间的相互联系，以及组织和它所处的环境之间的联系，来确定各种变量的关系类型和结构类型。美国学者 Luthans 在 1976 年出版的《管理导论：一种权变学》一书中系统地概括了权变理论的特点[②]：①权变理论就是要把环境对管理的作用具体化，并使管理理论与管理实践紧密地联系起来。②环境是自变量，而管理的观念和技术是因变量。③权变理论的核心内容是环境变量与管理变量之间的函数关系，也就是权变关系。

通过在一般的权变模型中引入行为构件，政府会计改革权变模型将制度环境因素和行为因素一并作为政府会计改革进程的决定因素纳入研究分析的框架中，旨在确定一个国家（或地区）政治行政环境的主要特征，并识别它们对政府会计改革进程可能产生的影响。通过分析对比对政府会计改革进程有利的因素与不利因素，模型可用于解释一个国家（或地区）政府会计改革的进程以及不同国家（或地区）之间政府会计改革进程的差异，也可用于推测在特定条件下一国（或地区）发生政府会计改革的可能性。

在这一模型中，根据制度环境因素在政府会计改革进程中所发挥的作用，

① 1990 年首次德语出版，1992 年首次英语出版。

② 转引自许激. 权变理论学派[M]. http://www.manage9.com/type.asp?news_id=39.

用于描述制度环境状况的背景变量(*contextual variables*)被分为三类[①]:①激励(stimuli),指发生在改革进程初始阶段的某些事件,该类事件会导致政府会计信息使用者对更高质量会计信息的需求,并且能够提高政府会计信息生产者供给这种信息的积极性。②结构变量(structural variables),指社会和政治行政系统的特征,这一系统会对信息使用者和生产者关于改革政府会计的态度产生影响。③实施障碍(implementation barriers),指在政府会计改革实施进程之中阻碍甚至阻止政府会计改革如期进行的环境状况。

这一模型的实质是政府会计改革的供给需求分析。政府会计改革的意义在于提供更高质量的政府会计信息,所以,当需要更高质量的政府会计信息时,政府会计信息的使用者同时也是政府会计改革的需求主体。由于政府会计改革制度是公共物品,所以政府会计改革的供给主体主要是立法与行政机关。社会经济环境的特点可能会影响政府会计改革需求主体对政府会计改革的态度,这一态度与政治行政系统的特点可能会共同影响政府会计改革供给主体的决策行为。当条件成熟时,比如激励事件发生,政府会计改革的供需关系可能会导致政府会计改革的启动。[②]

5.2.2 第一代政府会计改革权变模型

第一代政府会计改革权变模型是Lüder教授于1990年提出的,它主要由四大模块(激励、社会结构变量、政治行政系统的结构变量、实施障碍)构成,其基本模型见图5-1。

---

① Lüder,K. G. 1992. A Contingency Model of Governmental Accounting Innovations in the Political Administrative Environment[A]. In *Research in Governmental and Nonprofit Accounting*[C],Vol. 7,99～127. Greenwich,CT:JAI Press.

② Chan J. L. ,Jones R. H. ,Lüder K. G. (eds.),1996. *Research in Governmental and Nonprofit Accounting*[C]. Greenwich,CT:JAI Press,Vol. 9.

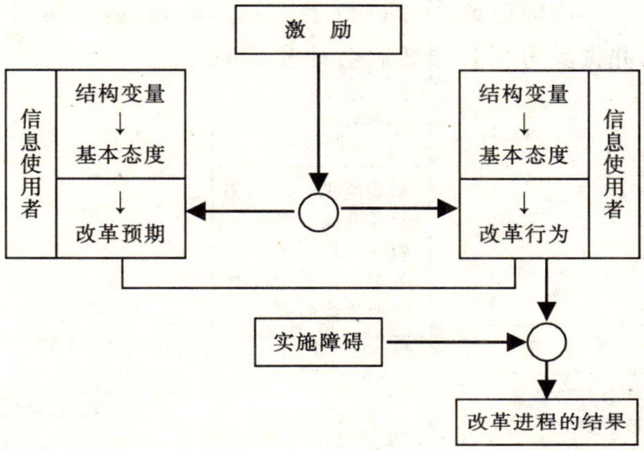

图 5-1 第一代政府会计改革权变模型——基本模型[①]

政府会计改革进程是动态和复杂的，用模型描述这一进程也是复杂和困难的。基本模型的结构是基于对政府会计改革进程所设定的五个基本假设[②]：①在改革进程的初始时期有一些激励存在，这些事件独自或联合发挥作用，最早揭示出对更高质量政府会计信息的需求。②有两套结构变量，分别描述信息使用者和生产者关于信息在政府财务管理和行政效率方面发挥功能的基本态度。③信息使用者对改革的预期受其基本态度和激励的影响。信息生产者供给改革制度的积极性不但同样受到这两类因素的影响，还受到信息使用者改革预期的影响。④改革进程的启动并不一定要求存在激励。基本态度（已经发生改变的）也可能会通过某种方式促使信息生产者提高改革的积极性并做出进行改革的决策。⑤是否进行改革的决策不仅取决于信息生产者改革的积极性，还取决于实施障碍的阻碍程度。但是，这些关系不是单因果关系，不能根据这些关系来追踪改革决策与每个影响因素的个别关系，而是应把这些关系假设为，某一系列特殊背景状况对政府会计系统的协同影响，即复合因果关系。

① Lüder, K. G. 1992. A Contingency Model of Governmental Accounting Innovations in the Political Administrative Environment[A]. In *Research in Governmental and Nonprofit Accounting*[C]. Greenwich, CT: JAI Press, Vol. 7: 99～127.

② Lüder, K. G. 1992. A Contingency Model of Governmental Accounting Innovations in the Political Administrative Environment[A]. In *Research in Governmental and Nonprofit Accounting*[C]. Greenwich, CT: JAI Press, Vol. 7: 99～127.

通过对每一模块的组成部分进行丰富，Lüder 把基本模型扩展为解释模型(见图 5-2)，并据其分析各国政府会计改革进程。

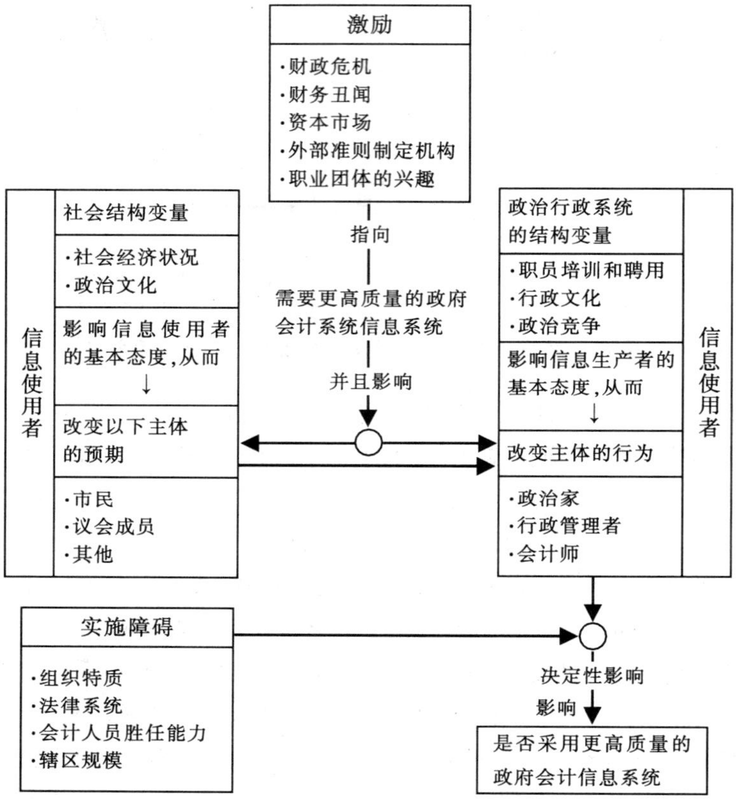

图 5-2 第一代政府会计改革权变模型——解释模型①

对于一个特定辖区，影响政府会计改革进程的环境因素可以被描述为权变模型制度模块多种具体表现形式的组合。这些环境因素的作用过程实际上是非常复杂的。为了便于描述，模型对这一作用过程进行了简化。模型假设：每一个模块的表现形式只可能呈现出两种属性的其中之一，要么是对政府会

① Lüder，K. G.，1992. A Contingency Model of Governmental Accounting Innovations in the Political Administrative Environment[A]. In *Research in Governmental and Nonprofit Accounting*[C]. Greenwich，CT：JAI Press，Vol. 7：99～127.

计改革有利，要么是对政府会计改革不利。由于每一个模块都包括一系列变量，对每一模块分别界定“有利”与“不利”如下①：①只要存在一个激励因素，那么激励模块就是有利的。②只要下列状况存在，社会结构变量模块就是有利的：激烈的政治竞争，或者相对较高的社会经济水平，或者开放的政治文化，或后二者兼备。③只要职员培训的内容受到私人部门会计的支配性影响，或者行政文化被认为是开放的和政治竞争的程度被认为很高，那么政治行政系统的结构变量模块就是有利的。④如果障碍不存在，那么障碍模块是有利的。

Lüder 教授根据 1987 年和 1988 年对一些国家（和地区）政治行政环境状况的经验调查，使用政府会计改革权变模型，分别对这些国家（和地区）政府会计系统的改革形势模式进行了评价（见图 5-3）。

模块	标记	辖区								
		加拿大	德国	丹麦	欧盟	法国	瑞典	英国	美国联邦政府	美国州政府
激励	（＋）	X		X	X		X	X	X	X
	（－）		X			X				
社会结构变量	（＋）				X[1]				X	X
	（－）	X	X	X		X	X	X		
政治行政系统的结构变量	（＋）	X		X			X		X	X
	（－）		X		X	X		X		
实施障碍	（＋）	X		X			X			X
	（－）		X		X	X		X[2]	X	
总体评价	（＋）	X		X			X		X	X
	（－）		X		X	X		X		

说明：（＋）表示有利；（－）表示不利。[1]欧盟面临一个特殊的形势：在财务问题上，财务信息的使用者（成员国）能够在相当程度上影响信息生产者（欧盟）的行为。[2]英国存在实施障碍，但相对微弱。确定的障碍只涉及会计人员胜任能力。规模可能也会成为实施障碍。

图 5-3　对各辖区政府会计系统的改革形势模式分类②

---

① Lüder，K. G.，1992. A Contingency Model of Governmental Accounting Innovations in the Political Administrative Environment［A］. In *Research in Governmental and Nonprofit Accounting*［C］. Greenwich，CT：JAI Press. Vol. 7：99～127.

② Lüder，K. G.，1992. A Contingency Model of Governmental accounting Innovations in the Political Administrative Environment［A］. In *Research in Governmental and Nonprofit Accounting*［C］. Greenwich，CT：JAI Press. Vol. 7：99～127.

根据对这些国家(和地区)政府会计改革形势模式的观察,Lüder 教授做出以下推测[①]:①加拿大、丹麦、瑞典、美国的政治行政背景状况对于引进一个更高质量的政府会计信息系统是相对有利的。在这些国家,人们可能会最富有积极性地期望对政府会计系统进行变革。②德国与法国的政治行政背景状况对于引进一个更高质量的政府会计信息系统是相对不利的。在欧盟(由于激励和信息使用者的影响)和英国(由于激励的存在和微弱的实施障碍),改革政府会计系统可能会受到一定程度的限制。

5.2.3 第二代政府会计改革权变模型

1994 年,在保持模型基础结构不变的情况下,Lüder 教授提出了第二代政府会计改革权变模型(见图 5-4)。第二代模型对第一代模型主要在以下几个方面进行了修正[②]:①把政治家(既是信息生产者又是信息使用者)与行政管理者(只是信息生产者)的作用区别开来。②把伴随议会多数改变的支配性信条(会影响政治家的态度和行为)纳入到激励模块中。③把财务职能的强化(如美国联邦政府中委任 CFO)和会计准则制定机构的建立明确为对行政管理者的行为具有影响的因素。

1995 年和 1996 年,Godfrey,Devlin and Merrouche 对这一模型进行修正(见图 5-5),引入了国际组织与捐助机构对政府会计改革进程的影响,以适用于发展中国家。他们指出:国际组织与捐赠机构提供援助时的信息需求能够直接或间接地激励政府会计改革的进程。如果这些需求与发展中国家自身的信息需求不一致时,则会激励错误的政府会计改革进程,从而对实施适当的政府会计系统造成障碍。并且,国际组织与捐助机构所提供的财务资源和技术指导会作为发展中国家的社会结构因素,强化政府会计改革进程,或使这一改革成为可能。此外,他们认为,发展中国家获得外部资源的难易程度还受到这

---

① Lüder,K. G. ,1992. A Contingency Model of Governmental Accounting Innovations in the Political Administrative Environment[A]. In *Research in Governmental and Nonprofit Accounting*[C]. Greenwich,CT:JAI Press. Vol. 7:99～127.

② Chan,J. L. /Jones,R. H. /Lüder,K. G. ,1996. Modelling Governmental Accounting Innovations:An Assessment and Future Research Directions[A]. in:Chan, J. L. et al. (eds.),*Research in Governmental and Nonprofit Accounting*[C]. Greenwich, CT:JAI Press. Vol. 9:1～19.

些国家国际声誉的影响，所以，发展中国家有可能为了改善国际声誉而更为积极地改革其政府会计系统。①②③

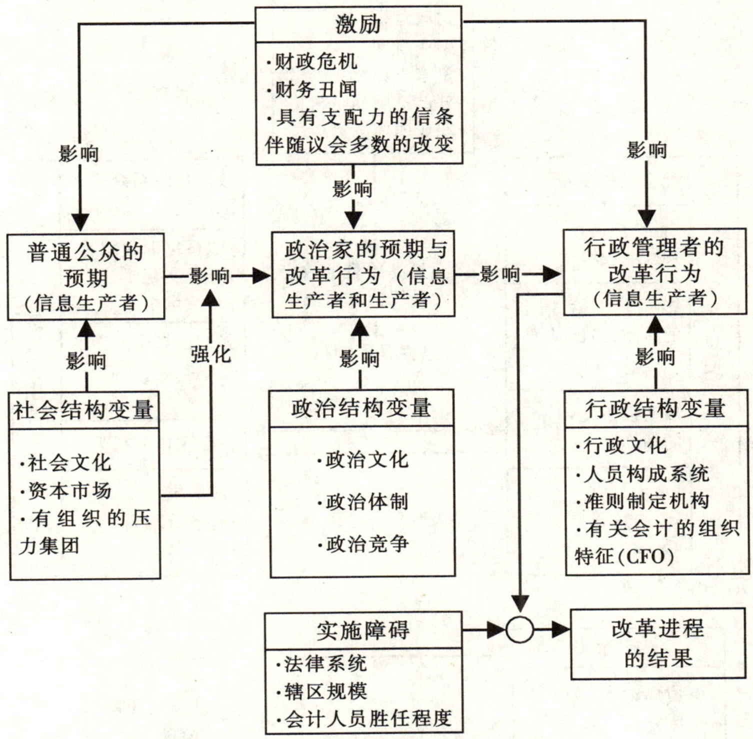

图 5-4　第二代政府会计改革权变模型 A④

---

① Godfrey, A. D. /Devlin, P. J. /Merrouche, C. , 1995. The Contingency Model and East Africa－Towards a Critique[A]. Paper presented at the 5th CIGAR Conference, Paris.

② Godfrey, A. D. /Devlin, P. J. /Merrouche, C. 1996. Governmental Accounting in Kenya, Tanzania, and Uganda[A]. in: Chan, J. L. et al. (eds.), *Research in Governmental and Nonprofit Accounting*[C]. Greenwich, CT: JAI Press. Vol. 9: 193～208.

③ Lüder, K. G. , 2002. Research in Comparative Governmental Accounting Over The Last Decade: Achievements and Problems[A]. Montesinos, V. and Vela, J. M. (eds) *Innovations in Governmental Accounting*[C]. Kluwer. 1～21.

④ Lüder, K. G. , 1994. The 'Contingency Model' Reconsidered: Experiences from Italy, Japan and Spain[A]. In *Perspectives on Performance Measurement and Public Sector Accounting*[C]. eds. E. Buschor and K. Schedler, Berne: Haupt. 1～15.

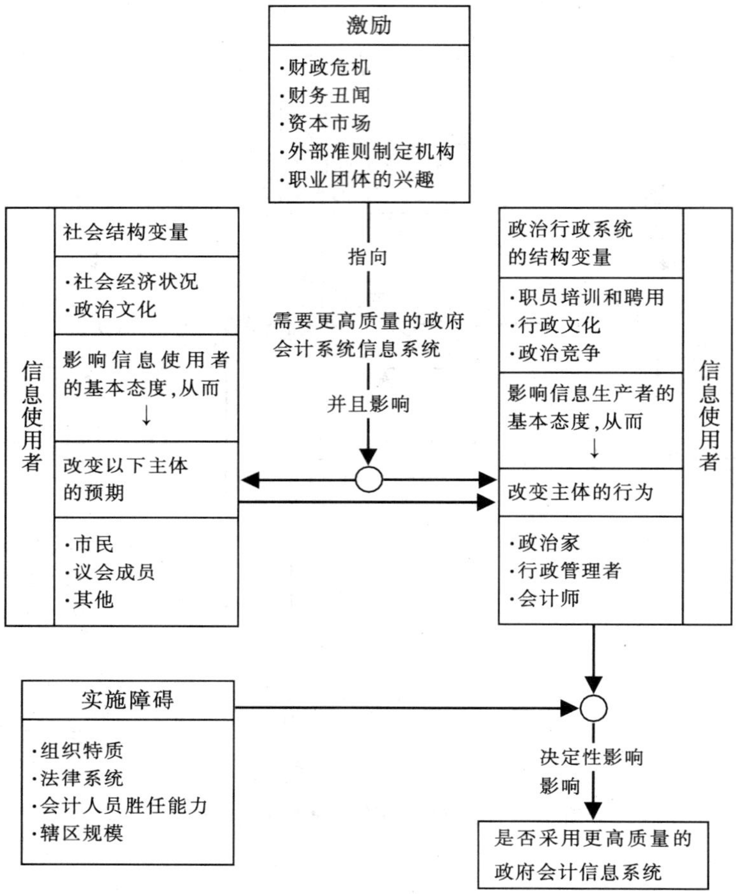

图 5-5　第二代政府会计改革权变模型 B[①②]

① Godfrey, A. D. /Devlin, P. J. /Merrouche, C. , 1995. The Contingency Model and East Africa—Towards a Critique[A]. Paper presented at the 5th CIGAR Conference, Paris.

② Godfrey, A. D. /Devlin, P. J. /Merrouche, C. (1996). Governmental Accounting in Kenya, Tanzania, and Uganda[A]. in: Chan, J. L. et al. (eds.), *Research in Governmental and Nonprofit Accounting*[C]. Greenwich, CT: JAI Press. Vol. 9: 193～208.

5.2.4 第三代政府会计改革权变模型

1996年，Jaruga and Nowak 指出，从长远来看，结构变量是在不断变化中的，所以政府会计改革不是一个一次性完成的事件，而是需要经历几个阶段或周期，并且，前一阶段的结果会影响后续的改革决策和进程。所以他们建议，应把"现实世界改革进程的成效"作为一个重要构件纳入政府会计改革权变模型。这些成效不仅体现为政治家和行政管理者行为的变化，还体现为公众行为的变化，而这些变化正是政府会计改革的预期结果。[①②]

这就对政府会计改革权变模型进行了一个实质性的动态扩展。相比于此前学者们对政府会计改革权变模型的结构修正和既定模块内的内容补充，这是一个在模型中引入时间维度的扩展，所以这一模型通常被称为第三代政府会计改革权变模型(见图5-6)。Lüder 教授指出，这样一个动态模型尤其适用于描述和解释那些渐进式政府会计改革的进程。

---

① Jaruga, A. /Nowak, W. A. (1996). Toward a General Model of Public Sector Accounting Innovations, in: Chan, J. L. et al. (eds.). *Research in Governmental and Nonprofit Accounting*, Vol. 9, pp. 21～31, Greenwich, CT: JAI Press.

② Lüder, K. G. 2002. Research in Comparative Governmental Accounting Over The Last Decade: Achievements and Problems, Montesinos, V. and Vela, J. M. (eds). *Innovations in Governmental Accounting*. Kluwer, 1～21.

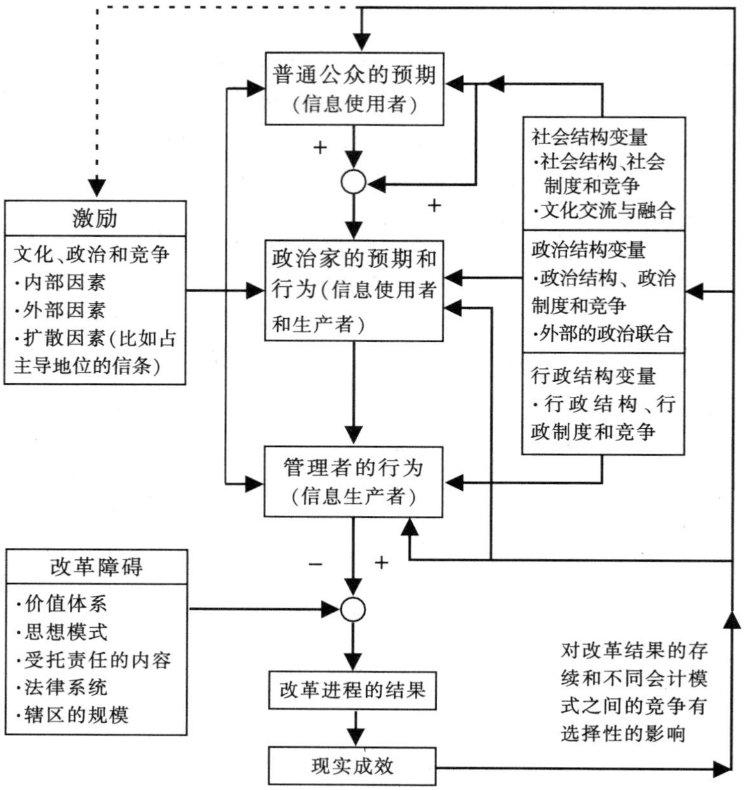

图 5-6　第三代政府会计改革权变模型①

5.2.5 政府会计改革权变模型与权责发生制政府会计改革制度供给研究

虽然政府会计改革权变模型并没有对"政府会计改革"的概念和具体内容进行界定，但是，从国际学术界对这些模型的使用来看，政府会计改革主要是

① Jaruga, A. /Nowak, W. A. (1996). Toward a General Model of Public Sector Accounting Innovations, in: Chan, J. L. et al. (eds.). *Research in Governmental and Nonprofit Accounting*, Vol. 9, pp. 21～31, Greenwich, CT: JAI Press.

指那些涉及概念框架改变的根本性变革，而不是指那些保持政府会计系统不变、仅仅进行程序性改变的机制改良。政府会计改革权变模型自产生以来主要用于分析权责发生制政府会计改革。这一改革是对传统收付实现制政府会计概念框架的根本变革，其具体内容是丰富的：会计基础从（完全的或修正的）收付实现制转向（完全的或修正的）权责发生制是其中的根本内容，在此基础上，权责发生制改革还包括对整个政府会计系统在结构上的完善以及政府会计制度环境的配套改革。

从以上政府会计改革权变模型发展演变的历程可以看到，这一模型主要是在两个方向上得以发展的：一是在保持模型基本框架不变的情况下，对各模块的因素构成进行补充或修正，以适应具体研究的需要；二是对模型的基本框架进行修正和补充，这种发展是基于对政府会计改革进程认识的不断深入。随着这一模型的不断完善，它对政府会计改革进程的描述能力和解释力也随之不断提高。从国际上政府会计改革的研究趋势来看，这一模型的发展演变还在继续。

政府会计改革权变模型已经成为分析各国政府会计改革的一个重要框架。但是本书认为，有一点需要提请注意，即这一模型在研究方法和研究范围上是有特殊限定的。从研究方法来看，用政府会计改革权变模型分析政府会计改革问题是一种实证的研究方法，它旨在推测某种现象在特定环境条件下是否可能发生，或解释某种现象为什么发生、为什么没有发生，而不在于说明某种现象是否应该发生。从研究范围上看，到目前为止，政府会计改革权变模型仅限于对政府会计改革制度供给决策和相关影响因素的权变关系进行描述和解释。而政府会计改革包括多方面的内容，既包括技术原则层面的变革，也包括制度实施层面的配套。单就制度实施层面来看，政府会计改革问题不仅涉及改革的制度供给，还涉及改革的制度成效。虽然第三代政府改革权变模型把改革效果纳入模型，但也只是把它作为影响政府会计改革制度供给后续决策和进程的一个自变量来看待的。探讨政府会计改革制度成效的问题时，改革效果应是因变量，而社会运行相关方面则是这一改革效果的影响因素。

5.2.6 政府会计改革权变模型的分析框架在中国政府会计系统环境的应用

借鉴政府会计改革权变模型的分析框架来探寻中国政府会计改革制度供

给方面的现实问题是一个重要的尝试。但是如上文所述,政府会计改革权变模型可以用于推测或解释在特定制度环境下权责发生制政府会计改革的进程结果,然而,它无法解答在特定制度环境下政府是否应该采取适当措施推行权责发生制政府会计改革,而这是研究中国政府会计改革时首先需要弄清楚的一个问题。只有确定了中国推行权责发生制政府会计改革的必要性,再应用政府会计改革权变模型的分析框架来探寻中国政府会计改革制度供给层面的现实问题才有意义。所以,本小节将首先尝试对此类问题做相关探讨,然后借鉴权变模型的分析框架检视以下问题:中国哪些事件的发生(激励)可能最早揭示出对权责发生制政府会计信息的需求?中国政府会计的制度环境中具备哪些有利于权责发生制政府会计改革的社会系统和政治行政系统特征?有哪些实施障碍可能会阻碍这一进程?由于本书第四章已经对权责发生制政府会计改革的普遍性意义进行了阐述,本小节的论述将侧重于权责发生制政府会计改革对中国政府绩效治理的特殊意义。

5.2.6.1 权责发生制政府会计改革对中国政府绩效治理的特殊意义

1949 年中华人民共和国成立之后,财政部于 1950 年正式发布了《各级人民政府暂行总预算会计制度》和《各级人民政府暂行单位预算会计制度》,这标志着社会主义"预算会计"制度在中国的建立。何谓社会主义"预算会计"?从技术层面来看,社会主义"预算会计"由单一的会计系统即预算会计系统构成,但是,相比于本书第四章所述及的作为政府会计系统子系统之一的预算会计系统,社会主义"预算会计"具有特殊的概念基础和制度背景。

在 1978 年之前的 30 年里,中国实行集中的计划经济体制。与这一经济体制相对应的是一种严格等级制的政府治理结构。这一框架下,政府活动的范围遍布国家经济和社会生活的诸多方面,而作为管理与控制公共资金的工具,政府预算的范围也是广泛的。纵向上,政府预算的范围不但包括中央政府,还包括所有的地方政府。横向上,政府预算的范围不但包括政府机构,还包括国有企事业单位。严格等级制的政府治理结构与政府预算范围的广泛性,导致政府预算在政府绩效治理结构中的主导地位。在这种情况下,政府预算的概念与实践对政府绩效治理结构中的其他构件具有支配性的影响力,原本应为政府绩效治理结构提供信息支持服务的政府会计,也就成为只为政府预算服务的"预算会计"。当公共资金的运行能够全部表现为预算资金的运行时，这一种从属于预算的会计模式不但能够为预算功能的发挥提供至关重要的信息支持，而且能够为政府整体绩效的治理提供必需的信息支持。但是一旦公共资金的运行范围超出了政府预算的范围，这种会计模式就会表现出功能上的局限性。

1978年之后中国推行改革开放，并于1992年把建立社会主义市场经济体制正式确立为经济体制改革的目标。这一改革对政府与国有机构（国有企事业单位）的关系产生重大影响。随着社会主义市场经济体制的确立，国有企业实行自主经营，国有企业的运营活动越来越独立于政府预算。许多国有事业单位也不再全额由政府预算提供资金，而是能够部分或全部由事业收费来满足运营的资金需求。这些国有机构的运营活动逐渐独立于政府预算。但是国有机构与政府的非预算关系仍然存在，并且十分重要。国有机构与政府的非预算关系中，有一些关系是市场经济体制下所固有的，比如政府作为投资人与国有企业之间的关系在英美等发达市场经济国家仍然存在，还有一些关系是传统体制下所遗留的，比如当特大型国有企业出现经营困境时，政府可能会为了社会稳定、社会就业等方面的考虑而通过补贴、政府担保贷款等支持方式不让这些企业破产倒闭。所以，随着改革的逐步深入，政府与国有机构（国有企事业单位）相关的活动范围已经不能由预算范围来概括，在这些领域里，公共资金的运行范围已经大大超过了预算资金的运行范围。

此外，预算外资金的存在及其规模的快速增长导致更多的公共资金游离于预算资金运行范围之外。预算外资金，是指不纳入预算管理，用于满足政府履行其职能需要的财政性资金。我国预算外资金形成于新中国成立初期，改革开放后，特别是市场经济体制建立以来，政府职能和社会分配格局发生了巨大变化，预算外资金迅速增长，而对预算外资金认识上的滞后和政策、管理手段的缺位，造成预算外资金游离于政府控制之外，并一再膨胀，既扭曲了收入分配结构，分散了国家财力，又滋生了腐败现象。①

在大规模公共资金运行已超出政府预算范围的同时，中国的预算会计制度又是什么情况呢？半个多世纪以来，中国的预算会计制度经历了数次改革（见表5-1），然而在会计目标、会计对象、会计基础、会计模式等方面并没有发生根本性的变化。正如上文所分析，当预算资金的运行已经不能覆盖政府的

① 周济勤．对预算外资金管理的思考[J]．财会研究，2005(2)．

整个活动范围，预算会计也就不可能充分满足评价公共受托责任的信息需求。

表 5-1　中国现行预算会计制度大事记①

时　间	事　　项
1950 年	财政部正式发布了《各级人民政府暂行总预算会计制度》和《各级人民政府暂行单位预算会计制度》，并从 1951 年开始实施。
1954 年	取消了《各级人民政府暂行总预算会计制度》和《各级人民政府暂行单位预算会计制度》的“暂行”二字。
1956 年	会计要素由金库存款、预算支出、预算收入、往来存款预算执行结果调整为货币资金、预算支出、贷出款项、预算收入、借入款项预算执行结果六个。
1965 年	财政部将《单位预算机关会计制度》修改为《行政事业单位会计制度》；同时修改了会计科目、会计基本等式、记账方法。将与资产、负债对称的多个会计要素变成了资金来源、资金运用、资金结存三个会计要素。会计基本等式也由“资产＝负债”改为“资金来源－资金运用＝资金结存”。记账方法也由借贷记账法改为资金收付记账法。并于 1966 年开始实施。
1984 年	开始执行新的《财政机关总预算会计制度》。
1989 年	《财政机关总预算会计制度》再次修订，改称“财政总会计”。
1989 年	颁布新的《事业行政单位预算会计制度》，改称“事业行政单位会计”。
1994 年	财政部预算改革常务工作组成立。财政部制发《预算会计核算制度改革要点》，规定了预算会计改革的指导思想、改革目标、会计体系、核算方法和改革步骤等。
1997—1998 年初	财政部发布《财政总预算会计制度》(1997 年 9 月)、《行政单位会计制度》(1998 年 2 月)、《事业单位会计准则》(试行)(1997 年 5 月)和《事业单位会计制度》(1997 年 9 月)，规定自 1998 年 1 月 1 日起实施。
2001 年	财政部发布《财政国库管理制度改革试点会计核算暂行办法》。

在这种情况下，由预算会计系统独立构成政府会计的模式，在计量和报告

① 王雍君. 政府预算会计问题研究[M]. 经济科学出版社，2004. 53～54.

政府绩效方面表现出功能局限，主要表现为：不能追踪政府预算范围以外的公共资金运行；不能提供长期资产、长期负债、政府活动成本的确认和计量；不能确保赤字衡量的准确性等等。所以，为了满足政府绩效治理的信息需求，中国政府会计必须在健全预算会计系统的同时，增设资源会计系统、基金会计系统、成本会计系统。而建立这样一个由多个子系统构成的政府会计系统首先需要引入权责发生制会计基础。

5.2.6.2 中国政府会计的制度环境中最早揭示权责发生制政府会计改革需求的激励

随着中国社会主义市场经济改革的不断深入，中国政府会计的制度环境中存在一系列激励，最早揭示出对更高质量政府会计信息的需求。其中，审计风暴、财政风险、国有资产流失以及政府成本等方面问题不断在社会上引起关注，尤为显著地揭示出中国当前的绩效治理对权责发生制政府会计信息的需求。此外，随着中国越来越成为国际社会的重要一员，国际组织对于权责发生制改革的推动，强化了中国对权责发生制政府会计信息的需求。

5.2.6.2.1 审计风暴

国家审计是国家政府绩效治理机制中的重要力量，中华人民共和国《宪法》在第 91 条规定："国务院设立审计机关，对国务院各部门和地方各级政府的财政收支，对国家的财政金融机构和企业事业组织的财务收支，进行审计监督。审计机关在国务院总理领导下，依照法律规定独立行使审计监督权，不受其他行政机关、社会团体和个人的干涉。"中华人民共和国《审计法》第 2 条规定："国家实行审计监督制度。国务院和县级以上地方人民政府设立审计机关。……审计机关对前款所列财政收支或者财务收支的真实、合法和效益，依法进行审计监督。"《审计法》第 4 条规定："国务院和县级以上地方人民政府应当每年向本级人民代表大会常务委员会提出审计机关对预算执行和其他财政收支的审计工作报告。"可见，审计署每年关于上一年度中央预算执行和其他财政收支的审计工作报告是一个常规程序。

然而，从 2003 年开始，这一常规程序却引发出一股"风暴"现象，即所谓审计风暴。之所以称为风暴，其主要原因不仅在于所曝光的违法违规案件之多，金额之大，更是由于以往财政不公开所导致的信息盲区突然被冲破。审计风暴所发现的问题说明了财政资金运行中严重的政府绩效问题，而"风暴"现象本身更说明了财政信息公开方面严重的透明度问题。连续几年的审计风暴在很大程度上引发了全社会关于财政透明度问题的思考，从而有利于推动全社会认识到政府会计信息公开披露的重要性，而这是迈向更高质量政府会计信息需求的首要一步。

5.2.6.2.2 财政风险

长期以来，政府赤字率（财政赤字占 GDP 的比重）和负债率（政府债务余额占 GDP 的比重）是中国政府统计衡量财政风险的主要指标。通常，政府赤字率的核算以收付实现制为基础，反映财政预算的收支差额，而负债率的核算只考虑政府具有法定清偿责任的直接显性债务。基于这样的核算方法，中国的政府赤字率与政府负债率水平相比于世界各国并不算高。但是要想全面认识政府财政风险，往往不能只限于收付实现制的赤字指标与直接显性债务指标。世界银行顾问 Hana Polackova（1998）提供了更全面认识财政风险来源的政府债务内容。她把导致财政风险的政府债务划分为四种类型——直接显性债务、直接隐性债务、或有显性债务、或有隐性债务，并构建财政风险矩阵如表 5-2。其中，“显性债务”和“隐形债务”分别对应于法律责任和道义责任导致政府负担的债务，“直接债务”和“或有债务”分别对应于具有确定性偿还责任和非确定性偿还责任的政府债务。[①]

① 需要注意的是，用于分析财政风险的政府债务并不一定完全符合会计上关于负债的定义。

表 5-2 财政风险的来源：财政风险矩阵①

债务	直接的（任何情况下都会产生的债务）	或有的（基于某一特定事项的发生而产生的债务）
显性的（由特定法律或合同确认的政府债务）	·国内外举借的政府借款（签订合同的政府贷款和中央政府发行的有价证券） ·预算法规定的支出 ·具有法律约束力的长期预算支出（公务员工资、公务员养老金）	·中央政府为地方政府以及公共部门和私人部门实体（发展银行）债务提供的担保 ·为各种类型的贷款（抵押贷款、学生学习贷款、农业贷款和小企业贷款）提供的一揽子政府担保 ·为贸易、汇率、外国政府借款和私人投资提供担保 ·国家保险方案体系（针对存款、私人养老基金最低受益、农作物、洪水和战争风险等）
隐性的（政府道义上的债务，主要反映了公众预期以及利益集团压力）	·公共投资项目的未来经常性费用 ·法律没有规定的未来公共养老金（与公务员养老金相对照） ·法律没有规定的社会保障体系 ·法律没有规定的未来医疗资助	·金融机构的经营失败（国家保险方案体系之外的） ·无中央政府担保的地方政府、公共或私人实体的无法偿付的负债或其他债务 ·已私有化的企业的债务清偿 ·无担保的养老金、就业金或者社会保障基金的投资失败（针对小投资者的社会保护） ·中央银行无法履行的责任（外汇合约、本国货币保护和国际收支稳定） ·反向于私人资本流动的救援行动 ·环境遗产的破坏、灾害求助、军事上的融资等等

财政风险矩阵为全面认识国家的债务和财政风险状况提供了一个重要的参考。前世界银行驻中国代表处高级经济学家 Pieter Bottelier 借鉴财政风险矩阵从三个层面对中国中央政府 2000 年的总负债规模进行了估算：第一层为中央政府的显性债务和债务担保，占 GDP 的 43%～44%；第二个层面是国有

① Hana Polackova Brixi. Contingent Government Liabilities：A Hidden Risk for Fiscal Stability[R]. The World Bank working paper，NO. 1989，1998.

银行不良贷款形成的或有债务，占 GDP 的 37%～44%；第三层是还没有纳入到个人养老基金账户的国家养老金隐性债务，占 GDP 的 45%～95%，中央政府的总负债规模为 125%～183%。[①] 标准普尔公司 2001 年公布了对 68 个国家政府 2000 年底在金融部门中的或有负债状况的估计。据标准普尔公司的估计，2000 年中国政府在金融领域中的或有负债为当年 GDP 的 43%～86%，在 68 个所分析的国家中位于最高水平，而同年中国政府的显性债务负担率位列最低的六个国家之一。[②]

可见，根据收付实现制的核算基础所确定的财政赤字率，以及只包括直接显性债务的政府负债率，可能会掩盖政府所面临的财政风险的严重性，导致政府错过采取措施规避或降低财政风险的最佳时机，也不利于客观地评价政府绩效。所以，随着政府财政风险衡量的客观性在中国受到越来越多的重视，引入权责发生制核算基础作为关键的解决方案之一也越来越受到关注。

5.2.6.2.3 国有资产流失

国有资产是国家代理公众拥有的共同资产。政府对公众承担国有资产的受托管理责任和受托使用责任。前者要求政府应负责国有资产的安全与完整，实现保值与增值，后者要求政府应本着公众利益来使用国有资产。它们是构成政府受托责任的重要内容。

中国的国有资产范围广泛，类型众多。按国有资产的分布范围来分，包括分布在企业、事业单位、政府部门中的国有资产，以及环境与资源性的国有资产。按照国有资产的使用目的来分，包括经营性国有资产与非经营性国有资产。在计划经济体制时期，政府(以及国有企业)是社会产品和服务的主要生产者，相应的，用于生产这些产品和服务的国有资产也就占据了社会资产的绝大部分份额。社会主义市场经济体制下，按照市场经济规律，政府主要负责公共产品的供给，所以，国家在保持国有经济在社会经济主导地位的前提下，对国有企业进行了改革重组，这势必会对国有资产的分布、运营方式、管理体制等诸多方面带来很大的影响。但是，社会主义市场经济改革的主旨是追求更

---

① Pieter. Bottelier, Implications of WTO Membership for China's State-Owned Banks and the Management of Public Finances: Issues and Strategies[A]. Working Paper, 2001.

② 资料来源：标准普尔公司网站，Global Financial System Stress, 09－Qct.－2001. 转引自卢文鹏、尹晨. 补偿替代，隐性担保与财政风险. 财贸经济，2004(1)。

高的效率与公平，改革并不会改变政府在国有资产管理和使用方面的受托责任。甚至，在经济转型的特殊时期对国有企业进行改革重组，对国有资产的安全保障以及制度配套提出了更高的要求，所以在这一时期，政府在国有资产管理和使用方面受托责任的担子不是变小了，而是更重了。

国家高度重视在经济转型期内国有资产的安全，因为这关系到社会公众每一个人的利益。国家审计署每年都把这一方面作为审计的重点。正如2006年李金华审计长所指出的，“现在对国家危害最大的，就是腐败对国家的资源和国有资产的严重侵蚀。一些腐败分子为了权力寻租，不惜以几十倍、几百倍，甚至更多的国有资产为代价，谋取不正当利益。客观上说，在经济领域，几乎所有经济犯罪和腐败行为都是以国有资产流失为前提和结果的。”①

与国有资产安全的重要性相对照，社会各界尤其是政府官员和专家学者纷纷对中国经济转型期国有资产流失的严重性提出警示。在2001中国石油和化工管理论坛上，国务院派驻国有大型企业监事会主席李士忠坦言，“从任国务院稽查特派员到任派驻国有大型企业监事会主席，使我最为震惊也是感受最深的，就是国有资产的严重流失。”② 2004年6月23日，在第十届全国人民代表大会常务委员会第十次会议上，审计署审计长李金华在报告2003年度中央预算执行和其他财政收支的审计情况中指出，审计发现2003年国有资产流失45亿元。③

那么，当前中国国有资产的流失到底有多严重，流失到哪里去，有没有完整而客观的数字来警示这一风险？答案是否定的。虽然许多专家学者对转型期内国有资产流失的金额进行了估算并揭示了惊人的数字④，然而这些数字至今无法得到有信息质量保障的确认。因为，要弄清到底国有资产有没有流失，流失的程度，必须首先要有国有资产的账，能够有账可查：政府代理公众保

① 转引自2006年09月29日新华网新闻，http://news.xinhuanet.com/politics/2006—09/29/content_5152909.htm.

② 雷家骕，新安全，2002(4)，转引自人民网网站 http://www.people.com.cn/GB/paper2515/8536/801394.html.

③ 李金华.2003年中央预算执行和其他财政收支审计工作报告[N]，2004.6.23.

④ 详见过勇、胡鞍钢.行政垄断、寻租与腐败[J].经济社会体制比较，2003(2)；贺卫.寻租经济学[M].北京：中国发展出版社，1999；何清涟，现代化的陷阱[M].今日中国出版社，1998等。

管和使用的国有资产存量是多少，每年这些资产净值变化的来龙去脉是什么情况，哪些是有效使用，哪些是无效耗损。预算会计侧重确认和计量当期财务资源的流动，无法提供国有资产的存量信息。只有引入权责发生制会计基础，健全政府会计系统，才有可能满足这些方面信息的需求。

5.2.6.2.4 政府成本问题

近些年，随着公众纳税人意识的提高，政府成本越来越成为公众关心的一个话题。然而与此相对照的是财政赤字和债务规模加速膨胀的态势。1979年至1995年的17年间，中国有15年出现赤字，累计赤字2 814亿元，特别是在“八五”期间，财政赤字迅速扩大，达到1 945亿元。国债规模也不断扩大，1980年为43亿元，1985年为89亿元，1990年为375亿元，到1996年已上升为1 900多亿元。[①] 面对越来越突出的财政收支矛盾，中国政府把降低政府成本、提高财政资金的使用效率效果作为财政体制改革的一个重要目标。为此，财政部组织推行了部门预算改革，而这种预算编制模式需要以客观准确的政府成本数据为基础。

把成本会计系统纳入政府会计体系，不但有助于满足社会公众对政府成本信息的需求，也有助于满足政府自身在进行绩效治理时的成本信息需求。这两方面的需求，都揭示出当前中国政府会计系统需要引入权责发生制会计基础。

5.2.6.2.5 国际组织对权责发生制政府会计改革的推动

国际货币基金组织、联合国等国际组织主要通过制定权责发生制的技术标准或者要求成员国政府遵守以权责发生制为核算基础的规定，对世界各国权责发生制政府会计改革发挥推动作用，这无疑也成为一股推动中国权责发生制政府会计改革的重要力量。关于这一点，本书第一章已经进行了详述，这里将不再赘述。

5.2.6.3 中国政府会计的制度环境中有利于政府会计改革的结构特征

中国当前正处在建设社会主义市场经济的过程中，社会与政治行政系统的诸多方面都在发生着变革。所以本书认为，分析中国政府会计的制度环境中有利于政府会计改革的结构特征，必须用发展的视角，抓住变革中的社会与

① 资料来源：中国财政年鉴(1997).北京：中国财政杂志社，1997.

政治行政系统所表现出来的动态结构特征，并分析其对政府会计改革进程的可能影响。

5.2.6.3.1 社会经济状况的改善、公民素质和政治文化性的提高

社会经济状况可以通过公众的收入水平、教育水平等多个变量来反映。个人的社会经济状况往往与其所负担的税收份额呈正相关关系，然而，他所支付的税收份额往往与其所享有的公共服务的数量没有什么密切的关系。所以公众的社会经济状况越好，他们对政府会计信息披露的兴趣可能就会越大。从而，社会经济状况可能成为解释政府会计信息使用者对政府会计改革基本态度的一个重要因素。① 政治文化则通过公共决策过程中公民的参与程度和开放程度来反映。在一定范围内，政治文化开放程度越高，公众参与的热情就越高，从而信息使用者对政府会计信息披露的关注程度也就会越高。② 此外，公民素质往往也是解释政府会计信息使用者对政府会计改革态度的一个变量，公民素质越高，他们对政府会计信息披露的兴趣可能就会越大。

在中国建设社会主义市场经济的进程中，社会经济状况的改善、公民素质与政治文化开放性的提高已经成为互相促进的良性循环。社会经济状况的改善与公民素质的提高具有互相促进的关系，而这两者又会促使政治文化开放性的提高，从而导致更高的公众参与程度，这些都有利于促进中国推行政府会计变革，满足信息使用者对更高质量政府会计信息的需求。

5.2.6.3.2 立法监督的逐步加强

根据中华人民共和国《宪法》，国家的最高权力机关是全国人民代表大会。《宪法》第 2 条规定："中华人民共和国的一切权力属于人民。人民行使国家权力的机关是全国人民代表大会和地方各级人民代表大会。"《宪法》第 3 条规定："国家行政机关、审判机关、检察机关都由人民代表大会产生，对它负责，受它监督。"《宪法》第 58 条规定："全国人民代表大会和全国人民代表大会常务委员会行使国家立法权。"

---

① Chan, J. L., and M. A. Rubin, 1987. The Role of Information in A Democracy and in Government Operations. *Research in Governmental and Nonprofit Accounting*, 3, Part B: 3～27.

② Lüder, K. G., 1992. A Contingency Model of Governmental Accounting Innovations in the Political Administrative Environment[A]. In *Research in Governmental and Nonprofit Accounting*[C]. Greenwich, CT: JAI Press. Vol. 7: 99～127.

近年来，人民代表大会对预算的监督权正在逐步加强。1994年中华人民共和国《预算法》规定：全国人民代表大会审查中央和地方预算草案及中央和地方预算执行情况的报告；批准中央预算和中央预算执行情况的报告（第12条）；国务院财政部门应当在每年全国人民代表大会会议举行的一个月前，将中央预算草案的主要内容提交全国人民代表大会财政经济委员会进行初步审查（第37条）；国务院在全国人民代表大会举行会议时，向大会作关于中央和地方预算草案的报告（第38条）；中央预算由全国人民代表大会审查和批准（第39条）；全国人民代表大会及其常务委员会对中央和地方预算、决算进行监督（第66条）。这些条款为保障人民代表大会对政府预算的审批和监督权提供了重要的法律基础。

人民代表大会越能有效地行使其立法监督权，他们对政府会计信息披露的兴趣会越高，从而人代会同时作为政府会计信息的使用者和生产者，会更积极地推动能够提高政府会计信息质量的政府会计改革。

5.2.6.3.3 财政体制改革的不断推进

自20世纪90年代开始，中国政府一直在积极推进财政体制改革。综观十多年来的改革脉络，改革进程大致可分为两个阶段：第一阶段是1994年开始实施的分税制财政体制改革，改革内容包括构建与市场经济相适应的政府与企业、个人之间的分配关系和中央与地方的分配关系等等；第二阶段是1998年开始推行的财政支出管理改革，具体内容包括部门预算制度、政府集中采购制度、国库单一账户制度的建立和政府收支分类的改革等等。本书认为，这两个阶段的改革目标有其严格的内在逻辑联系：第一阶段的改革旨在建立适当的分权，第二阶段的改革旨在加强政府内部的透明度建设，两个阶段缺一不可。原因在于，透明度建设与分权是相对应的，分权是为了追求更高的效率效果，然而没有透明度的分权，往往会导致治理的“盲点”和财政运行的“黑箱”，原本想要追求的效率效果便无从谈起。所以，这两个阶段改革进程实际上意味着一个同时强调分权与透明度的新型政府绩效治理模式正在逐步形成。

中国的财政体制改革还在继续推进之中，其最终目标是要逐步建立公共财政体制框架。公共财政是“公共”的财政，是社会公众的财政。公共财政要求每一笔政府收支都必须建立在广大人民群众根本利益的基础之上，必须由代表全体人民的人代会来决定。[①] 正如国务院总理温家宝 2008 年 3 月 18 日在十一届全国人大一次会议举行的记者见面会上，就财政体制改革的迫切性和目标指向所做出的专门论述："未来五年，我要下决心推进财政体制改革，让人民的钱更好地为人民谋利益。……我们要推进财政体制改革，使公共财政更好地进行结构调整和促进经济发展方式的转变，更好地改善民生和改善生态环境。"[②]可见，中国财政体制改革所要建立的公共财政体制框架，不仅是强调政府内部透明度的框架，而且是强调实现面向人民代表大会和社会公众的财政透明度的框架。这无疑会对推动政府会计改革具有积极的影响作用。

5.2.6.4 当前中国政府会计的制度环境中政府会计改革进程的实施障碍

根据中国政府会计学术界与实践领域关于权责发生制政府会计改革所提出的一些质疑，本书认为，当前可能阻碍中国政府会计改革进程的因素首先是思想认识上的障碍，其次才是具体实施层面的影响因素。

5.2.6.4.1 可能阻碍权责发生制政府会计改革进程的思想认识误区

当前中国政府会计学术界与实务界对待权责发生制政府会计改革的态度往往陷入一种矛盾，一方面无可置疑地认为中国需要权责发生制政府会计信息，另一方面又将权责发生制政府会计改革视为一个"烫手的山芋"，认为权责发生制政府会计改革旨在建立一套新的系统替换传统的预算会计系统，而这一替换从合理性与成本效益方面考虑被认为是值得商榷的。这种矛盾态度可能会构成当前中国政府会计改革进程的一个重大障碍。

本书认为，这一矛盾态度的根源在于没有弄清楚权责发生制政府会计改革到底是改什么，如何改。关于这些问题，本书在第四章已经做了论述：权责发生制政府会计改革是在政府会计信息系统中根据需要引入完全的或修正的权责发生制会计基础，同时丰富政府会计信息系统的构成，将政府会计系统建立为由预算会计、资源会计、基金会计、成本会计等多个子系统构成的体系，以

① 张馨．公共财政与财政体制改革——学习《中共中央关于完善社会主义市场经济体制若干问题的决定》[N]．转引自，http://www.people.com.cn/GB/paper85/11004/997687.html.

② 转引自 2008 年 4 月 3 日新华网网站 http://news.xinhuanet.com/politics/2008—04/03/content_7909701.htm.

满足政府绩效治理机制对各类会计信息的需求。所以权责发生制政府会计改革并不是权责发生制会计基础对收付实现制会计基础的彻底替代，也不是基于单一的权责发生制会计基础所建立的政府会计信息系统对传统预算会计系统的完全替代。按照本书的观点，权责发生制政府会计系统的构建，可以采用“搭积木”的方式，即完善原有预算会计系统的同时，逐渐增设基金会计系统、资源会计系统、成本会计系统，关键的要点是在系统构建时要注意各系统之间的协调和计算机系统的软硬件配套。在计算机系统的辅助下，一个统一的政府会计数据平台系统可以同时支持多个政府会计信息子系统的运行并可帮助实现这些系统之间的协调。

5.2.6.4.2 可能阻碍权责发生制政府会计改革进程的组织结构特点

虽然如上文所述，权责发生制政府会计改革在实施系统构建时，不是取消或替代传统的预算会计系统，但是权责发生制政府会计改革是涉及政府会计概念框架根本性变革的系统改革。所以权责发生制政府会计改革包括对政府会计概念框架的重新确立以及在新的概念框架之下一系列会计准则的发布。组织结构方面的某些特点会对能否顺利推进这些工作产生重大影响。当由政府中的几个组织同时负责概念框架和准则体系的开发时，如果这些组织在信息需求等方面不能实现相互协调，那么他们就难以开发出统一的概念框架和准则体系，从而会阻碍政府会计改革的进程。中国财政部会计部门负责发布政府会计准则，而预算部门和国库部门又是传统预算会计信息的主要使用者，从而会对政府会计准则产生影响。如果这三方基于自身信息需求和立场的不同，对政府会计概念框架和准则体系中一些问题的态度不一致且不能相互协调，就会对政府会计改革的进程产生阻碍。

5.2.6.4.3 可能阻碍权责发生制政府会计改革进程的人员胜任能力

权责发生制政府会计改革引入了一套新的概念框架和准则体系，这意味着会计人员所应掌握的会计技术已经不再限于传统的预算会计技术，而是增加了很多新的内容。这对会计人员的胜任能力是一个很大的考验。如果没有及时地提高会计人员的会计技术水平，权责发生制政府会计改革的推行也将受到阻碍。

5.3 权责发生制政府会计改革的制度成效分析

政府会计是保障社会契约机制正常运行的重要构件，政府会计制度的产生与变迁是在社会契约运行的过程中发生的，所以政府会计改革的制度成效会受到社会契约运行的整个制度体系的影响。这一制度体系既包括正式制度也包括非正式制度，既包括与政府会计改革制度具有平行互补关系的正式制度，也包括对政府会计改革制度具有规定性的上层正式制度。[①]要想保障或提升政府会计改革制度的成效，需注意实现三个方面的目标：政府会计改革制度对上层正式制度的遵循性、非正式制度对政府会计改革制度的支撑性、政府会计改革制度与其他正式制度的协调性或互补性。

5.3.1 上层正式制度与政府会计改革制度成效

对政府会计改革制度具有规定性的上层正式制度中，最重要的制度是宪法。现代民主国家的宪法实质就是政府与民众达成的有关国家治理的契约，宪法的指导精神就是社会契约精神。为了保证政府会计改革制度对宪法制度的遵循性，必须基于政府绩效治理的需要和公众利益，通过公共选择程序来确定这一改革具体相关制度的供给。所以，一个国家所拥有的公民参与机制、政府信息公开机制等等，都有利于实现政府会计改革制度对上层正式制度的遵循性，从而保障政府会计改革的制度成效。

5.3.2 非正式制度与政府会计改革制度成效

与政府会计改革相关的非正式制度对政府会计改革的支撑，会对政府会

---

① 其中，正式制度是指人们有意识建立起来的并以正式方式加以确定的各种制度安排，包括政治规则、经济规则和契约，以及由这一系列的规则构成的一种等级结构，从宪法到成文法和不成文法，到特殊的细则、个别契约等，它们共同约束着人们的行为。非正式制度是指人们在长期的社会生活中逐步形成的习惯习俗、伦理道德、文化传统、价值观念及意识形态等对人们行为产生非正式约束的规则，是那些对人的行为的不成文的限制，是与法律等正式制度相对的概念。参见卢现祥.新制度经济学.武汉大学出版社，2004，P115～119。

计改革成效具有重要影响。其中，作为非正式制度的一项主要内容，公共管理文化对权责发生制政府会计改革成效的影响已经受到一些政府会计学家的关注。这些公共管理文化主要通过影响权责发生制政府会计信息的生产和使用来影响权责发生制政府会计改革的成效。Hepworth 列举了一些可能会影响权责发生制政府会计改革成效的公共管理文化特性，对改革的实践与研究具有重要的启示作用①：

·公共部门必须在组织文化方面为采用权责发生制政府会计做好准备。公共部门必须愿意认识到并接受这些变革所可能导致的效益与成本。公共部门的工作人员必须认同，这些变革将改变那些负责公共财务管理工作人员的角色，他们的职责与影响力都会发生很大变化，而不仅仅是公共部门中的一些技术专家认识到这一点。

·会计职业界必须有能力关注和参与到公共部门的事务中，并为此做好准备，因为会计职业界不仅是会计准则方面的专家，而且可以帮助公共部门培训大量的财务管理人员。

·政府需要聘用更多的财务管理人员(可能需要注册会计师)，并认同他们对公共服务效率效果管理的贡献，政府还需要有意愿满足公共部门财务管理教育与培训方面的要求，这些教育与培训可以由会计职业界或其他机构主持。

·政府需要在政府会计准则开发、实施和监督方面与会计职业界进行合作。如果没有独立机构的参与，政府可能会被认为是制定为自己服务的会计准则，并根据政治环境的形势需要来实施这些准则，其后果不仅可能会破坏这一程序的可信性，并且最终可能会意味着权责发生制会计与预算所要实现的约束力无法建立。通过一个严格的评估程序来保障被采纳的准则的独立性，意义重大，尽管这可能让政府感到一些不舒服。然而，这也意味着会计职业界必须有能力理解公共部门的本质，同时有能力认识到公共部门环境与私人部门环境的差异。会计职业界在做出评估时，必须保持政治上的客观无偏。同样，公共部门也需要有能力影响公共部门会计准则的制定者。

·中央政府的外部审计机构应能够理解权责发生制政府会计系统，并愿

① Hepworth Noel, 2003. Preconditions for Successful Implementation of Accrual Accounting in Central Government. *Public Money & Management*, (1).

意为这一改革提供支持。权责发生制政府会计不仅需要建立一个更为复杂的系统，而且需要做出许多新的职业判断，比如关于资产的价值与可使用期限、配比问题、稳健性原则、重要性原则与持续经营等方面。审计人员的职责与预期发生了很大的变化。所以，外部审计人员必须从一开始就参与到这一改革进程中。这不仅会要求外部审计在审计方法和要求上的变化，而且可能要求外部审计在组织、职业结构和审计师培训等方面的改革。审计人员需要充分了解这些会计原则以及这些原则如何得以在日常行政决策的压力下得以遵循。这要求委任注册会计师作为中央政府审计工作人员，而不是依靠传统的审计培训。

· 需要为部门管理者就如何使用权责发生制会计系统开展一个全面的管理培训计划。管理者在收付实现制会计系统可以得到的信息与在权责发生制会计系统可以得到的信息有很大的差异。为了适当使用权责发生制政府会计系统，管理者不但需要了解这些差异，而且需要懂得他们如何利用权责发生制会计信息更有效率更有效果地管理政府活动。

· 公共部门文化伦理方面，公务员在工作时应保持客观中立，应存在一个强有力的中央机构（财政部）负责政府的财务管理。政府各部门需要理解并认同施加于各部门的预算控制等制度，并且有意愿在加强部门控制的同时，改善管理的弹性。

· 在每个财政年度末，需要对每个政府部门进行一个全面的年度独立审计，并向立法机构报告。

· 公共管理的主流文化必须确保有关采用权责发生制政府会计的法规能够得以遵守，不存在系统性的腐败，或者在正式程序之外平行存在非正式程序。

· 需要充分认识到，建立权责发生制政府会计系统会消耗较长的时间，通常会超过一个立法周期，或一届政府任期。所以这一改革需要获得多个政治派别的支持。

· 在信息技术方面，必须有能力回应引入权责发生制会计系统所产生的新要求。

· 必须有能力开发与实施财务奖惩办法，以鼓励日常管理实践寻求更有效使用资源与提供服务的途径。

· 必须把采用权责发生制会计看作是一个更大范围改革进程的一部分，

而不是一个直接“降落”在常规管理程序里的变革。

5.3.3 其他正式制度与政府会计改革制度成效

与其他正式制度实现互补或协调能够影响政府会计改革制度成效。一个重要例子就是权责发生制政府会计改革与权责发生制政府预算改革之间的互补和协调。这就是为什么很多国家在实施权责发生制政府会计改革的过程中，往往同时关注权责发生制政府预算改革的可行性。那么权责发生制政府会计改革与权责发生制政府预算改革是如何相互影响对方的制度成效的？权责发生制政府会计改革是否必然要求权责发生制政府预算改革？

5.3.3.1 预算、预算的功能与范围

预算(budget)一词来源于 budjet——一个中古的英语单词，指国王用于公共支出的钱袋子。作为现代用语的预算主要是指政府的财务收支计划以及相关的制度与文件。预算是公共政策和财政意图的体现，也是具有法定约束力的一种控制形式。所以预算提供了一个业绩评价的基础，从而成为前述绩效治理机制中的重要构件。

从历史演进的历程看，预算的功能有两个发展方向：一是立法机构极力控制预算，并要求政府对资源的运用做出说明；二是随着政府目标的多样化，财政的经济稳定目标、收入分配目标和资源配置目标等要求通过适当的税收政策与支出政策来实现，相应的，预算越来越成为政府执行政策最有效的手段。

预算的范围取决于政府活动的范围，但同时也要有利于立法机构与公众对政府政策的适当监督。预算的范围要尽可能的广泛，如果预算不能涵盖主要的支出项目，就不能保证有限的资源被安排到优先的项目，也就不能保证有效的职责履行与法律控制。但是预算的广泛性并不意味着所有支出项目都应该遵循同一程序，基于效率的需要，在不能破坏预算完整性与支出政策规范化的前提下，有些项目可以采用特别的程序来安排。

预算系统的结构和范围，比如，预算成本何时确定，是否按机构、项目、开支类别等分类，会影响决策的重点和监督以及控制公共开支的程度。

5.3.3.2 预算基础

预算系统按预算基础(预算报告所采纳的核算基础)的不同，可划分为三

种类型：①现金预算。以收付实现制为预算基础，拨款主要以现金为基础。②以责任为基础的预算。拨款限定了现金和承诺的数额，但不限定支付的时间界限，实际上是以修正的收付实现制为预算基础。这种拨款需要年度现金计划作为补充。③权责发生制预算。按拨款方式的区别又可分为两类：一类是拨款以权责发生制为基础，现金支付或承诺没有限额的预算系统；另一类是提供权责发生制信息和政府资产负债表项目的同时，拨款数额限定现金额度的预算系统。

收付实现制、责任制、权责发生制主要影响预算确认成本的时间。由于预算是绩效治理机制的主要构件之一，预算过程是受托责任的关键，对预算报告方法所做的选择，不仅是对计量基础的技术性的选择，还反映了对预算的作用和功能所做出的根本选择。不同预算基础的预算系统通过强调不同的控制重点对管理者产生不同的激励：现金预算强调对现金收支的控制，而不考虑政府何时实现收入、耗费资源或增加负债。权责发生制预算，按照财务会计准则确认预算成本，强调成本概念，而不一定考虑与之相关的现金是否已收到或已付出。责任制预算是在合同、订单等政府承诺开支（当期或未来开支）的交易发生时确认交易，强调的是控制某一期间内形成的法律责任或承诺。

相比于其他预算基础，权责发生制预算的优势主要是通过两个方面来实现[①]：①权责发生制预算将预算确认与资本耗费结合在一起，使得在要求的和拨付的预算金额与财务报表和其他绩效报告反映的实际结果之间进行比较变得更加容易，有助于了解取得绩效的成本，了解预算与绩效之间的关系。②权责发生制预算引入了资产/负债观，不但在拨款金额中包括与单位的资产和负债变动有关的费用，而且预算中提供与预算运营表相近的信息，从而也反映了资产负债表的变动，如折旧或养老金负债的变动等。所以，权责发生制预算有利于更充分地评价政府对其资产和负债的管理状况，从而更充分地评价政府长期的财务健康状况。

5.3.3.3 权责发生制政府预算与权责发生制政府会计

政府预算与政府会计都是政府绩效治理机制中的重要构件，各自在绩效治理机制中发挥着重要作用，又可以通过相互支撑而实现对治理成效的提升。

① 楼继伟. 政府预算与会计的未来[C]. 北京：中国财政经济出版社，2002. 6～9.

政府预算不同于政府会计。预算的主要任务是对资源进行配置，会计的主要任务是财务计量与报告；预算是对未来财务收支的计划，会计是对过去政府运营的反映；预算的计量重点是公共资源的流量方面（流入与流出），会计的计量重点不仅包括公共资源的流量，还包括公共资源的存量。[①] 可见，政府预算与政府会计的运行机理并不相同，政府在实施权责发生制会计改革时并不一定实施权责发生制预算改革。

然而，政府预算与政府会计之间又可能存在着现实或潜在的联系。陈立齐教授指出，从世界范围来看，政府预算与政府会计之间的关系可分为两种竞争性模式：一种模式表现为政府会计系统主要服务于政府预算系统。这种模式下，预算系统仍然被优先考虑，会计系统仅限于反映预算执行情况，只有影响预算的交易才被记录，因此政府财务会计也就是预算会计。另一种模式表现为政府会计相对独立于政府预算系统，并且会对政府预算系统产生一定的影响。在这种模式下，预算的监督不被认为是会计系统首要而唯一目标。从国际横向比较来看，欧洲大陆国家（如德国）采用前一种模式的国家较多，而盎格鲁—撒克逊国家（比如澳大利亚、新西兰、英国或者加拿大、美国）较多采用后一种模式。从历史纵向比较看，世界一些国家出现由前一种模式向后一种模式演变的趋势，比如美国联邦政府预算与会计。

不论政府预算与政府会计之间是预算主导会计，还是会计影响预算，正如本书第三章在政府绩效治理机制的运行机理中所探讨的，预算与会计之间最基本的关系，是会计信息使用与会计信息供给之间的关系，或者说，会计是预算的信息支持。

采用不同的预算基础的政府预算系统，需要由采用不同会计基础的会计信息系统来提供信息支持。对于以收付实现制和责任制为预算基础的政府预算系统，其信息需求可以由（完全或修正）收付实现制、（完全或修正）权责发生制的政府会计系统来满足，而权责发生制为预算基础的政府预算系统的信息需求只能通过相同会计基础的政府会计系统来满足。采用权责发生制预算的国家通常要求在事前与事后的预算报告中都包括资产负债表、运营表和现金

---

① Chan James L. Global Government Accounting Principles. in *Public Managemcnt, Allounting Standards and Evaluation Models*, ed. by P. Einharn and D. Braunig. Nomos Verlagsgesuschaft, 2001, pp. 152～163.

流量表等财务报表，并且权责发生制预算中有关成本的信息也需要由权责发生制会计基础的成本会计提供支持，所以权责发生制预算要以权责发生制会计为基础。这就意味着，采用权责发生制政府会计的国家不一定采用了权责发生制政府预算，而采用权责发生制政府预算的国家，一定是已经建立了权责发生制政府会计的(详见表 5-3)。

表 5-3　权责发生制会计和权责发生制预算[①]

国家	权责发生制财务报告		权责发生制预算
	政府部门	国家(核心)政府	
美　国	是	是，自 1997 财政年度起需经审计	否，个别除外
新西兰	是，自 1991/1992 财政年度起	是，自 1991/1992 财政年度起	是，自 1994/1995 财政年度起
澳大利亚	是，自 1995/1996 财政年度起	是，自 1997/1998 财政年度起	是，自 1999/2000 财政年度起
英　国	是，自 1993 年开始，到 1999/2000 财政年度全面使用	是，预算自 1999/2000 财政年度起	是，自 2001/2002 财政年度起
冰　岛	是，自 1992 财政年度起	是，自 1992 财政年度起	是，自 1998 财政年度起，同时使用收付实现制
加拿大	否	是，修正的权责发生制，2001/2002 财政年度起使用完全权责发生制。	否，养老金和应付账款使用修正的权责发生制
荷　兰	否，少数机构除外	否	否，少数机构除外

5.3.3.4 权责发生制政府预算改革的动因

权责发生制的预算报告至少从两方面提供更全面的信息：一是预算报告中包括实际和计划的权责发生制财务报表。[②] 二是预算报告中包括运营表，实际上就是权责发生制预算，反映了年度资产负债表的变化。权责发生制拨

① 楼继伟.政府预算与会计的未来[C].北京：中国财政经济出版社，2002.80.

② 澳大利亚、冰岛、新西兰和英国的权责发生制预算的呈报内容中，包括了基本财务报表。

款反映了通过由运营表体现出来的年度政府资本净值的变动，而净值的变动相比于现金赤字更能反映一个国家财政状况改善还是恶化的指标。

所以，权责发生制预算的优势可以通过对政府绩效治理两个环节的影响分别体现出来。概括来讲，体现在以下方面：第一，权责发生制预算提供了有关预算决策如何影响一国财务健康的全面信息，如全面的负债信息，有助于改进决策。第二，权责发生制预算可以将所耗资源的全部成本与所取得的成果密切联系在一起，有利于强调绩效的管理方式。第三，权责发生制预算能更好地反映资产和负债的年度变化，有利于重视当期决策的长期影响。第四，基于更全面、更可比的成本和绩效信息支持，权责发生制预算改革可以改善透明度从而进一步强化受托责任。

具体而言，对权责发生制预算改革产生直接推动的因素在于，相比于其他预算基础，权责发生制预算基础能够为绩效预算提供支撑。

传统预算模式是分项排列预算。这种预算模式使用"投入导向"的预算编制方法，主要特点有：①以预算单位作为编制基础，政府所需的各项支出被明确归属到各政府单位。②采用按管理要素的支出分类方式，各种支出均采用人头性经费与业务性经费分开的模式。分项排列预算的最大优点是可以采取"基数法管理"，通过"基数"与"增量"两个概念，将政府预算的编制工作大大简化，但是分项排列预算的缺点也很明显，比如，无法控制机构、人员的膨胀，不利于克服政府支出膨胀等。分项排列预算的缺陷主要被归于以下原因：它没有把握政府预算的关键部分、这些部分与预算的联系、应由政府提供的服务、政府应为提供这些服务寻找的最佳投资组合。

20 世纪 50 年代以来，美国等工业化国家进行了绩效预算改革，致力于改善这一问题。虽然当时没有取得预期成效，但是为预算模式在这一方向上的发展奠定了基础。20 世纪 80 年代以来，绩效预算模式在一些 OECD 国家重新受到重视。绩效预算，又称为功能预算、活动预算、项目预算等，是"基于政府职能、业务与项目所编的公共预算。……注重工作的执行或服务的提供，而非着眼于人员、劳务、用品、设备等实物的取得。该预算最重要的任务是工作和服务的成就，及该项工作或服务将支付的成本"。[①] 绩效预算采用"产出导

① Commission on Organization of the Executive Branch of the Government, 1949. Budgeting and Accounting. Washington. DC: U. S. Government Pringting Office, P. 8.

向”的预算编制方法，从强调投入转向关注绩效，有利于将人们对“机构的预算资源配置”的关注，转移到“对业务活动的预算资源”的关注。

相比于传统的分项排列式预算，绩效预算模式把政府所承担的受托责任在预算过程中进行了强化，主要通过五个途径实现[①]：①事前对每个机构领导的期望业绩进行细化；②对决策权进行分权，给予每个机构领导在一定程度上与所分派任务相对应的管理自主权；③建立激励和惩罚机制，引导机构领导为政府的利益而行动；④实施明确的绩效评价，包括事后对实际业绩与初始要求的比较进行报告；⑤事先对有关收集绩效评价所需全部信息的安排达成一致。

绩效预算编制包括以下要素：①把政府行为按宏观职能、方案、活动和成本要素等分类。②建立、测算和汇报绩效指标和成本。所以，绩效预算模式必须要权责发生制预算基础提供支持。

5.3.3.5 各国权责发生制政府预算模式比较

各国权责发生制预算模式选择并不相同（见表 5-4），这与各国预算改革的着眼点选择有关。

新西兰和澳大利亚是在转向产出拨款的同时开始采用权责发生制的。产出拨款是指为生产某一产出所需的全部资源提供资金，包括折旧和养老金费用等不需要支付现金的成本在内。产出拨款的意义在于把政府与部门行政长官之间的受托责任关系改造成为“购买者/所有者”的契约关系。[②] 权责发生制预算能反映实现绩效所耗资源的成本，所以成为这一分权责任模式的重要工具。其中，新西兰采用了全面的权责发生制预算，在部门预算、政府总预算、预算拨款中都实行了权责发生制基础，并将权责发生制运营净额作为整个政府赤字/盈余的指标。澳大利亚则主要通过采用权责发生制预算来治理部门绩效，在部门预算与部门预算拨款中实行了权责发生制基础，但是政府总预算中没有按照权责发生制来确定整个政府的赤字与盈余。

在整个 20 世纪 80 年代，英国采取了一系列改善公共部门绩效的改革措

---

① Diamond, J. 2002. Performance Budgeting—Is Accrual Accounting Required? Working Paper (WP/02/240) December . IMF.

② 1988 年《国有部门法案》确立了各部门行政首长在人力资源管理方面的授权以及同时承担的绩效责任，在此基础上，在部门与政府之间建立了两类契约关系。第一类契约关系中，政府被看作是政府部门和私人部门产出的购买者，在第二类契约关系中，政府被看成是政府机构的所有者，对从投入的资产获取最大回报感兴趣。

施，其中包括《财务管理议案》(FMI)，FMI 要求建立更有效率的部门责任体系。英国的改革设想是，权责发生制"资源账户"将取代拨款账户，成为向议会受托责任的主要形式。议会将根据现金与"资源"的双重基础来核准给政府部门提供的资金。英国的资源预算将非现金项目如折旧看作是"名义"记录，政府部门不会用现金来弥补这部分成本。所以，英国主要采用权责发生制预算来治理部门的绩效，只是在部门预算的核算中采用权责发生制，拨款基础并没有按权责发生制，其现金控制方法还是遵循原有的方法，也并没有把权责发生制运营净额作为整个政府赤字/盈余的指标。

荷兰也主要是采用权责发生制预算来治理部门绩效，具体模式与新西兰和澳大利亚的产出拨款模式很相似，但只有一些机构中(部的下设单位)中采用，尚未决定是否在整个政府间推行。

冰岛采用权责发生制预算和报告的直接动机是要提高政府财务承诺的持续能力。所以，冰岛主要强调权责发生制基础下预算赤字与盈余信息在实现政府财政活动持续性方面的作用，并没有在部门预算与拨款中使用权责发生制，但是将权责发生制运营净额作为整个政府赤字/盈余的指标。

加拿大把在预算中采用权责发生制作为继续改善政府财务管理的措施之一。1989 年首次提出的"财务信息战略"，旨在将许多财务管理的责任分散给各个部门，并通过采用权责发生制会计和新的报告结构来为部门管理人员提供更好的财务管理工具。目前，加拿大只是在个别预算项目中运用权责发生制方法。加拿大对公共部门雇员养老金和应付账款这两项同时在部门和政府间采用权责发生制，此外，为了更好地将财务管理制度融为一体，加拿大计划对资本性项目和其他项目也改用权责发生制。

这些模式由于改革着眼点的不同而存在各种差异，但是它们有一个共同的特点，即在权责发生制预算系统中，都构建了严格的现金管理系统来辅助拨款的有效实施。这些国家都已明确认识到，权责发生制政府预算系统与政府预算拨款的现金管理系统并不是一回事。

表 5-4　各国权责发生制政府预算模式比较[①]

特　　征	新西兰	澳大利亚	英国	冰岛	加拿大	荷兰[②]
财务与预算报告采用相同的权责发生制	是	是	是	是	是	是
预算报告包括基本财务报表	是	是	是	是		
部门预算中实物资产采用权责发生制	是	是	是			是
部门预算中包括了现有雇员的应计养老金费用	是	是	是		是	是
产出拨款	是	是				是
作为支持分权管理框架的措施，部门获准得到诸如折旧等非现金权责发生制成本提供的现金	是	是				是
在整个政府赤字/盈余中确认权责发生制养老金负债的变化	是			是	是	
将权责发生制运营净额作为整个政府赤字/盈余的指标	是			是		

5.3.3.6 权责发生制政府预算改革对权责发生制政府会计改革的进一步要求

随着改革的深入，权责发生制政府预算对权责发生制政府会计系统的完备性提出进一步要求。其中一个重要的问题是权责发生制政府会计在确认与计量会计要素（尤其是资产）方面所遇到的困难。

对于选择将资产资本化的国家来说，在确认与认定资产价值时会面临相当大的困难。即使是在有会计准则指导资产计价的国家，对具体资产项目的计价仍是主观的。要对国家公园、军事装备系统、永久性军事防御设施等资产项目进行计价是非常困难的。

资产的计价和确认可以有多种不同的方法，确定一种方法来保证估计性

① 楼继伟.政府预算与会计的未来[C].中国财政经济出版社，2002，P.84。

② 只对个别机构

信息的可靠性、公允性以及各部门之间的可比性，对当前的权责发生制政府会计系统来讲还是一个挑战。

在权责发生制政府会计中，资产是指受到政府会计主体所控制的，作为过去事项结果的资源，并且预计主体可从中获得未来经济利益或服务潜力。可是，是否拥有“控制权”，需要从使用权、收益权与处置权等方面综合分析，所以确定各部门对其资产的控制权也是一个需要克服的难题。

5.3.3.7 小结

根据以上分析可见，权责发生制政府会计改革并不必然要求权责发生制政府预算改革，但是权责发生制政府预算改革必须以权责发生制政府会计改革为基础，成功的权责发生制政府预算改革有助于促进权责发生制政府会计改革的成效提升。

5.4 收付实现制向权责发生制过渡的实施框架分析

考虑到上述影响因素对政府会计改革成效的可能影响，结合世界各国收付实现制向权责发生制过渡的经验，本书认为，改革者在考虑收付实现制向权责发生制过渡的实施框架时应关注以下问题。

5.4.1 收付实现制向权责发生制过渡的一个基本原则

分析世界各国权责发生制政府会计改革的经验，实施收付实现制向权责发生制过渡的国家大多遵循一个基本原则：实行渐进式改革。笔者认为，相比其他模式的改革路径选择，渐进式改革道路一个最大的优势就在于，它对复杂的制度环境所具有的适应性。

如上文所述，制度环境中的正式制度与非正式制度对政府会计改革的制度成效具有重大影响。要想保障政府会计改革的成效，必须实现政府会计改革制度对上层正式制度的遵循性，与其他正式制度的互补协调性，并获得非正式制度的支撑。为此，面对复杂和不确定的环境，政府会计改革必须走渐进式改革道路，“摸着石头过河”。

5.4.2 收付实现制向权责发生制过渡的两个重要基础

很多国家权责发生制政府会计改革的经验表明，在对政府会计具体政策内容进行变革之前，必须首先建设两个重要基础：文化基础和组织基础。

以美国为例。美国联邦政府权责发生制政府会计改革在20世纪90年代所取得的成果，就是建立在前几十年文化准备的基础上才得以实现的。主要涉及：①公众绩效意识和公众对政府会计信息重要性的认识。在这一期间，政府审计部门根据对政府绩效的评估，发布了很多有关绩效问题的信息。这些信息加强了美国公众在要求政府绩效方面的意识，并使公众进一步认识到政府会计信息的重要性。②公共管理文化。从20世纪50年代早期开始，美国联邦政府就致力于绩效管理改革，并且，这一时期的胡佛委员会（Hoover Commission）以及之后1968年由总统委任的预算概念委员会（The President's Commission on Budget Concepts）都提出过采用权责发生制会计的建议。这些历程对于在公共管理环境中建立一个重视政府绩效、重视权责发生制会计信息的文化无疑具有积极的促进作用。

对每一个国家来说，权责发生制政府会计改革的文化基础都是至关重要的。正如本书在第三章论述政府绩效治理机制的历史演变时所指出的，政府绩效治理机制的演变是由社会对政府的绩效要求和透明度要求所推动的，而文化基础对社会（公众）的绩效意识和透明度意识具有重要的影响。

美国宪法所规定的联邦体制，导致美国政体结构中立法部门与行政部门之间因权力分离和权力制衡关系而存在政治冲突。为了避免这些政治冲突导致改革的相关决策被拖延，建立一个能够使各部门联合起来共同促进政府会计改革的组织基础，对于美国联邦政府权责发生制会计改革的实施来说至关重要。这些组织基础方面的成果体现在[①]：①1990年通过了《财务总监法案》（*Chief Financial Officers Act*），设立财务总监职位，加强管理与预算局（OMB）的管理职能，并要求联邦部门发布经过审计的财务报表。②由财政部长、OMB局长和审计长在1990年达成一项协议，在"共同改善财务管理计划"（Joint Financial Management Improvement Program）的基础上发起了联邦会

① 陈小悦、陈立齐．政府预算与会计改革——中国与西方国家模式[C]．中信出版社，2002．188～189．

计准则咨询委员会(FASAB),负责制定联邦政府会计准则,并帮助执行《财务总监法案》。1999 年,AICPA 决定把 FASAB 的准则确认为 GAAP。

相比之下,英国的财政部是中央政府会计准则制定的核心,国会和国家审计署(NAO)不具有该职能,像美国在联邦会计准则咨询委员会之前的那个时代所发生的会计总署和 OMB 之间相互抵触的情况,在英国不太可能发生。此外,英国的财政大臣同时拥有预算和财务管理职能,这种制度安排使得预算和会计很容易融为一体,这一点在英国资源会计和预算新系统的建立方面得到体现。而在美国,联邦会计是以权责发生制为基础的,但是联邦预算仍然是以现金和合约为基础,两个系统的和谐遥遥无期。①

在中国,财政部是政府会计准则的制定机构。在美国和英国可以观察到的政府内部争权夺利和非官方专业人员为政府制定会计准则的情况,在中国可能并不存在。② 那么,组织基础建设这一方面对中国就不重要了吗?本书认为,政府会计改革不仅涉及准则制定问题,还涉及多方面的制度配套等问题。所以为了避免改革进程受到改革所涉及的不同部门意见不一致所产生的阻碍,应建立一个由各相关部门人员组成的专门委员会,专门对改革相关问题进行协调、筹划。

5.4.3 收付实现制向权责发生制过渡的三方面制度配套

权责发生制政府会计改革主要是由对政府绩效的要求和透明度要求所推动的,所以权责发生制改革的实施必须要与政府绩效治理的其他相关制度实现配套,才可能获得改革的预期效果。美国联邦政府权责发生制政府会计改革的过程也是相关配套制度陆续建设起来的过程,主要成果体现为以下相关法案的颁布实施③:①1982 年《联邦管理人员财务公正法案》,目的是为机构内

---

① Chan James. and Li Jianfa. Government Accounting Standards in China, U. S. and UK. Anatoli Bourmistrov and Frode Mellemvik (eds). *International Trends and Experiences in Government Accounting*[C]. Cappelen Akademisk Forlag, 2005. 16～27.

② Chan James. and Li Jianfa. Government Accounting Standards in China, U. S. and UK. Anatoli Bourmistrov and Frode Mellemvik (eds). *International Trends and Experiences in Government Accounting*[C]. Cappelen Akademisk Forlag, 2005. 16～27.

③ 楼继伟. 政府预算与会计的未来——权责发生制改革纵览与探索[C]. 北京:中国财政经济出版社,2002.

部会计和管理控制制度提供一个评估框架。②1990年《财务总监法案》，目的是改进和加强联邦政府的财务管理和受托责任。③1993年《政府绩效和成果法案》，要求联邦政府机构对取得项目成果负责，要求联邦政府机构认清使命、制订项目目标并计量绩效。④1994年《政府管理改革法案》，是《财务总监法案》的扩展，要求24家政府机构自1996年起编制和审计财务报表，要求联邦政府自1997财政年度起编制和审计合并财务报表。⑤1996年《联邦财务管理改革法案》，目的是确保政府机构的财务管理体系符合联邦财务管理体系的要求，采用联邦会计准则和美国政府标准总分类账，以提供统一、可靠和更有用的财务信息。⑥1996年《Clinger－Cohen法案》通过改善对信息技术资源的获取、使用和处置，提高联邦政府项目的生产能力、效率和效果。⑦1990年《联邦贷款改革法案》和1997年的修订法案要求改用权责发生制对贷款项目进行会计记录和控制，并将权责发生制成本计入赤字和盈余。贷款项目的改革，要求在发放贷款之前，预算中就必须包括对整个贷款或担保期间政府成本的估计的净现值。

分析以上美国联邦政府权责发生制会计改革的配套制度可以看到，这些配套制度主要是通过加强对权责发生制政府会计信息的使用来促进权责发生制政府会计制度改革成效的。本书认为，除此之外，权责发生制政府会计改革的配套制度还应该涉及与权责发生制政府会计信息的生产有关的制度和与权责发生制政府信息公开有关的制度。所以为确保收付实现制向权责发生制的过渡能够取得预期成效，至少应在三个方面建立与权责发生制政府会计相互协调的制度配套：国家审计的制度配套、政府信息公开的制度配套、政府预算的制度配套。

在国家审计的制度配套方面，首要而关键的是国家审计要及时制定关于权责发生制政府会计的审计标准并组织培训，保证审计人员具有与权责发生制会计技术相适应的审计水平和职业判断能力，以满足对权责发生制政府会计提供鉴证的需要。

在政府信息公开的制度配套方面，首要而关键的是政府要加强政府信息公开的相关法律基础建设，以确保信息使用者能够方便地获得政府信息。

在政府预算的制度配套方面，首要而关键的是政府要注意加强政府预算与会计的协调。尤其在政府会计先行改革的情况下，如果没有相应的协调措施或机制，政府预算与政府会计之间可能陷入割裂状况，这将大大影响权责发生制政府会计改革的成效。

5.4.4 收付实现制向权责发生制过渡的多步骤实施战略

各国在改革前政府会计的基本状况不同，所以在实施收付实现制向权责发生制的过渡时，应根据自身情况，采取适当的过渡步骤。世界银行专家戴蒙德提出了政府会计制度改革五阶段战略①：

第一阶段：让收付实现制会计有效运作。这包括两方面工作：一是要清理收付实现制会计运用中的滥用误用行为；二是要对现金账户加以补充和调整，改进财务报告。

第二阶段：向修正的权责发生制过渡，增加短期应付款项和短期应收款项。

第三阶段：引进更多的权责发生制要素，在事后报告中转向部分的权责发生制列报。在这一阶段还可补充引进下列权责发生制会计项目：雇员福利准备、政府收到的预付款、应付利息。

第四阶段：确认非金融资产，过渡到完全的权责发生制。

第五阶段：从权责发生制会计转向权责发生制会计与预算。

戴蒙德所提出的五阶段改革战略，体现了由易到难、由简单到复杂的改革思路。但是本书认为，引入权责发生制会计基础与完善原有的收付实现制政府会计系统并没有必然的前后继承的关系，如果片面按排队式进行，会造成权责发生制改革进程无意义地被拖延。

基于第四章所提出的权责发生制政府会计系统的结构框架，本书认为，在现代数据库技术的支撑下，权责发生制政府会计系统的建设可以采取四系统分阶段平行发展战略，详见表5-5。

改革步骤说明：第一步，完善收付实现制政府会计系统的同时，建立政府会计基础数据平台系统。第二步，平行在政府会计基础数据平台系统上构建预算会计子系统、资源会计子系统、成本会计子系统、基金会计子系统。第三步，在各子系统独立试运行正常后，建立子系统之间的协同关系。第四步，整个政府会计系统建设完成后，原有的收付实现制会计系统作为现金管理系统，

---

① Diamond，J.，2002. Performance Budgeting—Is Accrual Accounting Required? [R]Working Paper（WP/02/240）December，IMF.

继续发挥作用。并可与权责发生制政府会计各子系统之间建立功能协同。

表 5-5 权责发生制政府会计系统建设的四系统分阶段平行发展战略

<table>
<tr><td>初始结构</td><td>原有的收付实现制系统</td><td colspan="4"></td></tr>
<tr><td>第一步</td><td rowspan="3">完善收付实现制会计系统</td><td colspan="4">建立政府会计基础数据平台系统。</td></tr>
<tr><td>第二步</td><td>在政府会计基础数据平台系统之上构建预算会计子系统。</td><td>在政府会计基础数据平台系统之上构建资源会计子系统。</td><td>在政府会计基础数据平台系统之上构建成本会计子系统。</td><td>在政府会计基础数据平台系统之上构建基金会计子系统。</td></tr>
<tr><td>第三步</td><td colspan="4">在各子系统独立试运行正常后，建立子系统之间的协同关系。</td></tr>
<tr><td>第四步</td><td>现金管理系统</td><td>预算会计子系统</td><td>资源会计子系统</td><td>成本会计子系统</td><td>基金会计子系统</td></tr>
</table>

参考文献

中文文献

[1]财政部国库司.政府会计的国际趋势与经验[C].中国财政经济出版社，2009.

[2]财政部会计司.欧洲政府会计与预算改革[C].大连：东北财经大学出版社，2005.

[3]财政部会计司.政府会计研究报告[C].大连：东北财经大学出版社，2005.

[4]财政部会计准则委员会.政府绩效评价与政府会计[M].大连：大连出版社，2005.

[5]财政部会计司制度一处.会计国际趋同及国外相关组织近期动态[J].会计研究，2007(6).

[6]陈穗红.论我国政府会计权责发生制的应用问题[J].财政研究，2004(11).

[7]程宏伟.隐性契约与企业财务政策研究[D].成都：西南财经大学，2005年博士论文.

[8]陈胜群.政府会计基础比较研究——传统的收付实现制与崛起的权责发生制孰优孰劣？[J]会计研究，2002(5).

[9]陈小悦、陈立齐.政府预算与会计改革——中国与西方国家模式[C].中信出版社，2002.

[10]丁煌.西方公共行政管理理论精要[M].北京：中国人民大学出版社，2005.

[11]方福前.公共选择理论[M].北京：中国人民大学出版社，2000.

[12]葛家澍、余绪缨. 会计学[M]. 成都:四川人民出版社,1992.

[13]葛家澍. 实质重于形式,欲速则不达——分两步走制定中国的财务会计概念框架[J]. 会计研究,2005(6).

[14]郭道扬. 会计史教程(第一卷)[M]. 中国财政经济出版社,1999.

[15]过勇、胡鞍钢. 行政垄断、寻租与腐败[J]. 经济社会体制比较,2003(2).

[16]何勤华. 英国法律发达史[M]. 北京:法律出版社,1999.

[17]何清涟. 现代化的陷阱[M]. 今日中国出版社,1998.

[18]贺卫. 寻租经济学[M]. 北京:中国发展出版社,1999.

[19]雷家骕. 新安全,2002(4). 转引自人民网网站 http://www.people.com.cn/GB/paper2515/8536/801394.html

[20]李建发. 政府会计论[M]. 厦门:厦门大学出版社,1999.

[21]李建发. 论改进我国政府会计与财务报告[J]. 会计研究,2001(6).

[22]李建发、肖华. 公共财务管理与政府财务报告改革[J]. 会计研究,2004(9)

[23]李建发. 政府财务报告研究[M]. 厦门大学出版社,2006.

[24]李建发、张国清.《公共财务与政府会计》课件。

[25]李金华. 2003 年中央预算执行和其他财政收支审计工作报告[N]. 2004. 6. 23

[26]刘玉廷. 我国政府会计改革的若干问题探讨[J]. 会计研究,2004(9).

[27]刘少杰. 国外社会学理论[M]. 北京:高等教育出版社,2006.

[28]刘伟、李风圣. 产权通论[M]. 北京:北京出版社,1998.

[29]楼继伟. 政府预算与会计的未来——权责发生制改革纵览与探索[C]. 北京:中国财政经济出版社,2002.

[30]卢文鹏、尹晨. 补偿替代,隐性担保与财政风险[J]. 财贸经济,2004(1).

[31]卢现祥. 新制度经济学[M]. 武汉:武汉大学出版社,2004. 3～4.

[32]马恩涛. 财政调整、机会主义与政府或有负债[M]. 财经论丛,2006(7).

[33]牛正兰. 古希腊雅典民主政制述论[J]. 西北师大学报(社会科学版),2000(11).

[34]文硕. 世界审计史[M]. 北京:企业管理出版社,1996.

[35]王保安. 欧盟财政政策与启示[J]. 财政研究,2004(4).

[36]王绍光. 从税收国家到预算国家[J]. 读书,2007(10).

[37]王雍君. 权责发生制与政府预算管理改革[J]. 财政研究,2002(3).

[38]王雍君.政府预算会计问题研究[M].经济科学出版社,2004.
[39]王馨.重在“避恶”[J].长沙航空职业技术学院学报,2003(9).
[40]邢俊英.改革政府会计制度防范财政负债风险[J].会计研究,2004(4).
[41]许激.权变理论学派[M].http://www.manage9.com/type.asp? news_id=39
[42]杨瑞龙、周业安.企业相关者理论及其应用[M].北京:经济科学出版社,2000.
[43]张博树.《利维坦》导读[M].成都:四川教育出版社,2002.
[44]张春霖.如何评估我国政府债务的可持续性[J].经济研究,2000(2).
[45]张定淮.英国“公民宪章”运动的现状与前景[J].深圳大学学报,1996(1).
[46]张馨.公共财政与财政体制改革——学习《中共中央关于完善社会主义市场经济体制若干问题的决定》[N],转引自,http://www.people.com.cn/GB/paper85/11004/997687.html
[47]郑也夫.新古典经济学“理性”概念之批判[J].社会学研究,2000(4).
[48]周济勤.对预算外资金管理的思考[J].财会研究,2005(2).
[49]周志忍.当代国家行政比较研究[M].北京:国家行政学院出版社,1999.
[50]朱德米.网络状公共治理:合作与共治[J].华中师范大学学报,2004(2).
[51]中国财政年鉴(1997)[J].北京:中国财政杂志社,1997.
[52]2006年09月29日新华网新闻,http://news.xinhuanet.com/politics/2006-09/29/content_5152909.htm
[53]2008年4月3日新华网网站 http://news.xinhuanet.com/politics/2008-04/03/content_7909701.htm

翻译文献

[1](美)科斯、哈特、斯蒂格利茨等著.契约经济学[M].北京:经济科学出版社,2003.6.
[2](英)迈克尔·莱斯诺夫.社会契约论[M].南京:江苏人民出版社,2005.10.
[3](英)亨利·梅因.古代法[M].北京:商务印书馆,1984.
[4](英)霍布斯.利维坦[M].北京:商务印书馆,1985.
[5](英)洛克.政府论[M].北京:商务印书馆,1983.

[6](美)科斯、诺思等.(法)克劳德・梅纳尔,制度、契约与组织——从新制度经济学角度的透视[M].北京:经济科学出版社,2003.

[7](美)麦克尼尔.新社会契约论[M].北京:中国政法大学出版社,1994.

[8](德)柯武刚、史漫飞.制度经济学[M].北京:商务印书馆,2004.

[9](法) 卢梭.社会契约论[M].北京:商务印书馆,1980.

[10](美)A.爱伦・斯密德.财产、权力和公共选择[M].上海:上海三联书店,上海:上海人民出版社,2006.

[11](美)R.科斯,A.阿尔钦,D.诺斯等.财产权利与制度变迁[M].上海:上海三联书店,上海:上海人民出版社,2002.

[12](美)道格拉斯・C.诺思.经济史中的结构与变迁[M].上海:上海三联书店,上海:上海人民出版社,1994.

[13](英)帕特里克・敦利威,民主、官僚制与公共选择[M].北京:中国青年出版社,2004.

[14](美)詹姆斯 ・M.布坎南,自由、市场与国家——80年代的政治经济学[M].上海:上海三联书店,1989.

[15](美)乔・B.史蒂文斯,集体选择经济学[M].上海:上海三联书店,上海:上海人民出版社,2003.

[16](美)乔治・霍兰・萨拜因.政治学说史(下册)[M].北京:商务印书馆,1986.

[17](英)李德・布勒德.英国宪政史谭[M].北京:中国政法大学出版社,2003.

[18](英) 亚当・斯密.国富论[M].西安:陕西人民出版社,2001.

[19](澳)欧文・E.休斯.公共管理导论[M].北京:中国人民大学出版社,2004.

[20](美)尼古拉斯・亨利.公共行政与公共事务管理(第8版),北京:中国人民大学出版社,2002年

[21](美)詹姆斯・M.布坎南.自由、市场和国家[M].北京:北京经济学院出版社,1988.

[22](美)埃尔登・S.亨德里克森.会计理论[M].上海:立信会计图书用品社,1987.

[23](美)罗伯特・B.丹哈特.公共组织理论[M].北京:中国人民大学出版

社,2002.

[24](英)D. S. 皮尤. 组织理论精萃[M]. 北京:中国人民大学出版社,1990.

[25](美)安东尼·唐斯. 官僚制内幕[M]. 北京:中国人民大学出版社,2006.

[26](德)马克斯·韦伯. 经济与社会[M]. 北京:商务印书馆,1998.

[27](美)戴维·奥斯本,特德·盖布勒. 改革政府[M]. 上海:上海人民出版社,1996.

[28](美)查尔斯·沃尔夫. 市场或政府——权衡两种不完善的选择[M]. 北京:中国发展出版社,1994.

[29](美)史蒡文·凯尔曼. 制定公共政策[M]. 北京:商务印书馆,1990.

[30](英)罗伯特·罗茨. 新的治理[A]. 俞可平主编. 治理与善治[C],北京:社会科学文献出版社,2000. 86.

[31](英)格里·斯托克. 作为理论的治理:五个论点[J]. 国际社会科学(中文版),1999(2).

[32]美国政府会计准则委员会. 美国州和地方政府会计与财务报告准则汇编[S]. 北京:人民出版社,2004.

英文文献

[1]Adams,George B. *Constitutional History of England*[M]. London : Jonathan Cape,1922.

[2]American Accounting Association,Committee to Prepare a Statement of Basic Accounting Theory. A Statement of Basic Accounting Theory[S]. Evanston,Illinios:AAA,1966. 4.

[3]American Institute of Certified Public Accountants,Committee on Terminology. Accounting Terminology Bulletin No. 1[S]. New York:AICPA,1953. 3.

[4]American Institute of Certified Public Accountants,Study Group on the Objectives of Financial Statements. Objectives of Financial Statements [S]. New York:AICPA,1973. 66.

[5]Andrew Schotter. *The Economic Theory of Social Institutions*[M]. Cambridge :Cambridge University Press,1981.

[6]Aucoin,Peter. The Politics and Management of Restraint Budgeting

[A]. In Blais, Andre & Stephane Dion. (Eds.). *The Budget-maximizing Bureaucrat: Appraisals and Evidence* [C]. Pittsburgh: University of Pittsburgh Press, 1991. 120.

[7]Australian Accounting Research Foundation and Australian Accounting Standards Board, SAC 2 Objective of General Purpose Financial Reporting[S]. 1990.

[8]Baber, W. R. , and P. K. Sen, 1984. The Role of Generally Accepted Reporting Methods in The Public Sector: An Empirical Test[J]. *Journal of Accounting and Public Policy* 3[Summer]: 91～106.

[9]Barton Allan. , 1999. Public and Private Sector Accounting — the non-identical twins[J]. *Australian Accounting Review*, July.

[10]Barton, Carnegie, Wolnizer, Newberry, 2002. Public Sector Accounting: A Common Reporting Framework? A Rejoinder [J]. *Australian Accounting Review*, November.

[11]Blejer, Mario I. and Adrienne Cheasty, 1991. The Measurement of Fiscal Deficits: Analytical and Methodological Issues[J]. *Journal of Economic Literature*, December.

[12]Bob Traa and Alina Carare, A Government's Net Worth[J]. *Finance & Development*, 2007(6). Available in . http://www. imf. org/external/pubs/ft/fandd/2007/06/traa. htm.

[13]Bohn, Henning, 1992. Budget Deficits and Government Accounting[A]. Carnegie—Rochester Conference Series on Public Policy 37 : 1～84.

[14]Bradshaw Kenneth, Pring David. *Parliament and Congress* [M]. London: Quartet Book S, 1982.

[15]Broadbent, J. and Guthrie J. , 1992. Changes in the Public Sector: A Review of Recent Alternative Accounting Research[J]. *Accounting Auditing & Accountability Journal*, 5(2).

[16]Broadbent, J. , 1992. Change in Organizations: A Case Study of the Use of Accounting Information in the NHS[J]. *British Accounting Review*, 24(4): 343～367.

[17]Buiter, Willem, 1983. Measurement of the Public Sector and Its Implica-

tions for Policy Evaluation and Design[A]. IMF Staff Papers, Vol. 30 (June): 306—349. (updated and reprinted in Mario Blejer and Adrienne Cheasty, eds., How to Measure the Public Deficit: Analytical and Methodological Issues[C]. IMF, 1993).

[18]Buiter, Willem, 1985. A Guide to Public Sector Debt and Deficits[J]. *Economic Policy*, November: 14～79.

[19]Buiter, Willem, Giancarlo Corsetti, and Nouriel Roubini, 1993. Excessive Deficits: Sense and Nonsense in the Treaty of Maastricht[J]. *Economic Policy*, April: 58～100.

[20]Canada, Office of the Auditor General (CanAG), 1987. Financial Management and Control Study[R]. Government Printer, Ottowa.

[21]Carlin, T., 2002. Linkage and Legitimization —A Decade of Public Sector Financial Management Reforms in Australia[R]. Proceedings of 7th Annual Asia Pacific Decision Sciences Institute Conference, Bangkok, July.

[22]Chan, J. L., and M. A. Rubin, 1987. The Role of Information in A Democracy and in Government Operations[A]. *Research in Governmental and Nonprofit Accounting*[C]. 3, Part B: 3～27.

[23]Chan J. L., Jones R. H., Lüder K. G. (eds.), 1996. *Research in Governmental and Nonprofit Accounting*[C]. Greenwich, CT: JAI Press, Vol. 9.

[24]Chan, J. L./Jones, R. H./Lüder, K. G., 1996. Modelling Governmental Accounting Innovations: An Assessment and Future Research Directions[A]. in: Chan, J. L. et al. (eds.), *Research in Governmental and Nonprofit Accounting*[C]. Greenwich, CT: JAI Press. Vol. 9: 1～19.

[25]Chan James. and Li Jianfa, Government Accounting Standards in China, U. S. and UK, Anatoli Bourmistrov and Frode Mellemvik (eds). *International Trends and Experiences in Government Accounting*[C]. Cappelen Akademisk Forlag., 2005. 16～27.

[26]Chan James L. Global Government Accounting Principles in Public Management, Accounting Standards and Evalution Models, ed. by P.

Einhorn and D. Braunig, Nomos Verlagsgellschaft, 2001. 152～163.

[27]Chow, D., Humphrey, C., Moll, J., 2007. Developing Whole of Government Accounting in the UK: Grand Claims, Practical Complexities and a Suggested Future Research Agenda[J]. *Financial Accountability and Management*, 23(1): 27～54.

[28] Christensen, M., 2002. Public Sector Accrual Accounting: An Early Adopter's History[R]. Proceedings of the 9th World Congress of Accounting Historians, Melbourne, July.

[29]CIGAR. International Trends and Experiences in Government Accounting[C]. 2005, Noway.

[30]Commission on Global Governance, Our Global Neighbourhood[C]. Oxford: Oxford University Press, 1995.

[31]Commission on Organization of the Executive Branch of the Government, 1949. Budgeting and Accounting[C]. Washington, DC: U. S. Government Pringting Office.

[32]Critchlow, D. *The Brookings Institution*, 1916—1952: *Expertise and the Public Interest in a Democratic Society*[M]. De Kalb: Northern Illinois University Press, 1985.

[33]Deutsch Karl W. *Politics and Government—How People Decide Their Fate*[M]. Boston: Houghton Mifflin Company, 1980. 194～195.

[34]Diamond, J., 2002. Performance Budgeting —Is Accrual Accounting Required? [R]Working Paper (WP/02/240) December, IMF.

[35]Downs. *An Economic Theory of Democracy* [M]. New York: Harper & Row, 1957.

[36]Drebin Allan R., Chan James L., and Ferguson Lorna C., Decisions and Information Needs of Governmental Accounting Information Users.

[37] Dunlevy, P. *Democracy, Bureaucracy and Public Choice* [M]. New York: Prentice Hall, 1991.

[38]Eisner, Robert, 1984. Which Budget Deficit? Some Issues of Measurement and Their Implications [J]. *The American Economic Review* 74 (May): 138～143.

[39] Eisner, Robert and Paul J. Pieper, 1984. A New View of the Federal Debt and Budget Deficits. *The American Economic Review* 74(March): 11～29.

[40] Eisner, Robert. *How Real is the Federal Deficit?* [M]. The Free Press: New York, 1986.

[41] Ellwood, S. M., 2002. The Financial Reporting Revolution in the UK Public Sector[J]. *Journal of Public Budgeting, Accounting and Financial Management*, 14(4): 584.

[42] Ellwood, S. and Wynne, A., An Accrual World? Questioning the Universal Validity of Accrual Accounting[A]. Anatoli Bourmistrov and Frode Mellemvik (eds), International Trends and Experiences in Government Accounting[C]. Cappelen Akademisk Forlag., 2005. 158～172.

[43] Evans J. H., III and J. M. Patton, 1987. Signaling and Monitoring in Public－sector Accounting[J]. *Journal of Accounting Research* 25 [Supplement]: 130～158.

[44] FASB, Analysis of Issues Related to Conceptual Framework for Financial Accounting and Reporting: Elements of Financial Statements and Their Measurement[Z]. 1976.

[45] Fisher I. *Elementary Principles of Economics*[M]. New York: Macmillan, 1923.

[46] William Easterly, 1999. When is Fiscal Adjustment an Illusion? [J]. *Economic Policy*, CEPR, CES, MSH, 14(28): 55～86.

[47] Funnell, W. and Cooper, K., 1998. *Public Sector Accounting and Accountability in Australia*[M]. Sydney: UNSW Press.

[48] GASB Concepts Statement No. 1, Objectives of Financial Reporting[S]. May 1987.

[49] Geist B. *State Audit－Developments in Public Accountability*[M]. New York: Holmes & Meier Publisher, Inc. 1981. 23.

[50] George Jones, Resource Accounting and Budgeting: Another False Trail? [A] IFAC(PSC), Occasional Paper 3: Perspectives on Accrual Accounting, 1996. 33～37.

[51]George Kopits. Transparency In Government Operations[R]. a paper prepared for the Conference on Transparency and Development in Latin America and the Caribbean,2000(5),available in IMF network.

[53]Groom,E. ,1990. The Curran Report and the Role of the State[J]. *Australian Journal of Public Administration*,49(2):144～154.

[54]Guthrie James,1998. Application of Accrual Accounting in The Australian Public Sector—Rhetoric or Reality? [J] . *Financial Accounting & Management*,14(1):1～19.

[55]Hana Polackova, Hafez, Ghanem and Roumeen, Islam. 1999, Fiscal Adjustment and Contingent Liabilities :Case Studies of the Czech Republic and Macedonia[A]. Working Paper. No. 2177. World Bank.

[56]Hana Polackova Brixi. Contingent Government Liabilities: A Hidden Risk for Fiscal Stability[R]. The World Bank working paper,NO. 1989, 1998.

[57]Hepworth Noel, 2003. Preconditions for Successful Implementation of Accrual Accounting in Central Government, Public Money & Management,(1).

[58]Herman Robert D. and Renz David O. Thesis On Nonprofit Organization Effectiveness[R]. http://www. jhu. edu/～ istr/conferences/geneva/confpapers/bob. herman. &. david. renz. html

[59]Hines, R. , 1988. Financial Accounting: In Communicating Reality We Construct Reality[J]. *Accounting Organizations and Society*, 13(5): 251～261.

[60]HM Treasury, 2004. Long—Term Public Finance Report: An Analysis of Fiscal Sustainability(R). December. (www. hm—treasury. gov. uk).

[61]IMF. Manual on Fiscal Transparency[S]. 2007

[62]Ingram,R. W. ,1983. The Importance of State Accounting Practices for Credit Decisions [J]. *Journal of Accounting and Public Policy* 2 [Spring]:5～19.

[63]Ingram,R. W. ,1984. Economic Incentives and the Choice of State Government Accounting Practice[J]. *Journal of Accounting Research*:26～

134.

[64]International Public Sector Accounting Standards Board, International Public Sector Accounting Standard No. 24, Presentation of Budget Information in Financial Statements[S].

[65]Jaruga, A. /Nowak, W. A. (1996). Toward a General Model of Public Sector Accounting Innovations, in: Chan, J. L. et al. (eds.). *Research in Governmental and Nonprofit Accounting*, Vol. 9, 21～31, Greenwich, CT: JAI Press.

[66]Jesse Hughes. Research Report on Budget Reporting[R]. 2004.

[67]Kopits, George and Jon Craig. Transparency in Government Operations [A]. International Monetary Fund Occasional Paper 158, Washington D. C., January 1998.

[68]Kotlikoff, Laurence J. *Generational Accounting* [M]. New York: The Free Press, 1993.

[69]Kull, D., Productivity Measurement and Studies[A]. In J. Rabin and T. Lynch (eds.) *Handbook on Public Budgeting and Financial Management*[C]. New York: Marcel Dekker, 1983.

[70]Kull, D., 1978. Productivity Programs in the Federal Government[J]. *Public Administration Review*, 38 (1): 5.

[71]Lambert, 1979. Report of Royal Commission on Financial Accountability and Management (Canada) [R]. Government Printer, Ottowa.

[72]Langenderfer Harold Q., 1973. A Conceptual Framework for Financial Accounting[J]. *The Journal of Accountancy*, 136 July: 50.

[73]Likierman, A., 2000. Changes to Managerial Decision —Taking in U. K. Central Government[J]. *Management Accounting Research*, 11(2): 253～261.

[74]Lüder, K. G. 1992. A Contingency Model of Governmental Accounting Innovations in the Political Administrative Environment [A]. In *Research in Governmental and Nonprofit Accounting* [C]. Vol. 7: 99～127. Greenwich, CT: JAI Press.

[75]Lüder, K. G., 1994. The 'Contingency Model' Reconsidered: Experi-

ences form Italy, Japan and Spain[A]. In Perspectives on Performance Measurement and Public Sector Accounting[C]. eds. E. Buschor and K. Schedler, Berne: Haupt. 1～15.

[76]Lüder, K. G. , 2002. Research in Comparative Governmental Accounting Over The Last Decade: Achievements and Problems[A]. Montesinos, V. and Vela, J. M. (eds) Innovations in Governmental Accounting[C]. Kluwer. 1～21.

[77]Matheson Alex, 2002, Better Public Sector Governance: The Rationale For Budgeting and Accounting Reform in Western Nation[J]. OECD, Models of Public Budgeting and Accounting Reform, OECD Journal on Budgeting Volume 2/Supplement 1:37.

[78]Mathiasen David G. the New Public Management and Its Critics[J]. *International Public Management Journal*. Elsevier Science Inc. 1999(1).

[79]McGregor Warren. , 1999. Pivotal Role of Accounting Concepts in the Development of Public Sector Accounting standards[J]. *Australian Accounting Review*, March.

[80]Meyer, M. W. , & Gupta, V. The Performance Paradox[A]. In B. W. Staw & L. L. Cummings (Eds.), *Research in Organizational Behavior* [C]. 1994. 309～369.

[81]Michael Chatfield. A History of Accounting Thought[M]. New York: Robert E. Krieger Publishing Company, 1977.

[82]Montesinos Vicente & Bargues José M. Vela. Bases Of Accounting And Reporting Foci In Spanish Governmental Accounting[C]. IFAC(PSC), Occasional Paper 3: Perspectives on Accrual Accounting, 1996. 17～24.

[83]Mosher, F. *Democracy and the Public Service*[M]. New York: Oxford University Press, 1968.

[84]National Audit Office, 2003. Managing Resources to Deliver Better Public Services, December.

[85]NCGA, Concepts Statement No. 1. Objectives of Accounting and Financial Reporting for Governmental Units[S]. 1982. para 9.

[86]Nicholls, D. , 1991. Managing State Finance—The New South Wales Ex-

perience[R]. NSW Treasury, Sydney.

[87] Niskanen, William A. A reflection on Bureaucracy and Representative government [A]. Blais, Andre & Stephane Dion(Eds.). *The Budget—Maximizing Bureaucrat: Appraisals and Evidence* [C]. Pittsburgh: University of Pittsburgh Press, 1991. 22.

[88] Niskanen, William. *Reaganomics*[M]. Oxford University Press, 1988.

[89] Greene Jack P. edits. *Encyclopedia of American Political History*[M]. Studies of the principal movements and ideas . I. Charles Scribner's Sons, 1984.

[90] Grossman, G. and Hart, O. , 1986. The Costs and Benefits of Ownership: A Theory of Vertical and Lateral Integration[J]. *Journal of Political Economy*, 94: 691～719.

[91] Glassco, 1962. Report of Royal Commission on Government Organizations (Canada)[R]. 5 Volumes, Government Printer, Ottowa.

[92] Gyamfi, Peter. Infrastructure Maintenance in LAC: The Costs of Neglect and Options for Improvement. Volume 4: The Road Sector, World Bank Latin America and The Caribbean Technical Department Regional Studies Program[R]. Report No. 17, June 1992

[93] OECD, 2002. Models of Public Budgeting and Accounting Reform[J]. OECD Journal on Budgeting Volume 2/Supplement 1: 187～223.

[94] Ostrander, Susan, and Paul Schervish, Giving and Getting: Philanthropy as Social Relations[A]. In *Critical Issues in American Philanthropy: Strengthening Theory and Practice*[C]. edited by Jon Van Til and Associates. San Francisco: Jossey—Bass. 1990.

[95] Ott, Attiat F. and Jang H. Yoo. The Measurement of Government Saving[A]. in George M. Von Furstenburg, ed. , *The Government and Capital Formation* [C]. Ballinger Publishing Company, Cambridge MA, 1980.

[96] Pallot, J. , 1997. Infrastructure Accounting for Local Authorities: Technical Management and Political Context[J]. *Financial Accountability and Management*, 13(3).

[97]Pallot,J. 2001. A Decade in Review:New Zealand's Experience With Resource Accounting and Budgeting[J]. *Financial Accountability & Management*,17(4):383～400.

[98]Pieter. Bottelier, Implications of WTO Membership for China's State-Owned Banks and the Management of Public Finances:Issues and Strategies[A]. Working Paper,2001

[99]OECD/SIGMA,2001. Managing Public Expenditure—a Reference Book for Transition Countries[C]. Edited by Richard Allen and Daniel Tommasi OECD/SIGMA.

[100]Ranson,S. and Stewart,J. *Management for the Public Domain*[M]. Macmillan,Basingstoke,1994.

[101]Tyrone M. Carlin,2005. Debating The Impact of Accrual Accounting and Reporting In the Public Sector [J]. *Financial Accountability & Management*,21(3):309～336.

[102]Report of President's Committee on Administrative Management[R]. 1937. 3.

[103]Roubini,N. and J. Sachs,1989. Government spending and budget deficits in the industrial countries[J]. *Economic Policy* 8:99～132.

[104]Samuelson,Paul A. ,1954. The Pure Theory of Public Expenditure[J]. *Review of Economics and Statistics*,36(November),387～398.

[105]Samuelson P. A. and Nordhaus W. D. *Economics*[M]. 13th Edition, McGraw-Hill Book Company,1989. 770.

[106]Mancur Olson. *The Logic of Collective Action* [M]. Cambridge:Harvard University Press,1965.

[107]Simon,Herbet A. *Administrative Behavior:A Study of Decision-Making Process in Administrative Organization* [M],2nd ed. New York:Free Press,1957.

[108]Schofield. Norman, Anarchy, Altruism and Cooperation[J]. *Social Choice and Welfare*,1985(2).

[109]Andrew Schotter. *The Economic Theory of Social Institutions*[M]. Cambridge :Cambridge University Press,1981.

[110]Standard & Poor's. Global Financial System Stress. 09—Qct. —2001.

[111]Stewart Johns and Nina Puglisi,1997. The Relevance of AAS 29 to the Australian Public Sector:A Cause for Doubt? [J],Abacus,33(1).

[112]Stiglitz,J. *Economics of the Public Sector*[M]. 2nd edition,Norton. 1988.

[113]Stokey,Edith,and Richard Zeckhauser. *A Primer for Policy Analysis*[M],New York:W. W. Norton. 1978.

[114]Blais,Andre and Dion,Stephane. Eds. ,*The Budget—maximizing Bureaucrat:Appraisals and Evidence*[M]. Pittsburgh:University of Pittsburgh Press,1991.

[115]Weber,M. *The Thory of Social and Economic Organization*[M]. New York:Free Press,1947.

[116]William Easterly,1999. When is Fiscal Adjustment an Illusion? [J]. *Economic Policy*,CEPR,CES,MSH,14(28):55～86.

[117]William J. Vatter Source,1979. State of the Art—Non-Business Accounting[J]. *The Accounting Review*,54(3):574～584.

[118]Wilson,James Q. *Bureaucracy* [M]. New York:Basic Book,1989. 181.

[119]World Bank,Governance and Development Washington DC[R]. World Bank,1992,3.

[120]World Bank. The Old-Age Crisis[R]. Policy Research Report,Oxford University Press. 1994. 128.

[121]Zimmerman,J. L. ,1977. The Municipal Accounting Maze:An Analysis of Political Incentives[J]. *Journal of Accounting Research* 15[Supplement]:107～144.

后记

我想，人生最美好的事情是做一件有意义的事，同时又能把它做好。政府会计改革的探讨无疑就是这样一件有意义的事。

不过，虽然政府会计改革的探讨很有意义，但是把它做好却并不容易。政府会计改革不单是一个管理学的话题。实际上，它涉及多个学科，包括政治学、经济学，甚至法学等等。会计基础的变革，不单关系到会计信息质量，从更深层次上看还会影响到利益的重新分配。这解释了权责发生制会计在近代商业领域的兴起，也将会解释权责发生制会计在公共管理领域中的发展路径和进程。正是因为这样，在筹备写作的时期，资料的积累越来越丰富，却让我越来越认识到写好这一题目的难度，所以不敢懈怠。当下，写作暂时告一段落，心里并没有轻松的感觉，因为关于这个话题，还有很多方面需要去涉及，去深入。这是我的遗憾。但是，我必须要说的是，这本书的写作，让我收获了很多，既包括学习经验和科研经验方面的收获，又包括对社会的认识和理解上的收获。

本书是在博士论文的基础上改写完成的。导师李建发教授以正直宽厚的做人品格、科学严谨的治学作风、求真务实的治学态度和不断创新的治学思路，教我做人、做事和求学。书稿付梓之际，衷心感谢导师给予的悉心指导和帮助。

在本书的写作修改期间，还有很多老师和同学给予了帮助。这里，特别要感谢为我的写作提出宝贵建议的张国清博士、路军伟博士、王瑶博士，高如云博士、于国旺博士、刘笑霞博士、张曾莲博士、曹晗、殷红、张夕阳等多位同学。

厦门大学出版社的陈丽贞老师为本书的编辑出版付出了大量心血，在这里深表感谢。

我在学业上的任何进步都与家人的一贯支持和信任分不开。家人的支持给了我一个可以安心写论文做学问的环境，也是家人的鼓励让我树立了一步一步踏踏实实向前走的信念。家永远是我休憩的港湾。

最后，我想说，虽然这本书的写作将告一段落，但是从写作中所发现的自己的不足，需要在将来新的学习和工作中弥补。所以，告诫自己继续修正和完善自己，做好准备，去做好将来需要做好的事，每一件有意义的事。

姚宝燕

2010 年 9 月 1 日

图书在版编目(CIP)数据

权责发生制政府会计改革问题研究:基于政府绩效治理的视角/姚宝燕著. —厦门:厦门大学出版社,2010.12
(应计制政府会计改革研究丛书)
ISBN 978-7-5615-3719-0

Ⅰ.①权…　Ⅱ.①姚…　Ⅲ.①预算会计-经济体制改革-研究-中国
Ⅳ.①F812.3

中国版本图书馆 CIP 数据核字(2010)第 225239 号

厦门大学出版社出版发行
(地址:厦门市软件园二期望海路 39 号　邮编:361008)
http://www.xmupress.com
xmup @ public.xm.fj.cn
厦门集大印刷厂印刷
(地址:厦门市集美石鼓路 9 号　邮编:361021)
2010 年 12 月第 1 版　2010 年 12 月第 1 次印刷
开本:787×960　1/16　印张:17.25　插页:2
字数:290 千字　印数:1～1 200 册
定价:42.00 元